LIVROS PARA TODOS

ensaios sobre a construção de um país de leitores

alexandre martins fontes, allan rocha, antonio candido, beatriz araújo de jesus, bel santos mayer, **LIVROS PARA TODOS** bernardo gurbanov, césar mendes da costa, cidinha da silva, haroldo ceravolo sereza, jorge carrión, josé castilho marques neto, ketty valencio, **ensaios sobre a construção de um país de leitores** luiz antonio simas, marcos da veiga pereira, mariana bueno, martha ribas, rejane dias, ricardo queiroz, rodrigo casarin, tadeu breda, tamy ghannam, tarso genro, vitor tavares, xico sá, zoara failla
organização: daniel louzada

EDITORA NOVA FRONTEIRA

Copyright da organização © 2021 by Daniel Louzada

O texto "O direito à literatura", de Antonio Candido, integra o conjunto de ensaios *Vários escritos*, livro que pertence à Editora Ouro sobre Azul e está na 6.ª edição, 1.ª reimpressão, datada de 2017.

Copyright dos textos, na ordem que aparecem nesta publicação © 2021 by Ouro sobre Azul, Vitor Tavares, Marcos da Veiga Pereira, Bernardo Gurbanov, Beatriz Araújo de Jesus, Mariana Bueno, Zoara Failla, José Castilho Marques Neto, Haroldo Ceravolo Sereza, Allan Rocha, Alexandre Martins Fontes, Martha Ribas, Ketty Valencio, Rejane Dias, Tadeu Breda, César Mendes da Costa, Ricardo Queiroz Pinheiro, Bel Santos Mayer, Cidinha da Silva, Tamy Ghannam, Jorge Carrión, Xico Sá, Luiz Antonio Simas, Rodrigo Casarin, Tarso Genro

Direitos de edição da obra em língua portuguesa no Brasil adquiridos pela Editora Nova Fronteira Participações S.A. Todos os direitos reservados. Nenhuma parte desta obra pode ser apropriada e estocada em sistema de banco de dados ou processo similar, em qualquer forma ou meio, seja eletrônico, de fotocópia, gravação etc., sem a permissão do detentor do copirraite.

Editora Nova Fronteira Participações S.A.
Rua Candelária, 60 — 7.º andar — Centro — 20091-020
Rio de Janeiro — RJ — Brasil
Tel.: (21) 3882-8200

Dados Internacionais de Catalogação na Publicação (CIP)

L895l   Louzada, Daniel
        Livros para todos / Daniel Louzada. – Rio de Janeiro: Nova Fronteira, 2021.
        288 p.; 15,5 x 23cm

        ISBN: 978-65-5640-351-9

        1. Leitura – livros. I. Título.

                                        CDD: 028
                                        CDU: 002

André Queiroz – CRB-4/2242

SUMÁRIO

Introdução — Um país para os livros, 9
Daniel Louzada (Livreiro — Leonardo da Vinci)

O direito à literatura, 13
Antonio Candido

Taxação a uma hora dessas?

Por que o mercado editorial é contra a taxação do livro?, 39
Vitor Tavares (CBL)

A imunidade de impostos sobre livros, 46
Marcos da Veiga Pereira (Snel)

Mais respiradores e menos tributos para as livrarias do Brasil, 54
Bernardo Gurbanov (ANL)

Por que eu, leitora, sou contra a taxação do livro?, 66
Beatriz Araújo de Jesus (Defenda o Livro)

Caminhos e descaminhos do livro no Brasil

O livro como elemento do desenvolvimento socioeconômico, 75
Mariana Bueno (Nielsen)

O brasileiro que lê, lê o quê?, **84**
Zoara Failla (Instituto Pró-Livro)

A leitura como política e projeto de futuro, **103**
José Castilho Marques Neto (Consultor, ex-Secretário executivo do PNLL)

Quebrando a resistência do mercado livreiro
à Lei de Proteção ao Livro — Lei do Preço Comum, **114**
Haroldo Ceravolo Sereza (Editor — Alameda)

Leitura e acesso à cultura, **129**
Allan Rocha (Professor de direito — UFRRJ)

O livro nas trincheiras

A função social da livraria, **145**
Alexandre Martins Fontes (Editor e livreiro — Livraria Martins Fontes)

A favor das livrarias, **153**
Martha Ribas (Editora e livreira — Janela Livraria. Coletivo Livrarias Cariocas)

Para que serve uma livraria na periferia?, **157**
Ketty Valencio (Livreira — Africanidades)

Uma editora em tempos de crise e de pandemia —
o princípio da formação de catálogos, **163**
Rejane Dias (Editora — Autêntica)

Para que serve uma pequena editora independente?, **175**
Tadeu Breda (Editor — Elefante)

Uma editora na periferia, **185**
César Mendes da Costa (Editor — FiloCzar)

O caminho das bibliotecas públicas, **188**
Ricardo Queiroz Pinheiro (Bibliotecário e gestor cultural)

Bibliotecas comunitárias: leitura e escrita como pacto de vida, **210**
Bel Santos Mayer (Professora — Literasampa e Ibeac)

Africanidades e políticas públicas para o livro, leitura, literatura e bibliotecas numa consulta pública da Fundação Cultural Palmares (2014), **222**
Cidinha da Silva (Escritora)

Literatura e internet — ou como ocupar todos os espaços possíveis com literatura, **244**
Tamy Ghannam (Perfil LiteraTamy)

Iluminações

Amazon e a biblioteca de Babel, **257**
Jorge Carrión (Escritor)

A arte de inventar leitores em um mundo de vidas secas, **261**
Xico Sá (Escritor)

Sobre livros e tambores, **265**
Luiz Antonio Simas (Escritor)

Pela volta da utopia, **269**
Rodrigo Casarin (Crítico do blog Página Cinco — UOL)

O livro e a permanência do Verbo, **276**
Tarso Genro (Ex-ministro da Educação, ex-governador do RS)

Autores, 281

INTRODUÇÃO

UM PAÍS PARA OS LIVROS

Daniel Louzada

Em um curto escrito, Julio Cortázar fala sobre um mundo abarrotado de livros — os livros se reproduziriam de tal forma que ocupariam todos os espaços, não haveria mais rios ou casas, tudo sucumbiria diante deles. Emma Bovary teria traído o marido em razão da influência exercida pela leitura de folhetins. Para Platão, na cidade ideal, os poetas não teriam lugar porque falseariam a realidade. Dom Quixote enlouqueceu por ler irreais romances de cavalaria. Sherazade, contando suas histórias por mil e uma noites, superou a sentença capital. Nos escombros dos campos de extermínio nazistas foram achados livros escondidos. Che Guevara, quando capturado na selva boliviana, era uma pálida lembrança do vigoroso guerrilheiro — sem sapatos, conservava uma bolsa com livros.

Os poderes mágicos dos livros e da leitura, registrados na tradição literária e na experiência concreta de indivíduos mais ou menos conhecidos, de fato existem. Há quem os menospreze, é certo, mas longe do horror que Cortázar evoca no seu "Fim do mundo do fim", a leitura só amplia perspectivas, sobretudo em épocas sombrias.

Pois este é um livro sobre livros em uma época sombria. Se a história brasileira é marcada por profunda violência e a ideia de democracia é estranha à boa parte da população, seria possível educação e cultura serem ilhas de excelência nesse cenário? Seria possível ainda pensar a questão do livro a longo prazo, projetando algo diferente do que vivemos até aqui?

A trajetória do livro no Brasil nunca foi tranquila. Insuficientes e desatualizadas, as bibliotecas têm dificuldades em formar leitores. Nossa indústria editorial jamais pôde cumprir sua vocação de massa. A rede de livrarias é frágil e geograficamente concentrada – vítima fácil das grandes corporações em um ambiente desregulado. Por fim, há um notável desprestígio social dos professores. Tudo isso ajuda a compor o quadro de péssimos indicadores educacionais e de leitura.

Os últimos anos acentuaram dramaticamente esse panorama. Assistimos a um ataque inédito à cultura, ao progressivo desmantelamento de políticas e instituições que, embora descontínuas, apontavam algum horizonte na busca por mais leitores. O desafio de concretizar o acesso universal aos bens culturais continua na ordem do dia, portanto.

Neste momento, a iniciativa do governo federal de propor a taxação dos livros, no escopo da reforma tributária, não parece exatamente um ponto fora da curva. Símbolo do desprezo de uma parte da sociedade brasileira pela cultura, a taxação seria apenas mais um descalabro de um governo de extrema-direita que deixa museus incendiarem. Mas é mais do que isso: revela a desvalorização do livro e, particularmente, a guerra sem trégua que certo tecnicismo promove contra o conhecimento.

Se cabe ao Estado fomentar a leitura, cabe igualmente à sociedade contribuir, incluindo empresas, grupos e indivíduos. Livro e leitura são questões públicas. A formação de um leitor depende de aspectos econômicos, sociais e educacionais, e estes estão integrados em várias frentes. Sabemos que nenhum país do mundo alcançou sucesso econômico sem ter educação e cultura como questão estratégica nacional.

Por isso, e apesar do diagnóstico, este livro é um modesto chamado à construção de um país de leitores. *Livros para todos* apresenta diferentes ensaios sobre o livro sob as perspectivas de profissionais ligados às áreas editorial e cultural. Aqui há um conjunto de análises e empreendimentos que talvez forneça não apenas um documento dos caminhos percorridos, mas sobretudo o impulso inicial para outras ações.

Inspirados por Antonio Candido e seu belíssimo "O direito à literatura", os textos reunidos neste livro estão divididos em grandes campos. O primeiro deles se refere ao projeto de taxação em curso – os presidentes das principais entidades do livro e uma jovem leitora compartilham dados relevantes para subsidiar o debate. O segundo bloco oferece um instantâneo do livro no Brasil através de importantes pesquisas e também do histórico de iniciativas legais para o livro, assim como a discussão sobre o tema no mercado editorial, abordando itens como a lei do preço fixo e o fundamental tópico dos direitos culturais. Já o terceiro bloco reúne textos que retratam o fazer do livro por editores, livreiros, bibliotecários, escritores e leitores na pandemia ou além dela – são histórias de empreendimentos coletivos e individuais que mostram vias possíveis para negócios e políticas de acesso. O quarto e último bloco traz cinco pequenas iluminações.

Promessa inconclusa de futuro, o Brasil extrai da diversidade de sua formação suas maiores contribuições para o mundo. Um imenso país com vontade de saber, energia criativa, desejo; um país que se vê nas realizações de milhões de pessoas em condições precárias. Que a maioria dos brasileiros passe pela vida sem a oportunidade de ler só pode ser caracterizado como uma tragédia nacional.

A cada um de nós cabe a tarefa de contribuir para um país que comporte vários mundos, uma nação de leitores, um país capaz de sonhar e realizar as potencialidades de todos. Em 2021, nossas estantes estão repletas de distopias; em que lugar esquecemos os empoeirados volumes das utopias?

★ ★ ★

Agradeço a todas as autoras e autores pela disponibilidade e pelas valiosas contribuições que trouxeram a este livro produzido no calor da hora. Sou igualmente agradecido pelo convite da Editora Nova Fronteira para organizar esta obra e, especialmente, às editoras Daniele Cajueiro e Janaína Senna, profissionais que, além da competência, sempre estiveram disponíveis para orientar caminhos. Minha homenagem a cada profissional envolvido na produção deste livro — um livro só ganha o mundo graças a dezenas de saberes. Por fim, muito obrigado a estas pessoas queridas e seus preciosos apoios nessa caminhada: Roberta Machado, Ana Luisa Escorel, Frederico Indiani, Mário Magalhães e Rubens Casara.

O DIREITO À LITERATURA

Antonio Candido

1

O assunto que me foi confiado nesta série é aparentemente meio desligado dos problemas reais: "Direitos humanos e literatura". As maneiras de abordá-lo são muitas, mas não posso começar a falar sobre o tema específico sem fazer algumas reflexões prévias a respeito dos próprios direitos humanos.

É impressionante como em nosso tempo somos contraditórios neste capítulo. Começo observando que em comparação a eras passadas chegamos a um máximo de racionalidade técnica e de domínio sobre a natureza. Isso permite imaginar a possibilidade de resolver grande número de problemas materiais do homem, quem sabe inclusive o da alimentação. No entanto, a irracionalidade do comportamento é também máxima, servida frequentemente pelos mesmos meios que deveriam realizar os desígnios da racionalidade. Assim, com a energia atômica podemos ao mesmo tempo gerar força criadora e destruir a vida pela guerra; com o incrível progresso industrial aumentamos o conforto até alcançar níveis nunca sonhados, mas excluímos dele as grandes massas que condenamos à miséria; em certos países, como o Brasil, quanto mais cresce a riqueza, mais aumenta a péssima distribuição dos bens. Portanto, podemos dizer que os mesmos meios que permitem o progresso podem provocar a degradação da maioria.

Ora, na Grécia antiga, por exemplo, teria sido impossível pensar numa distribuição equitativa dos bens materiais, porque a técnica ainda não permitia superar as formas brutais de exploração do homem, nem criar abundância para todos. Mas em nosso tempo é possível pensar nisso, e no entanto pensamos relativamente pouco. Essa insensibilidade nega uma das linhas mais promissoras da história do homem ocidental, aquela que se nutriu das ideias amadurecidas no correr dos séculos XVIII e XIV, gerando o liberalismo e tendo no socialismo a sua manifestação mais coerente. Elas abriram perspectivas que pareciam levar à solução dos problemas dramáticos da vida em sociedade. E de fato, durante muito tempo acreditou-se que, removidos uns tantos obstáculos, como a ignorância e os sistemas despóticos de governo, as conquistas do progresso seriam canalizadas no rumo imaginado pelos utopistas, porque a instrução, o saber e a técnica levariam necessariamente à felicidade coletiva. No entanto, mesmo onde estes obstáculos foram removidos a barbárie continuou entre os homens.

Todos sabemos que a nossa época é profundamente bárbara, embora se trate de uma barbárie ligada ao máximo de civilização. Penso que o movimento pelos direitos humanos se entronca aí, pois somos a primeira era da história em que teoricamente é possível entrever uma solução para as grandes desarmonias que geram a injustiça contra a qual lutam os homens de boa vontade à busca, não mais do estado ideal sonhado pelos utopistas racionais que nos antecederam, mas do máximo viável de igualdade e justiça, em correlação a cada momento da história.

Mas esta verificação desalentadora deve ser compensada por outra, mais otimista: nós sabemos que hoje os meios materiais necessários para nos aproximarmos desse estágio melhor existem, e que muito do que era simples utopia se tornou possibilidade real. Se as possibilidades existem, a luta ganha maior cabimento e se torna mais esperançosa, apesar de tudo o que nosso tempo apresenta de negativo. Quem acredita nos direitos humanos procura transformar a possibilidade teórica em realidade, empenhando-se em fazer coincidir uma com a outra. Inversamente, um traço sinistro de nosso tempo é saber que é possível a solução de tantos problemas e no entanto não se empenhar nela. Mas de qualquer modo, no meio da situação atroz em que vivemos há perspectivas animadoras.

É verdade que a barbárie continua até crescendo, mas não se vê mais o seu elogio, como se todos soubessem que ela é algo a ser ocultado e não proclamado. Sob este aspecto, os tribunais de Nuremberg foram um sinal dos tempos novos, mostrando que já não é admissível a um general vitorioso mandar fazer inscrições dizendo que construiu uma pirâmide com as cabeças dos inimigos mortos, ou que mandou cobrir as muralhas de Nínive com as suas peles escorchadas. Fazem-se coisas parecidas e até piores, mas elas não constituem motivo de celebração. Para emitir uma nota positiva no fundo do horror, acho que isso é um sinal favorável, pois se o mal é praticado, mas não proclamado, quer dizer que o homem não o acha mais tão natural.

No mesmo sentido eu interpretaria certas mudanças no comportamento quotidiano e na fraseologia das classes dominantes. Hoje não se afirma com a mesma tranquilidade do meu tempo de menino que haver pobre é vontade de Deus, que eles não têm as mesmas necessidades dos abastados, que os empregados domésticos não precisam descansar, que só morre de fome quem for vadio, e coisas assim. Existe em relação ao pobre uma nova atitude, que vai do sentimento de culpa até o medo. Nas caricaturas dos jornais e das revistas o esfarrapado e o negro não são mais tema predileto das piadas, porque a sociedade sentiu que eles podem ser um fator de rompimento do estado de coisas, e o temor é um dos caminhos para a compreensão.

Sintoma complementar eu vejo na mudança do discurso dos políticos e empresários quando aludem à sua posição ideológica ou aos problemas sociais. Todos eles, a começar pelo presidente da República, fazem afirmações que até pouco tempo seriam consideradas subversivas e hoje fazem parte do palavreado bem-pensante. Por exemplo, que não é mais possível tolerar as grandes diferenças econômicas, sendo necessário promover uma distribuição equitativa. É claro que ninguém se empenha para que de fato isso aconteça, mas tais atitudes e pronunciamentos parecem mostrar que agora a imagem da injustiça social constrange, e que a insensibilidade em face da miséria deve ser pelo menos disfarçada, porque pode comprometer a imagem dos dirigentes. Esta hipocrisia generalizada, tributo que a iniquidade paga à justiça, é um modo de mostrar que o sofrimento já não deixa tão indiferente a média da opinião.

Do mesmo modo, os políticos e empresários de hoje não se declaram conservadores, como antes, quando a expressão *classes conservadoras* era um galardão. Todos são invariavelmente de *centro,* e até de *centro-esquerda,* inclusive os francamente reacionários. E nem poderiam dizer outra coisa, num tempo em que a televisão mostra a cada instante, em imagens cujo intuito é mero sensacionalismo, mas cujo efeito pode ser poderoso para despertar consciências, crianças nordestinas raquíticas, populações inteiras sem casa, posseiros massacrados, desempregados morando na rua.

De um ângulo otimista, tudo isso poderia ser encarado como manifestação infusa da consciência cada vez mais generalizada de que a desigualdade é insuportável e pode ser atenuada consideravelmente no estágio atual dos recursos técnicos e de organização. Nesse sentido, talvez se possa falar de um progresso no sentimento do próximo, mesmo sem a disposição correspondente de agir em consonância. E aí entra o problema dos que lutam para que isso aconteça, ou seja: entra o problema dos direitos humanos.

2

Por quê? Porque pensar em direitos humanos tem um pressuposto: reconhecer que aquilo que consideramos indispensável para nós é também indispensável para o próximo. Esta me parece a essência do problema, inclusive no plano estritamente individual, pois é necessário um grande esforço de educação e autoeducação a fim de reconhecermos sinceramente este postulado. Na verdade, a tendência mais funda é achar que os nossos direitos são mais urgentes que os do próximo.

Nesse ponto as pessoas são frequentemente vítimas de uma curiosa obnubilação. Elas afirmam que o próximo tem direito, sem dúvida, a certos bens fundamentais, como casa, comida, instrução, saúde, coisas que ninguém bem formado admite hoje em dia que sejam privilégio de minorias, como são no Brasil. Mas será que pensam que o seu semelhante pobre teria direito a ler Dostoiévski ou ouvir os quartetos de Beethoven? Apesar das boas intenções no outro setor, talvez isto não lhes passe pela cabeça. E não por mal, mas somente porque quando arrolam os seus direitos não estendem todos eles ao semelhante. Ora, o esforço para incluir o semelhante no mesmo elenco de bens que reivindicamos está na base da reflexão sobre os direitos humanos.

A este respeito é fundamental o ponto de vista de um grande sociólogo francês, o padre dominicano Louis-Joseph Lebret, fundador do movimento Economia e Humanismo, com quem tive a sorte de conviver e que atuou muito no Brasil entre os anos de 1940 e 1960. Penso na sua distinção entre "bens compressíveis" e "bens incompressíveis", que está ligada a meu ver com o problema dos direitos humanos, pois a maneira de conceber a estes depende daquilo que classificamos como bens incompressíveis, isto é, os que não podem ser negados a ninguém.

Certos bens são obviamente incompressíveis, como o alimento, a casa, a roupa. Outros são compressíveis, como os cosméticos, os enfeites, as roupas supérfluas. Mas a fronteira entre ambos é muitas vezes difícil de fixar, mesmo quando pensamos nos que são considerados indispensáveis. O primeiro litro de arroz de uma saca é menos importante que o último, e sabemos que com base em coisas como esta se elaborou a Economia Política e a teoria da "utilidade marginal", segundo a qual o valor de uma coisa depende em grande parte da necessidade relativa que temos dela. O fato é que cada época e cada cultura fixam os critérios de incompressibilidade, que estão ligados à divisão da sociedade em classes, pois inclusive a educação pode ser instrumento para convencer as pessoas de que o que é indispensável para uma camada social não o é para outra. Na classe média brasileira, os da minha idade ainda lembram o tempo em que se dizia que os empregados não tinham necessidade de sobremesa nem folga aos domingos, porque não estando acostumados a isso, não sentiam falta...

Portanto, é preciso ter critérios seguros para abordar o problema dos bens incompressíveis, seja do ponto de vista individual, seja do ponto de vista social. Do ponto de vista individual, é importante a consciência de cada um a respeito, sendo indispensável fazer sentir desde a infância que os pobres e desvalidos têm o direito aos bens materiais (e que portanto não se trata de exercer caridade), assim como as minorias têm direito à igualdade de tratamento. Do ponto de vista social é preciso haver leis específicas garantindo este modo de ver.

Por isso, a luta pelos direitos humanos pressupõe a consideração de tais problemas, e chegando mais perto do tema eu lembraria que são bens incompressíveis não apenas os que asseguram a sobrevivência física em níveis decentes, mas os que garantem a integridade espiritual. São incompressíveis certamente a alimentação, a moradia, o vestuário, a instrução, a saúde, a liberdade individual, o amparo da justiça pública, a resistência à opressão etc.; e também o direito à crença, à opinião, ao lazer e, por que não, à arte e à literatura.

Mas a fruição da arte e da literatura estaria mesmo nesta categoria? Como noutros casos, a resposta só pode ser dada se pudermos responder a uma questão prévia, isto é, elas só poderão ser consideradas bens incompressíveis segundo uma organização justa da sociedade se corresponderem a necessidades profundas do ser humano, a necessidades que não podem deixar de ser satisfeitas sob pena de desorganização pessoal, ou pelo menos de frustração mutiladora. A nossa questão básica, portanto, é saber se a literatura é uma necessidade deste tipo. Só então estaremos em condições de concluir a respeito.

3

Chamarei de literatura, da maneira mais ampla possível, todas as criações de toque poético, ficcional ou dramático em todos os níveis de uma sociedade, em todos os tipos de cultura, desde o que chamamos de folclore, lenda, chiste, até as formas mais complexas e difíceis da produção escrita das grandes civilizações.

Vista deste modo a literatura aparece claramente como manifestação universal de todos os homens em todos os tempos. Não há povo e não há homem que possa viver sem ela, isto é, sem a possibilidade de entrar em contacto com alguma espécie de fabulação. Assim como todos sonham todas as noites, ninguém é capaz de passar as vinte e quatro horas do dia sem alguns momentos de entrega ao universo fabulado. O sonho assegura durante o sono a presença indispensável deste universo, independentemente da nossa vontade. E durante a vigília a criação ficcional ou poética, que é a mola da literatura em todos os seus níveis e modalidades, está presente em cada um de nós, analfabeto ou erudito, como anedota, causo, história em quadrinhos, noticiário policial, canção popular, moda de viola, samba carnavalesco. Ela se manifesta desde o devaneio amoroso ou econômico no ônibus até a atenção fixada na novela de televisão ou na leitura seguida de um romance.

Ora, se ninguém pode passar vinte e quatro horas sem mergulhar no universo da ficção e da poesia, a literatura concebida no sentido amplo a que me referi parece corresponder a uma necessidade universal, que precisa ser satisfeita e cuja satisfação constitui um direito.

Alterando um conceito de Otto Ranke sobre o mito, podemos dizer que a literatura é o sonho acordado das civilizações. Portanto, assim como não é possível haver equilíbrio psíquico sem o sonho durante o sono, talvez não haja equilíbrio social sem a literatura. Deste modo, ela é fator indispensável de humanização e, sendo assim, confirma o homem na sua humanidade, inclusive porque atua em grande parte no subconsciente e no inconsciente. Neste sentido, ela pode ter importância equivalente à das formas conscientes de inculcamento intencional, como a educação familiar, grupal ou escolar. Cada sociedade cria as suas manifestações ficcionais, poéticas e dramáticas de acordo com os seus impulsos, as suas crenças, os seus sentimentos, as suas normas, a fim de fortalecer em cada um a presença e atuação deles.

Por isso é que nas nossas sociedades a literatura tem sido um instrumento poderoso de instrução e educação, entrando nos currículos, sendo proposta a cada um como equipamento intelectual e afetivo. Os valores que a sociedade preconiza, ou os que considera prejudiciais, estão presentes nas diversas manifestações da ficção, da poesia e da ação dramática. A literatura confirma e nega, propõe e denuncia, apoia e combate, fornecendo a possibilidade de vivermos dialeticamente os problemas. Por isso é indispensável tanto a literatura sancionada quanto a literatura proscrita; a que os poderes sugerem e a que nasce dos movimentos de negação do estado de coisas predominante.

A respeito destes dois lados da literatura, convém lembrar que ela não é uma experiência inofensiva, mas uma aventura que pode causar problemas psíquicos e morais, como acontece com a própria vida, da qual é imagem e transfiguração. Isto significa que ela tem papel formador da personalidade, mas não segundo as convenções; seria antes segundo a força indiscriminada e poderosa da própria realidade. Por isso, nas mãos do leitor o livro pode ser fator de perturbação e mesmo de risco. Daí a ambivalência da sociedade em face dele, suscitando por vezes condenações violentas quando ele veicula noções ou oferece sugestões que a visão convencional gostaria de proscrever. No âmbito da instrução escolar o livro chega a gerar conflitos, porque o seu efeito transcende as normas estabelecidas.

Numa palestra feita há mais de quinze anos em reunião da Sociedade Brasileira para o Progresso da Ciência sobre o papel da literatura na formação do homem, chamei a atenção entre outras coisas para os aspectos paradoxais desse papel, na medida em que os educadores ao mesmo tempo preconizam e temem o efeito dos textos literários. De fato (dizia eu), há

> [...] conflito entre a ideia convencional de uma literatura que *eleva e edifica* (segundo os padrões oficiais) e sua poderosa força indiscriminada de iniciação na vida, com uma variada complexidade nem sempre desejada pelos educadores. Ela não *corrompe* nem *edifica*, portanto; mas, trazendo livremente em si o que chamamos o bem e o que chamamos o mal, humaniza em sentido profundo, porque faz viver.

4

A função da literatura está ligada à complexidade da sua natureza, que explica inclusive o papel contraditório mas humanizador (talvez humanizador porque contraditório). Analisando-a, podemos distinguir pelo menos três faces: (1) ela é uma construção de objetos autônomos como estrutura e significado; (2) ela é uma forma de expressão, isto é, manifesta emoções e a visão do mundo dos indivíduos e dos grupos; (3) ela é uma forma de conhecimento, inclusive como incorporação difusa e inconsciente.

Em geral pensamos que a literatura atua sobre nós devido ao terceiro aspecto, isto é, porque transmite uma espécie de conhecimento, que resulta em aprendizado, como se ela fosse um tipo de instrução. Mas não é assim. O efeito das produções literárias é devido à atuação simultânea dos três aspectos, embora costumemos pensar menos no primeiro, que corresponde à *maneira* pela qual a mensagem é construída; mas esta *maneira* é o aspecto, senão mais importante, com certeza crucial, porque é o que decide se uma comunicação é literária ou não. Comecemos por ele.

Toda obra literária é antes de mais nada uma espécie de objeto, de objeto construído; e é grande o poder humanizador desta construção, *enquanto construção*.

De fato, quando elaboram uma estrutura, o poeta ou narrador nos propõem um modelo de coerência, gerado pela força da palavra organizada. Se fosse possível abstrair o sentido e pensar nas palavras como tijolos de uma construção, eu diria que esses tijolos representam um modo de organizar a matéria, e que enquanto organização eles exercem papel ordenador sobre a nossa mente. Quer percebamos claramente ou não, o caráter de coisa organizada da obra literária torna-se um fator que nos deixa mais capazes de organizar a nossa própria mente e sentimentos; e, em consequência, mais capazes de organizar a visão que temos do mundo.

Por isso, um poema hermético, de entendimento difícil, sem nenhuma alusão tangível à realidade do espírito ou do mundo, pode funcionar neste sentido, pelo fato de ser um tipo de ordem, sugerindo um modelo de superação do caos. A produção literária tira as palavras do nada e as dispõe como todo articulado. Este é o primeiro nível humanizador, ao contrário do que geralmente se pensa. A organização da palavra comunica-se ao nosso espírito e o leva, primeiro, a se organizar; em seguida, a organizar o mundo. Isto ocorre desde as formas mais simples, como a quadrinha, o provérbio, a história de bichos, que sintetizam a experiência e a reduzem a sugestão, norma, conselho ou simples espetáculo mental.

"Mais vale quem Deus ajuda do que quem cedo madruga". Este provérbio é uma frase solidamente construída, com dois membros de sete sílabas cada um, estabelecendo um ritmo que realça o conceito, tornando mais forte pelo efeito da rima toante: "aj-U-d-A", "Madr-U-g-A". A construção consistiu em descobrir a expressão lapidar e ordená-la segundo meios técnicos que impressionam a percepção. A mensagem é inseparável do código, mas o código é a condição que assegura seu efeito.

Mas as palavras organizadas são mais do que a presença de um código: elas comunicam sempre alguma coisa, que nos toca porque obedece a certa ordem. Quando recebemos o impacto de uma produção literária, oral ou escrita, ele é devido à fusão inextricável da mensagem com a sua organização. Quando digo que um texto me impressiona, quero dizer que ele me impressiona porque a sua possibilidade de impressionar foi determinada pela ordenação recebida de quem o produziu. Em palavras usuais: o conteúdo só atua por causa da forma, e a forma traz em si, virtualmente, uma capacidade de humanizar devido à coerência mental que pressupõe e que sugere. O caos originário, isto é, o material bruto a partir do qual o produtor escolheu uma forma, se torna ordem; por isso, o meu caos interior também se ordena e a mensagem pode atuar. Toda obra literária pressupõe esta superação do caos, determinada por um arranjo especial das palavras e fazendo uma proposta de sentido.

Pensemos agora num poema simples, como a Lira de Gonzaga que começa com o verso "Eu, Marília, não fui nenhum vaqueiro". Ele a escreveu no calabouço da ilha das Cobras e se põe na situação de quem está muito triste, separado da noiva. Então começa a pensar nela e imagina a vida que teriam tido se não houvesse ocorrido a catástrofe que o jogou na prisão. De acordo com a convenção pastoral do tempo, transfigura-se no pastor Dirceu e transfigura a noiva na pastora Marília, traduzindo o seu drama em termos da vida campestre. A certa altura diz:

Propunha-me dormir no teu regaço
As quentes horas da comprida sesta;
Escrever teus louvores nos olmeiros,
Toucar-te de papoulas na floresta.

A extrema simplicidade desses versos remete a atos ou devaneios dos namorados de todos os tempos: ficar com a cabeça no colo da namorada, apanhar flores para fazer uma grinalda, escrever as respectivas iniciais na casca das árvores. Mas na experiência de cada um de nós esses sentimentos e evocações são geralmente vagos, informulados, e não têm consistência que os torne exemplares. Exprimindo-os no enquadramento de um estilo literário, usando rigorosamente os versos de dez sílabas, explorando certas sonoridades, combinando as palavras com perícia, o poeta transforma o informal ou o inexpresso em estrutura organizada, que se põe acima do tempo e serve para cada um representar mentalmente as situações amorosas deste tipo. A alternância regulada de sílabas tônicas e sílabas átonas, o poder sugestivo da rima, a cadência do ritmo – criaram uma ordem definida que serve de padrão para todos e, deste modo, a todos humaniza, isto é, permite que os sentimentos passem do estado de mera emoção para o da forma construída, que assegura a generalidade e a permanência. Nota-se, por exemplo, o efeito do jogo de certos sons expressos pelos fonemas T e P no último verso, dando transcendência a um gesto banal de namorado:

Toucarte-Te de PaPoulas na floresTa.

Tês no começo e no fim, cercando os Pês do meio e formando com eles uma sonoridade mágica que contribui para elevar a experiência amorfa ao nível da expressão organizada, figurando o afeto por meio de imagens que marcam com eficiência a transfiguração do meio natural. A forma permitiu que o conteúdo ganhasse maior significado e ambos juntos aumentaram a nossa capacidade de ver e sentir.

Digamos que o conteúdo atuante graças à forma constitui com ela um par indissolúvel que redunda em certa modalidade de conhecimento. Este pode ser uma aquisição consciente de noções, emoções, sugestões, inculcamentos; mas na maior parte se processa nas camadas do subconsciente e do inconsciente, incorporando-se em profundidade como enriquecimento difícil de avaliar. As produções literárias, de todos os tipos e todos os níveis, satisfazem necessidades básicas do ser humano, sobretudo através dessa incorporação, que enriquece a nossa percepção e a nossa visão do mundo. O que ilustrei por meio do provérbio e dos versos de Gonzaga ocorre em todo o campo da literatura e explica por que ela é uma necessidade universal imperiosa, e por que fruí-la é um direito das pessoas de qualquer sociedade, desde o índio que canta as suas proezas de caça ou evoca dançando a lua cheia, até o mais requintado erudito que procura captar com sábias redes os sentidos flutuantes de um poema hermético. Em todos esses casos ocorre humanização e enriquecimento, da personalidade e do grupo, por meio de conhecimento oriundo da expressão submetida a uma ordem redentora da confusão.

Entendo aqui por *humanização* (já que tenho falado tanto nela) o processo que confirma do homem aqueles traços que reputamos essenciais, como o exercício da reflexão, a aquisição do saber, a boa disposição para com o próximo, o afinamento das emoções, a capacidade de penetrar nos problemas da vida, o senso da beleza, a percepção da complexidade do mundo e dos seres, o cultivo do humor. A literatura desenvolve em nós a quota de humanidade na medida em que nos torna mais compreensivos e abertos para a natureza, a sociedade, o semelhante.

Isso posto, devemos lembrar que além do conhecimento por assim dizer latente, que provém da organização das emoções e da visão do mundo, há na literatura níveis de conhecimento intencional, isto é, planejados pelo autor e conscientemente assimilados pelo receptor. Estes níveis são os que chamam imediatamente a atenção e é neles que o autor injeta as suas intenções de propaganda, ideologia, crença, revolta, adesão etc. Um poema abolicionista de Castro Alves atua pela eficiência da sua organização formal, pela qualidade do sentimento que exprime, mas também pela natureza da sua posição política e humanitária. Nestes casos a literatura satisfaz, em outro nível, à necessidade de conhecer os sentimentos e a sociedade, ajudando-nos a tomar posição em face deles. É aí que se situa a *literatura social*, na qual pensamos quase exclusivamente quando se trata de uma realidade tão política e humanitária quanto a dos direitos humanos, que partem de uma análise do universo social e procuram retificar as suas iniquidades.

Falemos portanto alguma coisa a respeito das produções literárias nas quais o autor deseja expressamente assumir posição em face dos problemas. Disso resulta uma literatura empenhada, que parte de posições éticas, políticas, religiosas ou simplesmente humanísticas. São casos em que o autor tem convicções e deseja exprimi-las; ou parte de certa visão da realidade e a manifesta com tonalidade crítica. Daí pode surgir um perigo: afirmar que a literatura só alcança a verdadeira função quando é deste tipo. Para a Igreja Católica, durante muito tempo, a *boa literatura* era a que mostrava a verdade da sua doutrina, premiando a virtude, castigando o pecado. Para o regime soviético, a literatura autêntica era a que descrevia as lutas do povo, cantava a construção do socialismo ou celebrava a classe operária. São posições falhas e prejudiciais à verdadeira produção literária, porque têm como pressuposto que ela se justifica por meio de finalidades alheias ao plano estético, que é o decisivo. De fato, sabemos que em literatura uma mensagem ética, política, religiosa ou mais geralmente social só tem eficiência quando for reduzida a estrutura literária, a forma ordenadora. Tais mensagens são válidas como quaisquer outras, e não podem ser proscritas; mas a sua validade depende da forma que lhes dá existência como um certo tipo de objeto.

5

Feita esta ressalva, vou me demorar na modalidade da literatura que visa a descrever e eventualmente a tomar posição em face das iniquidades sociais, as mesmas que alimentam o combate pelos direitos humanos.

Falei há pouco tempo de Castro Alves, exemplo brasileiro que geralmente lembramos nesses casos. A sua obra foi em parte um poderoso libelo contra a escravidão, pois ele assumiu posição de luta e contribuiu para a causa que procurava servir. O seu efeito foi devido ao talento do poeta, que fez obra autêntica porque foi capaz de elaborar em termos esteticamente válidos os pontos de vista humanitários e políticos. Animado pelos mesmos sentimentos e dotado de temperamento igualmente generoso foi Bernardo Guimarães, que escreveu o romance *A escrava Isaura* também como libelo. No entanto, visto que só a intenção e o assunto não bastam, esta é uma obra de má qualidade e não satisfaz os requisitos que asseguram a eficiência real do texto. A paixão abolicionista estava presente na obra de ambos os autores, mas um deles foi capaz de criar a organização literária adequada e o outro não. A eficácia humana é função da eficácia estética, e portanto o que na literatura age como força humanizadora é a própria literatura, ou seja, a capacidade de criar formas pertinentes.

Isso não quer dizer que só serve a obra perfeita. A obra de menor qualidade também atua, e em geral um movimento literário é constituído por textos de qualidade alta e textos de qualidade modesta, formando no conjunto uma massa de significados que influi em nosso conhecimento e nos nossos sentimentos.

Para exemplificar, vejamos o caso do romance humanitário e social do começo do século XIX, por vários aspectos uma resposta da literatura ao impacto da industrialização que, como se sabe, promoveu a concentração urbana em escala nunca vista, criando novas e mais terríveis formas de miséria, inclusive a da miséria posta diretamente ao lado do bem-estar, com o pobre vendo a cada instante os produtos que não poderia obter. Pela primeira vez a miséria se tornou um espetáculo inevitável e todos tiveram de presenciar a sua terrível realidade nas imensas concentrações urbanas, para onde eram conduzidas ou enxotadas as massas de camponeses destinados ao trabalho industrial, inclusive como exército faminto de reserva. Saindo das regiões afastadas e dos interstícios da sociedade, a miséria se instalou nos palcos da civilização e foi se tornando cada vez mais odiosa, à medida que se percebia que ela era o quinhão injustamente imposto aos verdadeiros produtores da riqueza, os operários, aos quais foi preciso um século de lutas para verem reconhecidos os direitos mais elementares. Não é preciso recapitular o que todos sabem, mas apenas lembrar que naquele tempo a condição de vida sofreu uma deterioração terrível, que logo alarmou as consciências mais sensíveis e os observadores lúcidos, gerando não apenas livros como o de Engels sobre a condição da classe trabalhadora na Inglaterra, mas uma série de romances que descrevem a nova situação do pobre.

Assim, o pobre entra de fato e de vez na literatura como tema importante, tratado com dignidade, não mais como delinquente, personagem cômico ou pitoresco. Enquanto de um lado o operário começava a se organizar para a grande luta secular na defesa dos seus direitos ao mínimo necessário, de outro lado os escritores começavam a perceber a realidade desses direitos, iniciando pela narrativa da sua vida, suas quedas, seus triunfos, sua realidade desconhecida pelas classes bem aquinhoadas. Este fenômeno é em grande parte ligado ao Romantismo, que, se teve aspectos francamente tradicionalistas e conservadores, teve também outros messiânicos e humanitários de grande generosidade, bastando lembrar que o socialismo, que se configurou naquele momento, é sob muitos aspectos um movimento de influência romântica.

Ali pelos anos de 1820-1830 nós vemos o aparecimento de um romance social, por vezes de corte humanitário e mesmo certos toques messiânicos, focalizando o pobre como tema literário importante. Foi o caso de Eugène Sue, escritor de segunda ordem mas extremamente significativo de um momento histórico. Nos seus livros ele penetrou no universo da miséria, mostrou a convivência do crime e da virtude, misturando os delinquentes e os trabalhadores honestos, descrevendo a persistência da pureza do meio do vício, numa visão complexa e mesmo convulsa da sociedade industrial no seu início.

Talvez o livro mais característico do humanitarismo romântico seja *Os miseráveis*, de Victor Hugo. Um dos seus temas básicos é a ideia de que a pobreza, a ignorância e a opressão geram o crime, ao qual o homem é por assim dizer condenado pelas condições sociais.

De maneira poderosa, apesar de declamatória e prolixa, ele retrata as contradições da sociedade do tempo e focaliza uma série de problemas graves. Por exemplo, o da criança brutalizada pela família, o orfanato, a fábrica, o explorador – o que seria um traço frequente no romance do século XIX. N'*Os miseráveis* há a historia da pobre mãe solteira Fantine, que confia a filha a um par de sinistros malandros, de cuja tirania brutal ela é salva pelo criminoso regenerado, Jean Valjean.

Victor Hugo manifestou em vários outros lugares da sua obra a piedade pelo menor desvalido e brutalizado, inclusive de maneira simbólica n'O *homem que ri*, história do filho de um nobre inglês proscrito, que é entregue a uma quadrilha de bandidos especializados em deformar crianças para vendê-las como objetos de divertimentos dos grandes. No caso, o pequeno é operado nos lábios e nos músculos faciais de maneira a ter um ríctus permanente que o mantém como se estivesse sempre rindo. É Gwymplaine, cuja mutilação representa simbolicamente o estigma da sociedade sobre o desvalido.

Dickens tratou do assunto em mais de uma obra, como *Oliver Twist*, onde narra a iniquidade dos orfanatos e a utilização dos meninos pelos ladrões organizados, que os transformam no que hoje chamamos trombadinhas. Leitor de Eugène Sue e Dickens, Dostoiévski levou a extremos de patético o problema da violência contra a infância, até chegar à violação sexual confessada por Stavroguine em *Os demônios*.

Muito da literatura messiânica e humanitária daquele tempo (não estou incluindo Dostoiévski, que é outro setor) nos parece hoje declamatória e por vezes cômica. Mas é curioso que o seu travo amargo resiste no meio do que já envelheceu de vez, mostrando que a preocupação com o que hoje chamamos direitos humanos pode dar à literatura uma força insuspeitada. E reciprocamente, que a literatura pode incutir em cada um de nós o sentimento de urgência de tais problemas. Por isso, creio que a entrada do pobre no temário do romance, no tempo do Romantismo, e o fato de ser tratado nele com a devida dignidade, é um momento relevante no capítulo dos direitos humanos através da literatura.

A partir do período romântico a narrativa desenvolveu cada vez mais o lado social, como aconteceu no Naturalismo, que timbrou em tomar como personagens centrais o operário, o camponês, o pequeno artesão, o desvalido, a prostituta, o discriminado em geral. Na França, Émile Zola conseguiu fazer uma verdadeira epopeia do povo oprimido e explorado, em vários livros da série dos *Rougon-Macquart*, retratando as consequências da miséria, da promiscuidade, da espoliação econômica, o que fez dele um inspirador de atitudes e ideias políticas. Sendo ele próprio inicialmente apolítico, interessado apenas em analisar objetivamente os diversos níveis da sociedade, esta consequência da sua obra nada tinha a ver com suas intenções. Mas é interessante que a força política latente dos seus textos acabou por levá-lo à ação e torná-lo um dos maiores militantes na história da inteligência empenhada. Isto se deu quando ele assumiu posição contra a condenação injusta do capitão Alfred Dreyfus, cujo processo, graças ao seu famoso panfleto *J'accuse,* entrou em fase de revisão, terminada pela absolvição final. Mas antes desse desfecho (que não chegou a ver, porque já morrera), Zola foi julgado e condenado à prisão por ofensa ao Exército, o que o obrigou a se refugiar na Inglaterra. Aí está um exemplo completo de autor identificado com a visão social da sua obra, que acaba por reunir produção literária e militância política.

Tanto no caso da literatura messiânica e idealista dos românticos, quanto no caso da literatura realista, na qual a crítica assume o cunho de verdadeira investigação orientada da sociedade, estamos em face de exemplo de literatura empenhada numa tarefa ligada aos direitos humanos. No Brasil isto foi claro nalguns momentos do Naturalismo, mas ganhou força real sobretudo no decênio de 1930, quando o homem do povo com todos os seus problemas passou a primeiro plano e os escritores deram grande intensidade ao tratamento literário do pobre.

Isso foi devido sobretudo ao fato do romance de tonalidade social ter passado da denúncia retórica, ou da mera descrição, a uma espécie de crítica corrosiva, que podia ser explícita, como em Jorge Amado, ou implícita, como em Graciliano Ramos, mas que em todos eles foi muito eficiente naquele período, contribuindo para incentivar os sentimentos radicais que se generalizam no país. Foi uma verdadeira onda de desmascaramento social, que aparece não apenas nos que ainda lemos hoje, como os dois citados e mais José Lins do Rego, Rachel de Queiroz ou Érico Verissimo, mas em autores menos lembrados, como Abguar Bastos, Guilhermino Cesar, Emil Farhart, Amando Fontes, para não falar de tantos outros praticamente esquecidos, mas que contribuíram para formar o batalhão de escritores empenhados em expor e denunciar a miséria, a exploração econômica, a marginalização, o que os torna, como os outros, figurantes de uma luta virtual pelos direitos humanos. Seria o caso de João Cordeiro, Clovis Amorim, Lauro Palhano etc.

6

Acabei de focalizar a relação da literatura com os direitos humanos de dois ângulos diferentes. Primeiro, verifiquei que a literatura corresponde a uma necessidade universal que deve ser satisfeita sob pena de mutilar a personalidade, porque pelo fato de dar forma aos sentimentos e à visão do mundo ela nos organiza, nos liberta do caos e portanto nos humaniza. Negar a fruição da literatura é mutilar a nossa humanidade. Em segundo lugar, a literatura pode ser um instrumento consciente de desmascaramento, pelo fato de focalizar as situações de restrições dos direitos, ou de negação deles, como a miséria, a servidão, a mutilação espiritual. Tanto num nível quanto no outro ela tem muito a ver com a luta pelos direitos humanos.

A organização da sociedade pode restringir ou ampliar a fruição deste bem humanizador. O que há de grave numa sociedade como a brasileira é que ela mantém com a maior dureza a estratificação das possibilidades, tratando como se fossem compressíveis muitos bens materiais e espirituais que são incompressíveis. Em nossa sociedade há fruição segundo as classes na medida em que um homem do povo está praticamente privado da possibilidade de conhecer e aproveitar a leitura de Machado de Assis ou Mário de Andrade. Para ele, ficam a literatura de massa, o folclore, a sabedoria espontânea, a canção popular, o provérbio. Estas modalidades são importantes e nobres, mas é grave considerá-las como suficientes para a grande maioria que, devido à pobreza e à ignorância, é impedida de chegar às obras eruditas.

Nessa altura é preciso fazer duas considerações: uma relativa à difusão possível das formas de literatura erudita em função da estrutura e da organização da sociedade; outra, relativa à comunicação entre as esferas da produção literária.

Para que a literatura chamada erudita deixe de ser privilégio de pequenos grupos, é preciso que a organização da sociedade seja feita de maneira a garantir uma distribuição equitativa dos bens. Em princípio, só numa sociedade igualitária os produtos literários poderão circular sem barreiras, e neste domínio a situação é particularmente dramática em países como o Brasil, onde a maioria da população é analfabeta, ou quase, e vive em condições que não permitem a margem de lazer indispensável à leitura. Por isso, numa sociedade estratificada deste tipo a fruição da literatura se estratifica de maneira abrupta e alienante.

Pelo que sabemos, quando há um esforço real de igualitarização há aumento sensível do hábito de leitura, e portanto difusão crescente das obras. A União Soviética (que neste capítulo é modelar) fez um grande esforço para isto, e lá as tiragens editoriais alcançam números para nós inverossímeis, inclusive de textos inesperados, como os de Shakespeare, que em nenhum em outro país é tão lido, segundo vi registrado nalgum lugar. Como seria a situação numa sociedade idealmente organizada com base na sonhada igualdade completa, que nunca conhecemos e talvez nunca venhamos a conhecer? No entusiasmo da construção socialista, Trotski previa que nela a média dos homens seria do nível de Aristóteles, Goethe e Marx... Utopia à parte, é certo que quanto mais igualitária for a sociedade, e quanto mais lazer proporcionar, maior deverá ser a difusão humanizadora das obras literárias, e, portanto, a possibilidade de contribuírem para o amadurecimento de cada um.

Nas sociedades de extrema desigualdade, o esforço dos governos esclarecidos e dos homens de boa vontade tenta remediar na medida do possível a falta de oportunidades culturais. Nesse rumo, a obra mais impressionante que conheço no Brasil foi de Mário de Andrade no breve período em que chefiou o Departamento de Cultura da Cidade de São Paulo, de 1935 a 1938. Pela primeira vez entre nós viu-se uma organização da cultura com vista ao público mais amplo possível. Além da remodelação em larga escala da Biblioteca Municipal, foram criados: parques infantis nas zonas populares; bibliotecas ambulantes, em furgões que estacionavam nos diversos bairros; a discoteca pública; os concertos de ampla difusão, baseados na novidade de conjuntos organizados aqui, como quarteto de cordas, trio instrumental, orquestra sinfônica, corais. A partir de então a cultura musical média alcançou públicos maiores e subiu de nível, como demonstram as fichas de consulta da Discoteca Pública Municipal e os programas de eventos, pelos quais se observa diminuição do gosto até então quase exclusivo pela ópera e o solo de piano, com incremento concomitante do gosto pela música de câmara e sinfônica. E tudo isso concebido como atividade destinada a todo o povo, não apenas aos grupos restritos de amadores.

Ao mesmo tempo, Mário de Andrade incrementou a pesquisa folclórica e etnográfica, valorizando as culturas populares, no pressuposto de que todos os níveis são dignos e que a ocorrência deles é função da dinâmica das sociedades. Ele entendia a princípio que as criações populares eram fonte das eruditas, e que de modo geral a arte vinha do povo. Mais tarde, inclusive devido a uma troca de ideias com Roger Batisde, sentiu que na verdade há uma corrente em dois sentidos, e que a esfera erudita e a popular trocam influências de maneira incessante, fazendo da criação literária e artística um fenômeno de vasta intercomunicação.

Isto faz lembrar que, envolvendo o problema da desigualdade social e econômica, está o problema da intercomunicação dos níveis culturais. Nas sociedades que procuram estabelecer regimes igualitários, o pressuposto é que todos devem ter a possibilidade de passar dos níveis populares para os níveis eruditos como consequência normal da transformação de estrutura, prevendo-se a elevação sensível da capacidade de cada um graças à aquisição cada vez maior de conhecimentos e experiências. Nas sociedades que mantêm a desigualdade como norma, e é o caso da nossa, podem ocorrer movimentos e medidas, de caráter público ou privado, para diminuir o abismo entre os níveis e fazer chegar ao povo os produtos eruditos. Mas, repito, tanto num caso quanto no outro está implícita como questão maior a correlação dos níveis. E aí a experiência mostra que o principal obstáculo pode ser a falta de oportunidade, não a incapacidade.

A partir de 1934 e do famoso Congresso de Escritores de Karkov, generalizou-se a questão da *literatura proletária*, que vinha sendo debatida desde a vitória da Revolução Russa, havendo uma espécie de convocação universal em prol da produção socialmente empenhada. Uma das alegações era a necessidade de dar ao povo um tipo de literatura que o interessasse realmente, porque versava os seus problemas específicos de um ângulo progressista. Nessa ocasião, um escritor francês bastante empenhado, mas não sectário, Jean Guéhenno, publicou na revista *Europe* alguns artigos relatando uma experiência simples: ele deu para ler a gente modesta, de pouca instrução, romances populistas, empenhados na posição ideológica ao lado do trabalhador e do pobre. Mas não houve o menor interesse da parte das pessoas a que se dirigiu. Então, deu-lhes livros de Balzac, Stendhal, Flaubert, que os fascinaram. Guéhenno queria mostrar com isto que a boa literatura tem alcance universal, e que ela seria acolhida devidamente pelo povo se chegasse até ele. E por aí se vê o efeito mutilador da segregação cultural segundo as classes.

Lembro ainda de ter ouvido nos anos de 1940 que o escritor e pensador português Agostinho da Silva promoveu cursos noturnos para operários, nos quais comentava textos de filósofos, como Platão, que despertaram o maior interesse e foram devidamente assimilados.

Maria Vitória Benevides narra a este respeito um caso exemplar. Tempos atrás foi aprovada em Milão uma lei que assegura aos operários certo número de horas destinadas a aperfeiçoamento cultural em matérias escolhidas por eles próprios. A expectativa era que aproveitariam a oportunidade para melhorar o seu nível profissional por meio de novos conhecimentos técnicos ligados à atividade de cada um. Mas para surpresa geral, o que quiseram na grande maioria foi aprender bem a sua língua (muitos estavam ainda ligados aos dialetos regionais) e conhecer a literatura italiana. Em segundo lugar, queriam aprender violino.

Este belo exemplo leva a falar no poder universal dos grandes clássicos, que ultrapassam a barreira da estratificação social e de certo modo podem redimir as distâncias impostas pela desigualdade econômica, pois têm a capacidade de interessar a todos e portanto devem ser levados ao maior número. Para ficar na Itália, é o caso assombroso da *Divina Comédia,* conhecida em todos os níveis sociais e por todos eles consumida como alimento humanizador. Mais ainda: dezenas de milhares de pessoas sabem de cor os trinta e quatro cantos do INFERNO; um número menor sabe de cor não apenas o INFERNO, mas também o PURGATÓRIO; e muitos mil sabem além deles o PARAÍSO, num total de cem cantos e mais de treze mil versos... Lembro de ter conhecido na minha infância, em Poços de Caldas, o velho sapateiro italiano Crispino Caponi que sabia o INFERNO completo e recitava qualquer canto que se pedisse, sem parar de bater as suas solas.

Os italianos são hoje alfabetizados e a Itália é um país saturado da melhor cultura. Mas noutros países, mesmo os analfabetos podem participar bem da literatura quando lhes é dada a oportunidade. Se for permitida outra lembrança pessoal, contarei que quando eu tinha doze anos, na mesma cidade de Poços de Caldas, um jardineiro português e sua esposa brasileira, ambos analfabetos, me pediram para lhes ler o *Amor de perdição,* de Camilo Castelo Branco, que já tinham ouvido de uma professora na fazenda onde trabalhavam antes e que os havia fascinado. Eu atendi e verifiquei como assimilavam bem, com emoção inteligente.

O *Fausto*, o *Dom Quixote*, *Os Lusíadas,* Machado de Assis podem ser fruídos em todos os níveis e seriam fatores inestimáveis de afinamento pessoal, se a nossa sociedade iníqua não segregasse as camadas, impedindo a difusão dos produtos culturais eruditos e confinando o povo a apenas uma parte da cultura, a chamada popular. A este respeito o Brasil se distingue pela alta taxa de iniquidade, pois como é sabido temos de um lado os mais altos níveis de instrução e de cultura erudita, e de outro a massa numericamente predominante de espoliados, sem acesso aos bens desta, e aliás aos próprios bens materiais necessários à sobrevivência.

Nesse contexto, é revoltante o preconceito segundo o qual as minorias que podem participar das formas requintadas de cultura são sempre capazes de apreciá-la, o que não é verdade. As classes dominantes são frequentemente desprovidas de percepção e interesse real pela arte e a literatura ao seu dispor, e muitos dos seus seguimentos as fruem por mero esnobismo, porque este ou aquele autor está na moda, porque dá prestígio gostar deste ou daquele pintor. Os exemplos que vimos há pouco sobre a sofreguidão comovente com que os pobres e mesmo analfabetos recebem os bens culturais mais altos mostram que o que há mesmo é espoliação, privação de bens espirituais que fazem falta e deveriam estar ao alcance como um direito.

7

Portanto, a luta pelos direitos humanos abrange a luta por um estado de coisas em que todos possam ter acesso aos diferentes níveis da cultura. A distinção entre cultura popular e cultura erudita não deve servir para justificar e manter uma separação iníqua, como se do ponto de vista cultural a sociedade fosse dividida em esferas incomunicáveis, dando lugar a dois tipos incomunicáveis de fruidores. Uma sociedade justa pressupõe o respeito dos direitos humanos, e a fruição da arte e da literatura em todas as modalidades e em todos os níveis é um direito inalienável.

(1988)

TAXAÇÃO A UMA HORA DESSAS?

POR QUE O MERCADO EDITORIAL É CONTRA A TAXAÇÃO DO LIVRO?

Vitor Tavares

Acredito que as respostas para todas as questões estão nos livros. Há quem as busque no I Ching, na Bíblia, nas antigas enciclopédias. Livreiro que sou, para esta pergunta específica recorro a *O direito à literatura e outros ensaios*, do mestre Antonio Candido, que recomendo. O texto é dos idos dos anos 1980, mas, como um oráculo, responde de forma divina ao que a nem todos é óbvio em pleno século XXI.

O livro explica bem melhor do que eu, mas, em linhas gerais, o que Candido nos mostra é que a literatura é um direito humano, pois é ela quem garante a nossa humanização. E humaniza porque nos faz vivenciar diferentes realidades e situações. Afinal, o contato com a ficção/fabulação influencia no caráter e na formação dos sujeitos, na medida em que estimula e alimenta nossa imaginação, que é a essência da nossa humanidade — assim como o polegar opositor e a razão.

Além de possibilitar o exercício de nos colocarmos no lugar do outro (no caso, personagens), a literatura incrementa nosso vocabulário, o que aumenta nossa capacidade de comunicação. E ainda nos leva a conhecer o mundo e sua(s) história(s). Tudo isso fortalece nossa capacidade de transformar a nós mesmos e nossas realidades.

Em resumo, para Antonio Candido, a literatura é um direito tão importante que se iguala às necessidades mais básicas de um ser humano. E, para garantir o direito de todos a ela, é preciso um acervo organizado, disponível e acessível a todas e todos, de todas as idades, cores, credos e orientações sexuais. É preciso também que esse acervo convide e seduza, possibilitando que as pessoas se formem leitoras e leitores.

O que Antonio Candido chama de literatura eu interpreto como livro. E entender esse direito ao livro é a chave para a certeza de que a taxação não pode ser uma porta entre ele e os leitores.

Muito antes de Candido traduzir brilhantemente tudo isso em palavras impressas, em pilhas de páginas (que puderam ser encadernadas, distribuídas, vendidas, compradas, presenteadas e, o mais importante: lidas), o argumento que possibilita o desenvolvimento dessa história já existia. Sempre existiu, com diferentes nuances e sotaques, nas mais diferentes realidades.

E, para garantir que a versão brasileira dela pudesse circular por aí até hoje, alguns autores extrapolaram a literatura e escreveram importantes capítulos da realidade. Parte de um grupo de intelectuais, editores e escritores engajados em garantir mudanças lá pelos idos dos anos 1940, Jorge Amado, então deputado federal — além de autor nacional de maior prestígio internacional à época — é um deles. Ele apresentou no Congresso Nacional uma emenda que garantiu a imunidade de impostos para o papel utilizado na impressão de livros e jornais na Constituição democrática de 1946.

Gosto de lembrar que tão atemporais e marcantes quanto seus best-sellers são suas palavras à época: "Nossa emenda visa libertar o livro brasileiro daquilo que mais trabalha contra ele, daquilo que impede que a cultura brasileira mais rapidamente se popularize, daquilo que evita que chegue o livro facilmente a todas as mãos, fazendo dele, no Brasil, um objeto de luxo. Quando tanto o livro escolar quanto o de cultura mais alta constituem necessidade de todos os brasileiros".

A isenção do papel abriu caminhos. Uma vez mais acessível, ele ganhou força para carregar informações e opiniões para mais longe, na medida em que barateou o produto final — no caso, livros, jornais e revistas. Assim, camadas menos favorecidas da população puderam ter mais acesso ao seu conteúdo. Lembrando que tudo isso aconteceu em um país ainda fortemente marcado pelo analfabetismo. Naquele momento, a história começava a mudar.

A reforma constitucional de 1967 estendeu a imunidade ao objeto livro. E a Constituição de 1988 consolidou a jurisprudência que isenta o livro, ao estabelecer que é vedado à União, aos estados, municípios e ao Distrito Federal criar impostos sobre ele. E, mesmo quando surgiram contribuições sociais, como o PIS/Cofins, a isenção foi conferida. A Lei nº 10.865, de 2004, reduziu a zero a alíquota de ambas nas vendas de livros. Era o direito à literatura e ao livro sendo respeitados. As consequências positivas não demoraram a aparecer. Entre 2006 e 2011, o valor médio de capa diminuiu 33%. E o número de exemplares vendidos ao ano cresceu 90 milhões.

Em 2020, no entanto, o Executivo enviou ao Congresso o Projeto de Lei 3.887/2000, criando a Contribuição Social sobre Operações com Bens e Serviços (CBS). Uma vez aprovada, a CBS, que estabelece uma alíquota única de 12%, revogará artigos da lei de 2004, atingindo o livro.

Trocando em miúdos: a reforma tributária ameaça tributar produção, importação e venda de livros. No caso da aplicação de uma alíquota de 12% de CBS nas vendas, estima-se que será necessário aumentar em 20% o preço final de capa, o que vai prejudicar o acesso à leitura justamente da população mais vulnerável.

Não custa lembrar que, segundo a pesquisa Retratos da Leitura no Brasil 2019-2020 — realizada pelo Instituto Pró-Livro, em parceria com o Itaú Cultural, e aplicada pelo Ibope Inteligência —, hoje existe um enorme contingente de brasileiros das classes C, D e E que são consumidores de livros.

Cabe aqui um parêntese para analisarmos mais atentamente esta espécie de álbum fotográfico da leitura no país, hoje em sua 5ª edição. Os dados de 2019 indicam que o Brasil tem cerca de 100 milhões de pessoas que leem, o equivalente a 52% da população. As estatísticas mostram também que 67% de nós não contaram com alguém que incentivasse a leitura. E que só 56% leram ao menos um livro, ou parte dele, nos últimos 3 meses. E a imagem pode surpreender dependendo da lupa pela qual se observam esses números.

Vejamos: em termos de porcentagens, é maior o número de leitores entre os que possuem Ensino Superior (68%). E em maioria eles são das classes A e B (67% e 63%, respectivamente), com renda familiar de mais de 10 salários mínimos (70%).

Mas, focando em números absolutos, é preciso considerar que esses leitores são não estudantes (61,2 milhões), das classes C, D e E (70 milhões) e de renda familiar entre um e cinco salários mínimos (76,3 milhões).

Ah, os números... sempre eles. Segundo a pesquisa Produção e Vendas do Setor Editorial Brasileiro, realizada pela Nielsen Book, com coordenação da Câmara Brasileira do Livro (CBL) e do Sindicato Nacional dos Editores de Livros (Snel), em 2020, as vendas de livros no Brasil diminuíram 8,8% em termos nominais, somando R$ 5,2 bilhões, sendo R$ 1,4 bilhão relativos às aquisições governamentais em livros didáticos.

Se colocarmos na balança, constataremos que, com a aplicação da CBS sobre os livros, o valor arrecadado pelo governo federal seria irrisório.

A taxação faria o governo arrecadar mais, num primeiro momento, mas acabaria provocando aumento do preço de capa e, com isso, o que se canalizaria para os cofres públicos, certamente, não compensaria os prejuízos impostos à formação intelectual dos brasileiros. Sem mencionar que, sob uma perspectiva de mais longo prazo, entre 2006 e 2020, o mercado registrou queda de 30% nas vendas, atingindo o menor patamar nesses 15 anos. Pergunto: é sobre um mercado em retração que se pretende aplicar uma nova taxação?

Deixando de lado a letra fria das leis e a objetividade dos números por um momento, recorro às bem traçadas linhas de nossos autores, na tentativa de traduzir o que isso significa. Se, como dizia o escritor e editor Monteiro Lobato, "um país se faz com homens e livros" ("...e ideias", acrescentou o editor José Olympio, anos depois), que tipo de país tem em mente quem legisla hoje? Um deserto de homens vagando sem livros nem ideias?

Sim, porque se hoje nos encontramos neste livro (eu escrevendo e você lendo) significa que tivemos direito e acesso à leitura para possibilitar que chegássemos até aqui. Um oásis para poucos, mesmo hoje, considerando que somos privilegiados, num país em que apenas 30% das pessoas têm a chance de comprar uma publicação.

Pois imaginemos que a CBS seja aprovada. Que cenário teremos? O aumento de custo que o imposto trará não tardará a atingir o consumo e, por consequência, investimentos em novos títulos. Já vimos esse filme, inspirado em fatos reais vividos pelo mercado do livro em meio à crise econômica.

Desta vez, há agravantes. Afinal, entramos no segundo ano de pandemia. Se por um lado o amor ao livro ganhou força na quarentena, por outro, as medidas de distanciamento acabaram afastando o leitor das livrarias, que sentiram o baque.

Ainda de acordo com esse estudo, as livrarias exclusivamente virtuais tiveram aumento de 84% na participação das receitas das editoras. Já as chamadas livrarias físicas tiveram sua contribuição reduzida em 32% frente às vendas de 2019.

Não por acaso, o número de lançamentos também foi afetado, já que são essas livrarias, — fechadas por meses, — as principais vitrines para novas obras, graças ao seu papel cultural e social. Ou alguém duvida de que elas são fundamentais para a descoberta de novos títulos pelo leitor e para o bom desempenho do mercado?

Sem a possibilidade do encontro presencial entre pessoas e livros, para aquele momento de atração pelas capas e primeiras descobertas ao folheá-los, a queda de lançamentos chegou a 17,4% em relação ao ano anterior: em 2020, as editoras brasileiras produziram um total de 46 mil títulos, dos quais apenas 24% foram lançamentos. Os 76% restantes foram reimpressões.

Menos livros em circulação significa restringir educação e conhecimento a todos; com a majoração do preço, a restrição é ainda maior para as classes menos favorecidas, o que só traz (mais) desigualdade. E o Brasil divide hoje com a Colômbia o 79º lugar do ranking do Índice de Desenvolvimento Humano (IDH). Nesse ranking, os países mais bem posicionados são justamente os que registram o maior volume de aquisição de livros por pessoa, chegando a quase dez ao ano. Em nosso país, o consumo é inferior a dois livros por habitante/ano.

Relatório recente da International Publishers Association (IPA) revela que dar ao livro um tratamento diferenciado em termos de tributação é uma prática adotada em vários cantos do mundo. A alíquota zero predomina, por exemplo, na maioria dos países da América, — exceto no Chile e na Guatemala. O mesmo acontece em regiões como África e Oriente Médio, assim como em países emergentes que traçaram e executaram estratégias de desenvolvimento, como Índia e Coreia do Sul.

Em economias mais desenvolvidas, há vários cenários. Na Europa, há desde casos de países em que o livro impresso não paga imposto, como no Reino Unido, a outros em que a taxa chega a 25%, a mesma que incide sobre outros produtos. Estamos falando da Dinamarca. Enquanto isso, França e Alemanha cobram um imposto sobre valor agregado inferior aos demais produtos: 5,5% e 7%, respectivamente. Em ambos, a alíquota é de aproximadamente 20% para os demais produtos.

Já nos Estados Unidos não há uma regra que valha para todo o território, mas alguns estados desoneram totalmente obras didáticas. É o que acontece em Minnesota e Massachusetts, por exemplo.

Voltando para o Brasil, estamos cientes da necessidade de reformas que visem à simplificação tributária. Mas é preciso que se considere, ao fazer as contas, que a imunidade não é um privilégio. Como vimos — ela é concedida em muitos países com base no princípio de que o sistema tributário não deve tratar igualmente setores econômicos desiguais.

Ainda segundo a IPA, por sinal, o livro não é apenas mais uma *commodity*. Trata-se efetivamente de um ativo estratégico para a economia criativa, que facilita a mobilidade social, o crescimento pessoal e resulta, no médio prazo, em benefícios sociais, culturais e econômicos.

Agora que estamos na mesma página na questão do livro como difusor da cultura, do saber e da educação, devolvo a pergunta: como ser a favor da taxação do livro?

A IMUNIDADE DE IMPOSTOS SOBRE LIVROS

Marcos da Veiga Pereira

A imunidade de impostos sobre livros, jornais e periódicos é uma garantia constitucional que começou a ser construída em 1940. No final daquele ano, um grupo de 23 editores criou a Associação Profissional das Empresas Editoras de Livros e Publicações Culturais, com o objetivo de estudar e coordenar as atividades editoriais do Brasil. Sob a liderança do editor José Olympio, um dos primeiros assuntos debatidos foi o problema que mais preocupava a classe editorial: a alta do preço do papel, em função da Segunda Guerra Mundial, e o fato de praticamente toda a produção brasileira, naquele período, ser feita com celulose importada.

Durante o Estado Novo (vigente entre 1937 e 1945), o governo impunha restrições à imprensa, obrigações de reprodução de discursos oficiais e favorecia financeiramente os veículos que divulgassem ideias que fortalecessem o regime. Para limitar as possibilidades de censura direta e indireta da imprensa, os editores, então reunidos no que veio a se tornar o Sindicato Nacional dos Editores de Livro (Snel), conquistam uma grande vitória, com a concessão da imunidade tributária ao "papel destinado exclusivamente à impressão de jornais, periódicos e livros", expressa na Constituição Democrática de 1946 (art. 31, V, "c"). A emenda constitucional foi apresentada pelo autor brasileiro de maior prestígio internacional à época, o baiano Jorge Amado.

Por um lado, a isenção visava tornar o papel acessível às mais diferentes vozes no debate das questões nacionais, garantindo o suporte material para a livre manifestação de opiniões. Por outro, barateava o produto final, permitindo que o livro e a imprensa pudessem chegar às camadas mais amplas da população, em um país onde o analfabetismo era infelizmente a regra, e não a exceção.

Vinte anos depois, essa imunidade foi ampliada no art. 20, III, "d" da Constituição Federal de 1967 e passou a incluir os livros, jornais e periódicos, assim como a emenda à Carta que veio posteriormente, em 1969, que manteve a isenção tributária em seu art. 1912. Por fim, tal princípio foi consolidado nos termos do art. 150, VI, "d", da Constituição Cidadã de 1988, que veda à União, aos estados, ao Distrito Federal e aos municípios a cobrança de impostos sobre "(...) d) livros, jornais, periódicos e o papel destinado à sua impressão". Aqui é importante registrar a liderança do editor Alfredo Machado, presidente do Snel entre 1987 e 1990, que lutou pela manutenção da imunidade fiscal no texto constitucional.

Se o legislador na ocasião decidisse utilizar a palavra "tributos" no lugar de "impostos", a questão estaria resolvida. Mas o Código Tributário Nacional, de 1966, estabelece que existem cinco espécies de tributos distintos: impostos, taxas, contribuições de melhoria, contribuições e empréstimos compulsórios. Ou seja, a imunidade prevista na Carta Magna não garante que o Estado não possa criar outros mecanismos que onerem a produção, o que vai contra o princípio original da doutrina: garantir a liberdade de expressão e fomentar a difusão do conhecimento.

Os anos entre 1985 e 1994 foram particularmente duros; para os que viveram uma inflação média de 20% ao mês no período, é difícil imaginar como sobrevivemos. Na virada do milênio, a reconstrução do Brasil parecia ser um objetivo real a ser alcançado, e para a indústria editorial um dos grandes marcos foi a introdução da Política Nacional do

Livro, através da Lei nº 10.753/2003, com o intuito de garantir o acesso e uso do livro por todos os cidadãos, considerando que "II — o livro é o meio principal e insubstituível da difusão da cultura e transmissão do conhecimento, do fomento à pesquisa social e científica, da conservação do patrimônio nacional, da transformação e aperfeiçoamento social, e da melhoria da qualidade de vida".

Como pontos principais, a Lei atribui ao Poder Executivo o dever de criar e executar projetos de acesso ao livro e incentivo à leitura, incluindo, por exemplo, uma tarifa postal preferencial, o desenvolvimento de programas de ampliação do número de livrarias e pontos de venda no país e a modernização e expansão do sistema bibliotecário. Frente a isso, qualquer movimento que leve à oneração do livro estará em franca oposição aos objetivos de ampliação da leitura no território nacional.

Justamente para manter o espírito que deu origem à previsão constitucional, formulada com o propósito de fomentar a educação e a cultura, a Lei 10.865 de 30 de abril de 2004, que dispõe sobre o PIS e a Cofins, foi alterada para contemplar a redução da alíquota das contribuições a zero nas hipóteses de importação e receita bruta decorrente da venda de livros no mercado interno e externo. Foi necessário criar isenções específicas para outros tributos que incidiam sobre livros para manter o objetivo regulatório de promover conhecimento e acesso à cultura.

★ ★ ★

A isenção de PIS/Cofins contribuiu para uma mudança no perfil de precificação do mercado livreiro, em que editores passaram a se posicionar de maneira mais contundente para aumentar o volume comercializado no território nacional. A pesquisa Produção e Vendas do Setor Editorial Brasileiro, então realizada pela Fundação Instituto de Pesquisas Econômicas (FIPE), demonstra que os livros iniciaram uma tendência de redução nos preços, que chegou a 33% em um período de cinco anos, bem como um crescimento expressivo de 90 milhões de exemplares vendidos entre 2006 e 2011.

No entanto, após o início dos períodos de recessão no Brasil, mesmo com a diminuição de preços, o mercado começou a entrar fortemente em declínio, com maciça redução de volume comercializado. Segundo dados fornecidos pela série histórica da pesquisa, que passou a ser realizada pela Nielsen Book em 2019, o volume de exemplares vendidos ao mercado em 2020 voltou ao patamar de 2006. Considerando a evolução da população brasileira no período, o volume de livros *per capita* reduziu entre 2006 e 2020: como referência, basta dizer que em 2006 foram vendidos 1,03 livros por pessoa, ao passo que em 2020 foram vendidos 0,9 livros por pessoa — ambos os números considerados irrisórios.

Como mencionado anteriormente, a Lei 10.753/2003 estabeleceu responsabilidades do Estado no fomento ao livro e à leitura, que foram amplamente negligenciadas entre 2013 e 2020, com investimentos ínfimos em bibliotecas públicas, capacitação de professores e agentes de leitura. Isso sem dúvida contribuiu para o resultado do setor no período, além dos problemas macroeconômicos gerados pela recessão, como desemprego e perda de renda.

Outros fatores tornam o desempenho futuro do setor mais delicado. Além do número reduzido de leitores no país, recentemente o conteúdo literário passou a disputar a atenção do consumidor com diversos outros tipos de conteúdo, hoje veiculados por meio de *streaming* e em formatos diferentes, popularizados pela universalização do acesso à internet por meio do telefone celular. É neste contexto, por si só bastante desafiador, que se insere a proposta de cobrança de um tributo aplicável à cadeia produtiva do setor livreiro. É razoável dizer, por esse ponto de vista, que a Contribuição sobre Bens e Serviços (CBS), com sua alíquota de 12%, se apresenta como um estopim para um setor extremamente combalido e em declínio.

★ ★ ★

Para entender um dos principais impactos que podem ocorrer caso a CBS incida sobre a cadeia de produção e de distribuição de livros, é importante passar por um conceito muito importante: a bibliodiversidade. O escritor e editor Monteiro Lobato cunhou a famosa frase: "Um país se faz com homens e livros". Anos depois, o editor José Olympio acrescentou: "... e ideias". Uma indústria editorial saudável exige a manutenção de um modelo fundado na curadoria da produção editorial, sendo imprescindíveis incentivos para a produção e distribuição de livros com diferentes pontos de vista, a partir de uma pluralidade de autores e de posições ideológicas.

A crise vivida pelo país e pela indústria desde 2013 pode ser medida pelo número de obras novas, registradas através do International Standard Book Number (ISBN) no país. A análise das pesquisas mostra que o número de lançamentos passou de 20.400 em 2011 para 11.300 em 2020, uma queda de 45%.

Este quadro tende a se agravar com a incidência da CBS sobre a edição de livros. Conforme estimativas preliminares da indústria, o impacto da contribuição na margem de lucro das editoras, livrarias e distribuidoras será muito significativo. Em um cenário de redução de margens, a partir da nova incidência de tributo, se torna mais seguro apostar em obras já testadas e com maior apelo de vendas. Por outro lado, em um cenário econômico próspero, o movimento natural do mercado de editoras e livrarias é apostar na maior diversidade possível de títulos, já que, só assim, um maior número de clientes poderia ser contemplado em suas preferências e especificidades (movimento, no entanto, que implica maior risco comercial).

E aqui é importante tratar do varejo de livros, que tem sofrido enormes transformações nos últimos anos. A crise iniciada em 2013 teve um efeito devastador nas principais redes de livrarias: em 2014, as redes Saraiva, Cultura, Laselva, Fnac e Nobel possuíam quatrocentas lojas. Em 2021, muitas destas empresas deixaram de existir (como Laselva e Fnac), e as restantes possuem em torno de 80 livrarias, uma redução de 80% da superfície de vendas no Brasil.

Qualquer mudança que desestimule ainda mais a existência de livrarias poderá ter efeitos profundos no formato de comercialização. Novamente, mesmo antes da pandemia do coronavírus, a distribuição geográfica das livrarias no território nacional já era bastante precária, com extrema concentração nos grandes centros urbanos: um dado alarmante do IBGE, divulgado em 2019 em um estudo sobre o desempenho da economia do setor cultural brasileiro, apontou que apenas 17,3% dos municípios brasileiras possuíam livrarias.

E por que a redução do número de livrarias é uma métrica importante a ser evitada por políticas públicas? Em maior ou menor medida (a depender do segmento), a comercialização de livros é pautada pela venda por impulso. Na grande maioria dos casos, o consumidor vai ao estabelecimento sem saber o que está procurando, até que se percebe atraído pela síntese de uma obra ou pela sugestão personalizada feita por um livreiro. O encontro entre o leitor e o inesperado é fundamental para a descoberta de novos autores e novas ideias.

★ ★ ★

Não é preciso ir muito longe para entender que a redução do acesso à leitura trará muitos efeitos deletérios ao desenvolvimento da sociedade brasileira. Embora não exista uma relação causal direta, dado o grande número de variáveis que influenciam o Índice de Desenvolvimento Humano (IDH), o acesso a livros é um claro diferencial para o aprimoramento da educação, da qualidade de vida e da renda. Especificamente em relação ao Brasil, que, além de figurar na 79ª posição do *ranking* do IDH, foi apontado como o país com a segunda maior concentração de renda do mundo: um terço de toda a riqueza pertence a apenas 1% da população. Significa dizer que qualquer aumento no preço dos livros dificultará ainda mais o acesso à educação e à cultura da população mais pobre, tornando ainda mais distante a perspectiva de rompimento da desigualdade social.

Outra consequência da falta de investimentos em leitura são os índices educacionais que avaliam o desempenho dos alunos brasileiros. De acordo com o último resultado do Programa Internacional de Avaliação de Estudantes (Pisa), mais uma vez, o país não teve avanços significativos no desempenho dos estudantes nas categorias leitura, matemática e ciências.

Desincentivar o acesso a livros em um panorama já complexo como esse não tem sentido: o resultado do Pisa 2018 mostra que a educação no Brasil está em patamares bastante insatisfatórios e precisa ser priorizada pelo poder público. Em especial, chamam atenção os índices desalentadores quanto à proficiência em leitura, sobretudo porque a falha no desenvolvimento dessa habilidade prejudica a absorção de conhecimento em qualquer área.

Uma pesquisa realizada em 2019 pelo Instituto Pró-Livro com o Instituto de Ensino e Pesquisa (Insper), sobre a importância das bibliotecas em escolas públicas no processo educativo (considerando o espaço físico, acervo, atendimento e pessoal, serviços e atividades curriculares e extracurriculares e recursos eletrônicos), demonstra a correlação destes indicadores com o desempenho em língua portuguesa, segundo o Sistema de Avaliação da Educação Básica (Saeb) e o Índice de Desenvolvimento da Educação Básica (Ideb). Mas, infelizmente, segundo o Censo Escolar de 2017, 61,8% das escolas públicas não possuem bibliotecas ou salas de leituras.

Vale ainda registrar um estudo realizado pela Universidade de Roma, que analisa a influência da leitura na felicidade das pessoas. Considerando as dificuldades inerentes ao estudo, já que as definições de felicidade e bem-estar são bastante amplas, os pesquisadores estabeleceram como índice médio "a percepção subjetiva de realização pessoal, considerando todos os aspectos da vida". E os resultados indicam que os leitores possuem mais experiências positivas e são mais ativos do que os não-leitores. Essa mesma constatação está presente na pesquisa Retratos da Leitura no Brasil, na pergunta "O que gosta de fazer em seu tempo livre?", em cuja resposta é possível observar uma variedade maior de atividades por parte de quem é leitor.

★ ★ ★

O Brasil foi o último país do Ocidente a abolir a escravidão e um dos últimos a permitir a impressão e a circulação de livros e da imprensa, duas marcas negativas na nossa história, que até hoje não conseguimos superar. Poucos se dão conta que o mercado nacional de livros tem menos de duzentos anos.

Reiterando o manifesto em defesa do livro publicado em agosto de 2020, ainda não se descobriu nada mais barato, ágil e eficiente do que a palavra impressa, em papel ou telas digitais, para se divulgar as ideias, contar a história da humanidade, multiplicar as vozes da diversidade, denunciar as injustiças, prever as mudanças futuras e para ser o complemento ideal da liberdade de expressão.

Agradecimento: Carlos Ragazzo, professor do curso de direito da FGV do Rio de Janeiro.

MAIS RESPIRADORES E MENOS TRIBUTOS PARA AS LIVRARIAS DO BRASIL

Bernardo Gurbanov

Para entender a situação atual do mercado editorial, será necessário fazer uma viagem no tempo, no mínimo, até meados dos anos oitenta do século XX.

Tanto assim? Sim, porque é durante o curso dessa década que começa a se firmar o fenômeno de concentração de capitais e da competição comercial desenfreada.

O fenômeno ocorre nos setores estratégicos da economia mundial: no setor financeiro, nas empresas de energia, nas aéreas, nas empresas da área de telecomunicações, nas automotivas, nas de infraestrutura e em outras.

Fusões e aquisições constituem os movimentos de capitais mais notórios à procura do aumento no faturamento das corporações, da diminuição dos custos operacionais e da maximização dos lucros.

A indústria editorial era vista à época como um segmento estratégico para os conglomerados das comunicações. Os grupos de mídia começam a se posicionar também na área do livro impresso, considerando-a como um complemento das suas atividades de formação de opinião e de aproximação aos poderes de turno.

Nessa direção avançam grupos como o norte-americano Pearson, o alemão Bertelsmann, o francês Lagardère o espanhol Planeta — só para dar alguns exemplos. Todos eles, verdadeiros conglomerados de mídia, detentores de editoras, jornais, empresas de TV e até acionistas de companhias aéreas.

A década de 1990, anos de predominância mundial das teorias neoliberais, assinala a consolidação desse processo global.

No Brasil, o marco emblemático desse processo de expansão no varejo do livro é a aparição, em 1996, da primeira megalivraria da rede Saraiva no Shopping Eldorado, em São Paulo.

Firma-se o conceito já vigente na Europa e nos Estados Unidos, de busca pela economia de escala mediante a instalação de grandes espaços comerciais com diversificação de oferta de produtos e a criação de um ambiente que estimula a maior permanência do cliente na loja e o consequente aumento do chamado ticket médio.

Lazer e consumo aliados em prol de oferecer uma experiência sensorial e estética para o consumidor e transmitir um subtexto que sugere a livraria como uma sala de estar confortável e segura.

Assim, quebram-se paradigmas, e o visitante começa a se deparar não somente com livros nesse ambiente agradável. Todo tipo de eletroeletrônicos, brinquedos educativos, novas mídias (como à época o CD-ROM) parecem induzir rumo à realização aspiracional de atingir uma panaceia cultural ao alcance de todos os bolsos.

Na esteira dessas movimentações, chega ao Brasil o grupo francês Fnac, comprando no ano 2000 o Ática Shopping Cultural, que já se inspirava no mesmo conceito de oferta de uma diversidade de produtos culturais e tecnológicos.

A expansão das redes de varejo e a concentração de capitais na indústria do livro avançando ao longo da primeira década do século XXI mostram um lado vitorioso como modelo de negócio, mas trazem também como consequência perversa desse desenvolvimento a desaparição de inúmeras pequenas livrarias que não conseguem mais concorrer de forma saudável diante das condutas predatórias das grandes organizações.

Consolida-se, então, um modelo de sucesso indiscutível à época, que acompanha a expansão dos shopping centers país afora.

O conceito de megalivraria acaba adquirindo tamanha relevância que passa a ser considerado espaço integrante do conjunto de lojas-âncora desses empreendimentos, imprescindível para o atendimento das diversas necessidades dos clientes e para a sua boa imagem.

O Brasil daqueles anos contava com aproximadamente 3.500 livrarias e novecentas editoras ativas.

Vale esclarecer que o setor entende livraria como o estabelecimento comercial que vende livros o ano todo e cujo faturamento provém no mínimo em 50% da comercialização de livros impressos. Já o conceito de editora ativa requer a publicação de ao menos cinco livros ao ano ou uma produção total mínima de 5 mil exemplares independentemente do número de títulos.

Com a internet já presente na metade dos lares brasileiros, ocorre em 2008 mais um fato emblemático da concentração de capitais no varejo do livro: a compra da maior rede de livrarias até aquela data, a Siciliano, pela Saraiva, que passou a ocupar dessa forma um *market share* de 22% da venda de livros ao público.

Foram 63 lojas da Siciliano incorporadas às 36 da Saraiva e mais quatro editoras, constituindo um dos maiores conglomerados editoriais e livreiros de América Latina.

Uma breve análise da série histórica da pesquisa Produção e Vendas do Mercado Editorial Brasileiro, realizada pela Câmara Brasileira do Livro (CBL) e pelo Sindicato Nacional dos Editores de Livros (Snel),[1] mostra-nos que, tanto em faturamento como em número de exemplares produzidos e vendidos, foram tempos nos quais atingimos números nunca mais repetidos.

---

[1] Pesquisa Produção e Vendas do Mercado Editorial Brasileiro. Disponível em: <https://snel.org.br/wp/wp-content/uploads/2020/06/Produ%C3%A7%C3%A3o_e_Vendas_2019_imprensa_.pdf>. Acesso em: 2 de set. de 2021.

Vamos então afunilar nossa aproximação aos tempos atuais. Vamos entrar na reta final de uma crise que começa a se manifestar em 2014 juntamente ao início do maior período recessivo da história econômica do país, até a chegada da pandemia da Covid-19.

Mas não basta apenas focar nos índices econômicos. Entra em campo um novo fator: mais uma vez as novas tecnologias e sua influência na modelagem dos hábitos de consumo.

Assim foi com a bússola, assim foi com a imprensa de tipos móveis, assim foi com a máquina a vapor, e assim o desenvolvimento tecnológico continuará sendo no futuro.

Mesmo que a popularização da internet já permitisse seu uso aplicado ao consumo, a participação do faturamento online das livrarias na receita total ainda era tímido, beirando 12% no melhor dos casos.

Com a chegada da Amazon ao Brasil em 2012, o mercado fica em alerta, pois sabe que não será fácil lidar com o gigante de Seattle.

As esperadas políticas comerciais agressivas se confirmam plenamente. Mais uma vez as livrarias pequenas se deparam com cenários apocalípticos, porém as editoras encontram na Amazon e em outras plataformas de *marketplace* o seu melhor parceiro, principalmente porque elas fazem o chamado "feijão com arroz" do negócio, visto desde o lugar do fornecedor. Elas compram e pagam. Não trabalham com livros consignados.

Uma das características diferenciadas do mercado do livro é justamente o fornecimento de livros em consignação. O editor publica, estabelece o preço de capa e oferece o livro em consignação para as livrarias. Elas, por sua vez, pagam posteriormente o material vendido.

Resulta óbvio que o editor prefira a venda, mesmo que o acordo contemple uma pequena devolução, à consignação, pois poderá organizar seus fluxos financeiros com relativa previsibilidade e segurança, independentemente das práticas comercias desses grandes varejistas.

Mais um conceito e uma prática introduzidos pelas novas tecnologias é o *marketplace*.

O *marketplace* nada mais é do que um shopping virtual no qual as empresas alugam um espaço que lhes dará maior visibilidade e, portanto, maior possibilidade de lucrar.

Bem, lucrar o que se diz lucrar mesmo é relativo.

Para entrar no *marketplace*, o comerciante tem que pagar sua estadia e ainda uma porcentagem sobre o seu faturamento. A estes mecanismos compreensíveis soma-se o fato de que terá de lidar com uma concorrência promíscua, às vezes protagonizada por seus próprios fornecedores e, portanto, ficando em clara desvantagem.

Sendo o preço máximo do livro, o que chamamos de preço de capa, determinado pelo editor e considerando que o livreiro recebe um desconto para sua comercialização, obtendo daí sua margem de lucro e o capital necessário para a manutenção da empresa, qualquer diminuição que ele possa oferecer no preço final redundará numa redução da sua margem de lucro e, assim, numa fragilização da sua estrutura empresarial.

Para ficar mais claro, o livreiro não só concorre com outras livrarias como tem de concorrer com seus próprios fornecedores.

É como se a farmácia tivesse que concorrer com o laboratório que fabrica e fornece os remédios.

Já que tocamos na questão dos remédios e de sua cadeia de produção e comercialização, vale esclarecer que a legislação estabelece normas rigorosas e diz claramente quem faz o quê. O laboratório produz, o distribuidor abastece a rede comercial, e as farmácias e drogarias vendem ao público. Quer dizer que o varejo não concorre com o atacado e muito menos com o fabricante.

A Organização Mundial da Saúde (OMS)[2] recomenda a existência de uma farmácia para cada 10 mil habitantes, o que resultaria em um número de aproximadamente 20 mil estabelecimentos para atender a demanda de remédios no Brasil.

---

[2] OMS. Disponível em: <https://www.who.int/eportuguese/countries/bra/pt/>. Acesso em: 2 de set. de 2021.

No entanto, temos o surpreendente número de 80 mil farmácias e drogarias funcionando no Brasil e a Associação Brasileira de Redes de Farmácias e Drogarias (Abrafarma)[3] afirma que esse número ainda não é suficiente e que, até os meses anteriores à pandemia, ele se encontrava em plena expansão.

Por outro lado, a Organização das Nações Unidas para a Educação a Ciência e a Cultura (UNESCO)[4] recomenda coincidentemente o funcionamento de uma livraria para cada 10 mil habitantes, portanto nosso número ideal seria de 20 mil livrarias.

Segundo a Associação Nacional de Livrarias (ANL)[5] contamos atualmente com algo em torno de 2.400 livrarias, número absolutamente insuficiente, além disso, distribuídas predominantemente nos bairros de maior renda das grandes cidades das regiões Sul e Sudeste do país.

A primeira e óbvia reflexão é de que a saúde é mais negócio do que a cultura, mas vamos dar um desconto nessa análise, porque a doença vem de fábrica, e a formação do leitor pleno requer no mínimo 15 anos de prática cotidiana.

Aliás, quando falamos em leitores plenos ou proficientes, estamos falando em apenas 12% da população segundo a pesquisa Indicador de Alfabetismo Funcional (Inaf) do Instituto Paulo Montenegro.[6]

Existe um tipo de livro chamado de *instant book*. São aqueles livros que se referem a um acontecimento em curso cujo consumo se esgota juntamente ao fim do acontecimento.

Um bom exemplo são os livros para colorir que entraram na moda em 2015. Um furor editorial que durou o quanto durou essa moda,

---

[3] Abrafarma. Disponível em: <https://www.abrafarma.com.br/>. Acesso em: 2 de set. de 2021.
[4] UNESCO. Disponível em: <https://nacoesunidas.org/agencia/unesco/>. Acesso em: 2 de set. de 2021.
[5] ANL. Disponível em: <https://www.anl.org.br/v1/>. Acesso em: 2 de set. de 2021.
[6] Inaf. Disponível em: <https://alfabetismofuncional.org.br/metodologia/>. Acesso em: 11 de set. de 2021.

provocando de um lado um consumo explosivo e, de outro, um encalhe monumental *a posteriori*.

A pandemia poderá estimular a produção de inúmeros *instant books* e *instant articles* que serão superados pela evolução do contágio, porém com certeza haverá casos nos quais as análises serão mais consistentes e poderão balizar reflexões sobre comportamentos humanos, relações de produção e políticas públicas de saúde e educação.

Como chega o mercado do livro à pandemia? A pergunta é pertinente, pois se trata de um mercado habituado a lidar com sucessivas crises, ora de crescimento, ora de depressão da produção e do consumo.

Para nós, livreiros e editores, o mundo já acabou várias vezes, e até agora conseguimos ressuscitar, entre mortos e feridos, encontrando novos modelos de negócio graças à nossa capacidade de adaptação.

Até o final de 2019, estávamos numa movimentação de readaptação e recapilarização do mercado em razão das profundas consequências provocadas pelo pedido de recuperação judicial das duas principais redes de livrarias em novembro de 2018.

Aquele movimento de expansão, iniciado em meados dos anos 1980, começou a pagar a conta nos anos de 2010 e, no final da década, entrou em colapso.

A manutenção do modelo dos grandes espaços se tornou extremamente onerosa devido ao aumento dos custos administrativos, à incessante pressão fiscal, à queda de vendas em torno de 20% entre 2010 e 2019,[7] à diminuição dos lucros e, finalmente, devido à concorrência predatória praticada por essas empresas, que acabou funcionando como um bumerangue, atingindo-as em cheio.

O colapso não foi só das megalivrarias, pois arrastou todos os fornecedores que tinham concentrado suas atenções em poucos *players*, desprezando de certa forma os pequenos livreiros que dão capilaridade ao sistema.

Em tempo, digamos para fins didáticos que a livre concorrência está garantida pela Constituição Brasileira de 1988, no Título VII da Ordem

---

[7] Dados da pesquisa Produção e Vendas do Mercado Brasileiro — CBL/ Snel.

Econômica e Financeira, Capítulo I — Dos princípios gerais da atividade econômica, Art. 170, IV, definida como "a liberdade que a pessoa tem, seja ela física ou jurídica, de ofertar seus produtos e serviços sem ferir os princípios da ética, da moral e da lealdade, respeitando qualquer outro concorrente, não usando mecanismos espúrios para macular ou prejudicar o trabalho de outrem".

Vamos tratar por último das políticas públicas relativas à promoção da leitura e ao fortalecimento da cadeia produtiva do livro.

Após a entrada em vigor da Constituição de 1988, começam a ser formuladas novas legislações e implementadas algumas ações nessa direção.

O Brasil apresenta, à época, índices preocupantes de analfabetismo, de deserção escolar e de acesso aos cursos universitários.

A sociedade pós-ditadura percebe que um novo rumo nas diretrizes educacionais se faz necessário, começa a discutir a legislação vigente à época e incorpora novos conceitos pedagógicos e de cidadania. Assim, finalmente nasce a Lei de Diretrizes e Bases da Educação (LDB).

A LDB nº 9394/96[8] reafirma o direito à educação, garantido pela Constituição Federal. Estabelece os princípios da educação e os deveres do Estado em relação à educação escolar pública, definindo as responsabilidades, em regime de colaboração, entre a União, os estados, o Distrito Federal e os municípios.

Em outubro de 2003, o presidente da República sanciona a lei nº 10.753,[9] que institui a Política Nacional do Livro, na qual define o papel de cada um dos atores que intervêm desde a criação até a comercialização.

Em 2005 é criado o Colegiado Setorial do Livro, Leitura e Literatura,

órgão integrante da estrutura do CNPC (Conselho Nacional de Políticas Públicas), nos termos do Decreto nº 5.520, de 24 de agosto. O Colegiado é integrado por um Plenário composto por membros da sociedade

---

[8] Lei de Diretrizes e Bases da Educação Brasileira.
[9] Disponível em: <http://www.planalto.gov.br/ccivil_03/leis/2003/l10.753.htm>. Acesso em: 2 de set. de 2021.

civil (15), e do poder público (5), sendo presidido pelo Secretário-Geral do CNPC. Compete ao Plenário do Colegiado de Literatura: debater, analisar, acompanhar, solicitar informações e fornecer subsídios ao CNPC para a definição de políticas, diretrizes e estratégias relacionadas ao setor de Literatura.[10]

Em agosto de 2006 foi instituído o Plano Nacional do Livro e Leitura (PNLL), composto por quatro eixos centrais: Democratização do acesso, Fomento à leitura e à formação de mediadores, Incremento do valor simbólico do livro e da leitura e Desenvolvimento da Economia do Livro.

Por último, em termos de propostas legislativas, a Política Nacional de Leitura e Escrita (PNLE) é a estratégia permanente de promoção do livro, da leitura, da escrita, da literatura e das bibliotecas de acesso público no Brasil. Foi instituída a partir da sanção da Lei nº 13.696/2018,[11] de 13 de julho de 2018.

Como podemos constatar, não faltam instrumentos nem arcabouço legal para implementar as ações que tirem o Brasil do dramático quadro que ainda apresenta os baixos níveis de compreensão leitora e a baixa quantidade de livros lidos por ano *per capita*, que podem ser verificados na 5ª edição da pesquisa Retratos da Leitura, desenvolvida pelo Instituto Pró-Livro.[12]

Por outra parte, estão incorporados às políticas públicas diversos planos de compras de livros, como o Programa Nacional do Livro Didático (PNLD), que garantem a entrega de livros didáticos e paradidáticos para todos os alunos do sistema público de educação infantil, básica e ensino médio. Estamos falando de 47,8 milhões de alunos segundo o Censo Escolar de 2019.

Se não faltam leis, o que é que falta?

---

[10] Disponível em: <http://cnpc.cultura.gov.br/colegiados/>. Acesso em: 2 de set. de 2021.
[11] Disponível em: <http://www.planalto.gov.br/ccivil_03/_ato2015-2018/2018/lei/L13696.htm>. Acesso em: 2 de set. de 2021.
[12] Disponível em: <http://plataforma.prolivro.org.br/retratos.php>. Acesso em: 2 de set. de 2021.

Consta que o Ministério da Educação, segundo maior orçamento da União, conta com profissionais concursados de altíssimo nível acadêmico e gestores capacitados, no entanto, fatores que vão além do aspecto técnico-operacional interferem nas ações que permitem alcançar os objetivos de uma educação de qualidade.

É inegável que houve avanços ao longo das últimas décadas. Em 2017, a taxa de analfabetos brasileiros com mais de 15 anos de idade apresentava um número reduzido para 7,2% conforme dados do Instituto Brasileiro de Geografia e Estatística (IBGE). Porém, os resultados alcançados em 2018 no exame internacional Pisa,[13] que compara o desempenho em matemática, ciência e leitura de meio milhão de alunos de 15 anos em 65 países, promovido pela Organização para a Cooperação e Desenvolvimento Econômico (OCDE), colocam o Brasil quase no fim da tabela. Uma situação lamentável, uma tragédia nacional que precisa urgentemente ser revertida.

Longe de propormos aqui uma utopia escandinava, chamamos a atenção para a necessidade de revisar componentes culturais que dizem respeito às características da vida social brasileira.

Alguns dos mitos antropológicos que povoam o imaginário coletivo, se de um lado são constitutivos da identidade nacional, de outro, pouco dialogam com o esforço e a aplicação necessários para atingir níveis mínimos aceitáveis de assimilação das habilidades, dos conteúdos, dos valores e dos princípios que norteiam a vida em sociedade.

Um deles, a flexibilidade na aplicação das normas, fica, no momento, manifestamente exposto diante da dificuldade que as autoridades têm para conseguir um efetivo cumprimento das restrições à circulação de pessoas que a pandemia da Covid-19 exige para a prevenção da saúde pública.

Essa característica do homem cordial, brilhantemente definido por Sérgio Buarque de Holanda no seu livro *Raízes do Brasil*, aliada ao exemplo nefasto de algumas autoridades federais em sentido oposto às me-

---

[13] Disponível em: <http://portal.inep.gov.br/artigo/-/asset_publisher/B4AQV9zFY7Bv/content/pisa-2018-revela-baixo-desempenho-escolar-em-leitura-matematica-e-ciencias-no-brasil/21206>. Acesso em: 11 de set. de 2021.

didas de isolamento social recomendadas pela OMS e que o bom senso e a observação da realidade impõem, constituem apenas um dos alvos a mirar para tentar modificar condutas e atitudes massivas relacionadas com o processo educativo.

Por outra parte, a ineficiência no processo de formação de professores, a escassa valorização da profissão e as precárias condições da infraestrutura dos equipamentos públicos, somadas à baixa qualidade de vida dos alunos, formam um quadrilátero interconectado a considerar na equação que nos ocupa: o fracasso escolar, o fracasso da inclusão social, o fracasso da construção de uma vida social plural, harmônica e de igualdade de oportunidades.

A cadeia produtiva do livro oferece permanentemente sua contribuição para o incentivo à leitura.

Pode-se dizer que há interesses empresariais nessa atitude e, de fato, há. Em primeiro lugar, porque se trata de uma atividade privada que visa a obtenção legítima de lucro.

Também porque, evidentemente, sem leitores não temos consumidores; no entanto, é preciso reconhecer o caráter de empresas que trabalham no setor da cultura e da economia criativa e, assim sendo, viabilizam o acesso e a circulação de um produto eminentemente cultural de maior valor simbólico do que econômico para a sociedade.

As livrarias, atingidas pelas restrições em curso impostas ao funcionamento do comércio físico, estão se reinventando, fortalecendo sua presença no comércio on-line e na produção de conteúdos transmitidos pelos meios digitais para manter e até ampliar a sua audiência.

Enquanto a emergência durar, precisarão de acesso a linhas de crédito em condições especiais, com juros acessíveis e com menos exigências de garantias do que os agentes financeiros propõem habitualmente. Portanto, ao poder público caberá dar o formato adequado para que essas operações saiam do papel e de fato se concretizem.

Na contramão da história e das evidências, o governo federal apresenta em plena pandemia um projeto de reforma tributária que onera em 12% todas as transações da economia brasileira e, em particular, a circulação comercial do livro, não reconhecendo a alíquota zero de que goza o livro desde 2004 nas contribuições sociais PIS e Cofins ora candidatas a serem substituídas pela Contribuição sobre Bens e Serviços (CBS).

Não bastasse a falta de sensibilidade perante um produto cultural por excelência como é o livro, ainda argumenta de forma preconceituosa que quem consome livros são as elites e, portanto, elas poderiam absorver o inevitável aumento no preço final do produto. Pior ainda, afirma que distribuirá livros de graça entre os mais pobres, numa proposta assistencialista sem o mínimo critério e negando a capacidade de escolha dos supostos favorecidos.

Infelizmente, o atual governo federal, em mais uma postura negacionista entre tantas, omite nas suas argumentações os resultados da já mencionada 5ª pesquisa Retratos da Leitura no Brasil, promovida pelo Instituto Pró-Livro, que clara e cientificamente demonstra ser a chamada classe C a maior consumidora de livros.

Quanto às livrarias especificamente, a implantação da reforma tornará quase que inviável a operação comercial devido ao aumento nos preços de venda para o consumidor e à incessante diminuição nas margens de lucro elencadas anteriormente. À diferença das editoras, o varejo do livro não terá como repassar o custo adicional para os consumidores pois o preço máximo de capa é determinado pelo fornecedor.

Quando a pandemia passar, as livrarias continuarão trabalhando em prol do fortalecimento da cidadania, continuarão demonstrando a sua capacidade de adaptação e continuarão apresentando suas propostas inovadoras, mas caberá ao poder público a decisão de implementar ações que mudem a sociedade para melhor. Ações que incentivem a leitura e transformem positivamente a vida social sem onerá-la como pretende a atual proposta de reforma tributária.

Por fim, ações que contribuam para a modelagem e respiração de uma sociedade leitora com efetivo acesso ao livro e a uma oferta cultural diversa no âmbito da economia do conhecimento, cuja norma não seja a imposição e cujas leis contribuam para o bem-estar e o progresso da população.

POR QUE EU, LEITORA, SOU CONTRA A TAXAÇÃO DO LIVRO?

Beatriz Araújo de Jesus

Assim como todos que fazem parte de uma nação em pandemia, também eu, uma adolescente brasileira de 15 anos, me vi envolta em inúmeros problemas do mundo dos adultos, que se viram sem vacinas e com picos de mortes a todo instante. Os problemas familiares, psicológicos, escolares vieram gradativamente e, para muitos, tornaram-se turbulentos... Enquanto as paredes de minha própria casa me pressionavam e impunham-me o isolamento social, a incerteza e o medo, acumulados a cada índice de mortes, minha mente tão ávida de liberdade era também pressionada. No meio desse caos, eu descobri minha própria saída. Viajar para lugares inimagináveis e milhares de mundos, sem pôr os pés fora de casa. Então foram os livros que me ajudaram a atravessar esse caos que a pandemia da Covid-19 trouxe à minha vida. Com a ajuda deles, grande parte dos meus dias foi salva. E eu sei que essa não foi uma experiência exclusiva minha, pois me vi acolhida, abraçada e envolvida por outras tantas garotas que compartilharam comigo suas histórias semelhantes. Começava aí o projeto Defenda o Livro! E todas nós, unidas a quase 1,5 milhão de vozes, precisamente 1.427.382 pessoas que assinaram o nosso abaixo-assinado e que tinham uma história para contar sobre como os livros mudaram suas vidas. Motivado por essas pessoas, que se juntaram a nós, nosso projeto surgiu, e por todas elas continuaremos ativamente até conquistarmos o que queremos.

Inicialmente, éramos apenas um grupo de garotas que nunca tinham se visto pessoalmente, mas que encontraram nos livros um refúgio em comum. O resultado foi uma espécie de "clube do livro virtual", onde conversávamos sobre tudo: personagens, gostos e até compartilhávamos um pouco de nossas histórias pessoais. Os livros tornaram-se pontes entre nós e intermediávamos, entre títulos e personagens, nossos próprios enredos. Então, em meados de abril de 2020, uma proposta do ministro da Economia, Paulo Guedes, trouxe-nos novo pesadelo iminente: a taxação de livros, com uma alíquota de 12%, gerando em nós e grande parte da população, sentimentos de indignação e revolta. Tal iniciativa governamental já é por si só excludente, já que beneficiaria apenas uma pequena parte da população brasileira — a elite. Não poderíamos ignorar o fato e, de forma inacreditável, verificamos que a notícia não era pauta das conversas, nem das discussões da sociedade. Então, uma das participantes do nosso tímido grupo de leitoras jovens, Júlia Bortolani, de 18 anos, sugeriu a criação de um abaixo-assinado contra a tal proposta econômica. Dali para a frente, as nossas armas seriam unicamente os livros e nossa garra em defendê-los!

A marca de um milhão de assinaturas foi atingida cerca de uma semana depois da criação da petição. Esse um milhão de pessoas que se engajaram no nosso movimento trouxe-nos a certeza de que muitos, muitos mesmo, amam os livros como nós! Esse um milhão de pessoas que têm os livros como peças fundamentais em suas vidas de alguma forma seriam prejudicadas por uma alta taxa nos preços e, principalmente, se veriam diante de um percalço no acesso e na dinamização da leitura em nosso país. E toda a falácia do ministro de que apenas os ricos leem, de que só a elite desfruta da leitura, ou de que o livro traz ônus à sua administração capitalista, vai contra algo que se prova concretamente em nossas vidas — de que os livros são, na verdade, bônus na vida dos cidadãos desse país.

Nosso maior objetivo na petição foi mostrar que o universo literário deve abranger, antes de tudo, todas as pessoas, sem limites de classes sociais ou grupos. Os seres humanos têm o direito constitucional de ler e usufruir de toda a informação que a leitura pode proporcionar.

    O conhecimento não chega para todos da mesma maneira. Para alguns, chega de maneira errada, para outros, de forma lenta, paulatinamente, e para muitos nem chega. Uso minha própria experiência para exemplificar o que digo. Desde muito pequena, os livros estiveram presentes em minha vida. Adorava folhear revistas e livros e analisar as imagens para tentar compreender suas cores e nuances. Aí, criava minhas histórias, mesmo quando não sabia ler, e montava o roteiro que mais me agradasse. Quando finalmente aprendi a ler — por volta dos seis anos — a leitura não teve um percurso tão glorioso e presente. Nos bancos da escola pública, embora os professores nos incentivassem a ler, não havia muitos livros adequados para nossa faixa etária. A linguagem dos poucos que nos eram oferecidos era difícil de compreender, distante de nossa infância. O governo, certamente fazendo uma gestão em que os pequenos leitores nunca são consultados, disponibilizavam livros que atendiam a grupos de seu interesse político, nunca aqueles acessíveis ao mundo dos pequenos como eu. Esse é um ponto fundamental para compreender um dos aspectos da deficiência na leitura que atinge a população brasileira e que contesta o argumento fútil do governo ao afirmar que "apenas ricos leem", já que muitos leitores pobres não leem por ações inibitórias do próprio governo.

    Um estudo publicado no periódico *Trends in Cognitive Sciences* mostrou que ler nos torna mais empáticos, de modo que passamos a compreender melhor os sentimentos alheios. Ou seja, quanto mais cedo uma criança desenvolve o hábito da leitura, mais rápido ela desenvolverá competências como essa, além de uma maior capacidade de concentração e conexões neurais relacionadas ao entendimento da linguagem. Caso as crianças sejam inseridas de maneira errônea ou escassa nesse universo, seu interesse pelos livros vai se inibindo, tornando-se praticamente nulo ao atingirem a adolescência, passando à precariedade da leitura na vida adulta. Se as escolas públicas, que poderiam ser o local em que se aguça o interesse literário em seus alunos, especialmente nos de baixa renda, contam com parcos recursos e incentivos para atender seus leitores iniciais devido ao descaso do governo, a escassez de leitura pesará na vida dos jovens e adultos e, em especial, na parte pobre da população, que se afasta dos livros em busca de sua sobrevivência básica e imediata.

Lembro-me também de que, durante o ensino fundamental II, havia uma professora que coordenava e organizava a biblioteca da escola. Era muito empenhada em estimular os alunos a lerem, mesmo que um único livro durante o ano. Ela sabia quais livros poderiam ser interessantes para jovens da nossa idade, e ela mesma muitas vezes os comprava, para que pudéssemos realizar uma leitura conjunta. Tal atitude dessa mestra mereceria manchetes parabenizando-a pelo empenho. De fato, sua atitude é inspiradora e deve servir como alerta para que os governos priorizem verbas para a Educação, para que isso não mais ocorra.

Nesse breve relato de minhas lembranças como pequena e jovem leitora, cheguei, apesar dos percalços, a ser hoje uma leitora consciente do esforço daqueles que me estimularam a ler sempre, apesar dos poucos recursos que tinham. Além de ler, aprendi a pesquisar e informar-me melhor sobre o mundo que me rodeia. Sei que a isenção tributária dos livros é importante principalmente para as pessoas de baixa renda — que representam grande parte da população — pois, uma vez que possuem renda necessária apenas para a sobrevivência, ficam incapacitadas de adquirir um único livro, se houver aumento de custo pela Contribuição de Bens Sociais (CBS), pretensão do governo. Isso significa que o acesso aos livros torna-se mais distante e prejudicado. A questão envolve o momento crucial da pandemia, citada no início, quando a desigualdade social abre portas para a miséria que, de forma avassaladora, retornou à vida de muitos, como consequência das restrições necessárias à preservação da vida, sem uma contrapartida de políticas públicas seguras de saúde, de apoio social e econômico.

A insuficiência de investimentos governamentais em saúde, educação, moradia e lazer poderia levar muitos a buscarem na leitura a compensação para amenizar esse caos. Foi o que fiz com meus livros. Viajei para um mundo possível, já que o mundo real mostrava-se brutal demais para minha adolescência. Seguindo o que afirmou o educador Paulo Freire — "Educação não muda o mundo. Educação muda pessoas. Pessoas transformam o mundo" —, eu e minhas colegas do projeto Defenda o Livro percebemos que poderíamos, quem sabe, transformar o mundo, uma vez que os livros já haviam nos mudado como pessoas. Tornamos como foco de nossa luta aquilo que nos transformou, nos acolheu, e nos reservou momentos mágicos de transporte na leitura, de real liberdade como co-personagens, que serviu de lenitivo para os medos provindos das tantas mortes dos nossos irmãos brasileiros, dentre eles, muitos familiares e amigos, vítimas da falta de vacinas, recursos ou vagas hospitalares.

Juntas, percebemos que a transformação de uma pessoa e sua formação como cidadã estão diretamente relacionadas com a qualidade da educação que ela recebe em sua vida, e os livros são os principais disseminadores do saber. Encarecer essas ferramentas é selecionar e limitar quem terá acesso a tais conhecimentos. A atitude esperada do Estado é justamente contrária ao que o ministro propõe. Se o conhecimento está restrito a apenas uma pequena parte da população brasileira, como Paulo Guedes afirma, todas as iniciativas deveriam reverter esse quadro, e não reforçá-lo.

Não se deve esquecer que é inconstitucional colocar impostos sobre os livros. É um retrocesso nos direitos fundamentais já conquistados. A Lei da Constituição Federal de 1988 que isenta os livros de pagarem impostos e a Lei 10.865, de 2004, que veta os livros de pagarem tanto a contribuição para o Programa de Integração Social e de Formação do Patrimônio do Servidor Público (PIS/Pasep) quanto a Contribuição para o Financiamento da Seguridade Social (Cofins), visando a imunidade tributária dos livros, a fim de garantir os direitos previstos no Art. 5°, XIV, da Carta Magna, que assegura a todos o acesso à informação. Também o Art. 6° certifica os direitos sociais: educação, além da saúde, alimentação, trabalho, segurança, moradia, transporte, lazer, assistência social e proteção à maternidade e à infância, já tão relegados à população.

Importante lembrar que inclusive o Supremo Tribunal Federal (STF) pauta o princípio da proibição do retrocesso social, o qual consiste em vetar quaisquer medidas governamentais que venham reduzir ou anular os direitos sociais já conquistados até o momento, a não ser que a dita medida ajude a solucionar problemas econômicos enfrentados pela nação ou que haja uma alternativa para substituir a antiga garantia social. A taxação dos livros é exatamente um retrocesso social e cultural; não é uma solução viável e apenas agravaria o cenário de desigualdade e tornaria as pessoas cada vez mais alienadas, destituídas até do prazer insubstituível da leitura. As entrelinhas da proposta do ministro da Economia sugerem um plano de governo omisso e irresponsável que criará uma população mal-informada e mais fácil de ser manipulada.

As constatações acima nos levaram a agir. Tínhamos que defender nosso maior aliado: o livro. Uma sobretaxação equivocada trará apenas malefícios para nosso país, já fragilizado com tantas perdas. Os livros são portas para a imaginação, para a criatividade, para o conhecimento e para o desenvolvimento crítico e social de cada ser. Foram os livros que divulgaram as ciências, formaram cientistas, elucidaram teorias, registraram pesquisas, e acima de tudo, permitiram os sonhos que levaram às descobertas, não só científicas, mas as particulares, do mundo de cada leitor.

Os livros nos tornam cidadãos, nos firmam como pessoas e esclarecem nossos direitos — e nos inspiram a lutar por eles. Eu, ainda tão jovem leitora, sou terminantemente contra a taxação dos livros. E tenho, pelo menos, um milhão e meio de aliados! Os livros salvaram meus dias de isolamento, tornaram-se os amigos que eu não podia mais abraçar, mas que estavam ali ao meu alcance. Os livros trouxeram-me novos amigos que, embora não presencialmente, se uniram a mim através de nossas histórias e nossos ideais. Pelo acesso à leitura, trilhado num caminho difícil e sem o investimento do poder público ao longo de minha infância e adolescência, ainda assim pude tornar-me uma cidadã que conhece seus direitos e luta por manter os poucos já conseguidos. Nada poderá impedir, dificultar ou negar o acesso aos livros queridos! Foram eles que me tornaram mais crítica e questionadora e mais sensível aos perigos do mundo também. Sou orgulhosa do que me tornei. Sou uma cidadã brasileira e ainda vou precisar de muitos livros para concretizar minha formação integral, além de muitos outros que me ajudarão a sobreviver aos problemas que poderão surgir.

Nós, do projeto Defenda o Livro, sensibilizamos cerca de 1,5 milhão de pessoas com nossa proposta de repúdio à taxação dos livros pelo governo federal. Acreditamos que somos mais, e que haja muitas outras pessoas que concordam com nossa causa, mas por algum motivo ainda não a conhecem. Se o governo oferece ignorância, lutaremos contra isso. Se o governo inviabiliza nossos sonhos, buscaremos outros novos. E esses novos sonhos estarão registrados em novos livros.

CAMINHOS E DESCAMINHOS DO LIVRO NO BRASIL

O LIVRO COMO ELEMENTO DO DESENVOLVIMENTO SOCIOECONÔMICO

Mariana Bueno

Nos últimos anos há um consenso entre os profissionais da indústria editorial: o mercado do livro vem apresentando redução mundo afora. Os números registrados[1] não deixam dúvidas de que o setor foi afetado pelas transformações tecnológicas que vivenciamos há mais de uma década. A ampliação do uso dos dispositivos móveis e dos serviços de *streaming* transformaram o cotidiano das pessoas e a maneira como elas dividem e dedicam seu tempo.

O mercado editorial brasileiro também sentiu essas mudanças, contudo elas não são suficientes para explicar o desempenho do setor por aqui. Nos últimos 15 anos o setor registrou queda de 36% em termos reais,[2]

---

[1] BUENO, Mariana. *¿Cómo se comportó el mercado editorial en la última década?* Disponível em: <https://cerlalc.org/como-se-comporto-el-mercado-editorial-en-la-ultima-decada/>. Acesso em: 2 de set. de 2021.

[2] Todos os dados do mercado brasileiro foram retirados da pesquisa Produção e Vendas do Setor Editorial Brasileiro, realizada pela Nielsen Book e coordenada pelo Snel e pela CBL. Os dados da Série Histórica são deflacionados por meio da variação acumulada do IPCA.

quando consideradas apenas as vendas ao mercado.[3] A crise econômica iniciada em 2015 e a crise das grandes redes de livrarias foram fatores determinantes para que o setor registrasse, entre 2014 e 2020, queda acumulada de 35% em termos reais. Além disso, o compromisso de redução do preço do livro, firmado em 2004 em razão da implementação da Lei 10.865 e que isentou a indústria dos encargos referentes ao PIS e à Cofins, não trouxe o resultado esperado. A expectativa era de que a redução no preço possibilitasse um aumento do número de exemplares vendidos; do ponto de vista do mercado, o objetivo era a obtenção de um ganho de escala capaz de ampliar o faturamento do setor; e, do ponto de vista do governo, essa redução possibilitaria a ampliação do acesso ao livro e, consequentemente, do número de leitores do país.

Entre 2006 e 2014, período imediatamente anterior à crise econômica, o número de exemplares comercializados no país registrou alta de 44%, contudo o faturamento da indústria apresentou queda de 2% em termos reais. Importante registrar que nesse mesmo período o PIB registrou alta acumulada de 27%, ou seja, a indústria do livro manteve-se estável no momento em que o conjunto da economia brasileira registrava altas históricas.

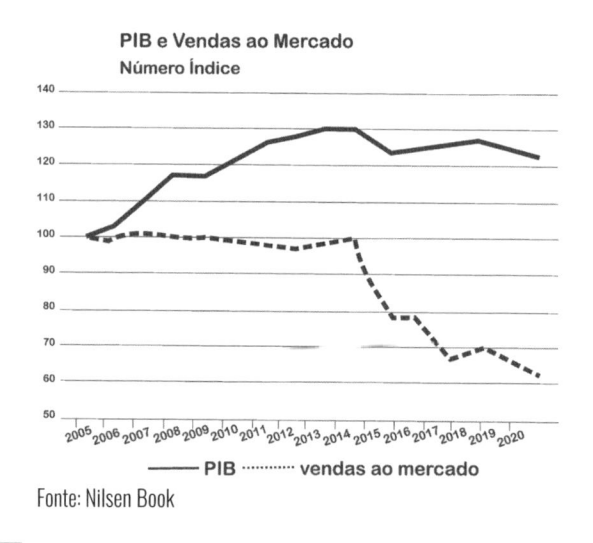

PIB e Vendas ao Mercado
Número Índice

Fonte: Nilsen Book

---

[3] A pesquisa Produção e Vendas do Setor Editorial Brasileiro divide as vendas realizadas pelo setor entre as vendas feitas para o mercado e as vendas feitas para o governo.

O cenário é ainda mais preocupante quando analisado o subsetor "Obras Gerais",[4] onde estão localizados os livros consumidos por vontade própria, como literatura, poesia, biografias etc., e que entre 2006 e 2014 apresenta queda em termos reais de 25%. No ano de 2010, por exemplo, enquanto o PIB brasileiro assinalava crescimento histórico de 7,5%, a retração do subsetor de Obras Gerais era de 10%.

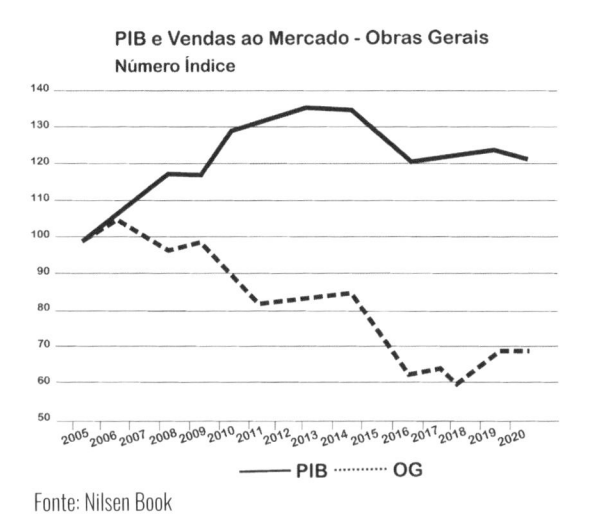

PIB e Vendas ao Mercado - Obras Gerais
Número Índice

Fonte: Nilsen Book

Em 15 anos o preço médio do livro registrou uma redução de 36% em termos reais. Entre 2006 e 2014 essa queda é de 32%. O preço do livro do subsetor de Obras Gerais apresentou queda de 33% em termos reais, entre 2006 e 2020. A redução é ainda mais acentuada entre 2006 e 2014, registrando um encolhimento de 39% em termos reais.

O leitor deste artigo pode imaginar que a redução do preço possibilitou ao menos que a ampliação no número de leitores fosse alcançada, mas não foi exatamente o que aconteceu. De acordo com a última

---

[4] A pesquisa Produção e Vendas do Setor Editorial Brasileiro divide o mercado editorial em quatro subsetores: Didáticos, Obras Gerais, Religiosos e CTP (Científicos, Técnicos e Profissionais). O subsetor é determinado pela autoclassificação da editora, com base no seu faturamento.

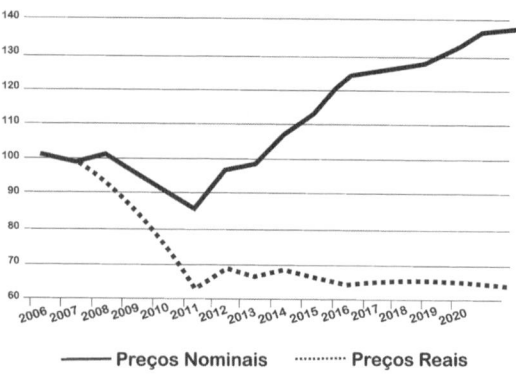

Preço Médio - Vendas Ao Mercado
Crescimento Real - NÚMERO ÍNDICE

—— Preços Nominais   ·········· Preços Reais

Fonte: Nilsen Book

edição da pesquisa Retratos da Leitura,[5] o país não apresentou mudança significativa no número de leitores. Entre 2015 e 2019, o percentual de indivíduos que leu um livro (inteiro ou em partes) nos últimos 3 meses sofreu retração de quatro pontos percentuais, passando de 56% para 52% e historicamente permanece na casa dos 50%.

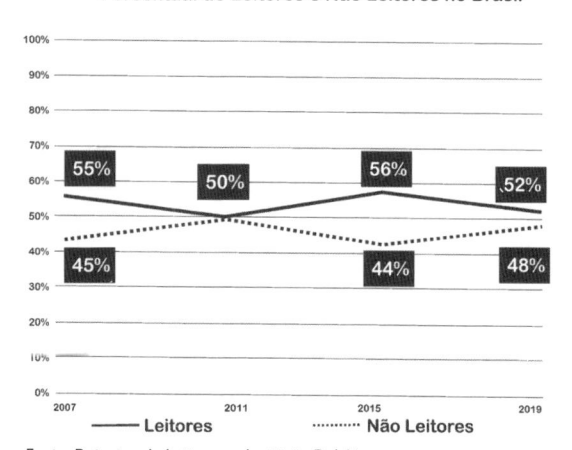

Percentual de Leitores e Não Leitores no Brasil

—— Leitores   ·········· Não Leitores

Fonte: Retratos da Leitura — Instituto Pró-Livro

---

[5] A pesquisa Retratos da Leitura é realizada pelo Instituto Pró-Livro. A última edição foi lançada em 2020 e os dados são referentes a 2019. A pesquisa tem como objetivo verificar o comportamento leitor e os indicadores de leitura dos brasileiros.

A explicação para este resultado encontra-se nos nossos baixos índices de educação e leitura. Na última edição do Pisa,[6] Programa Internacional de Avaliação de Estudantes realizado pela OCDE e que também tem como premissa avaliativa a ideia de letramento, o Brasil ficou no 57º lugar para a categoria "Proficiência em leitura", num ranking composto por 77 países. O documento aponta também que cerca de metade dos estudantes do país não alcançaram o nível básico dessa mesma categoria. O *World Development Report*[7] de 2018, relatório produzido pelo Banco Mundial e que tem como objetivo verificar o grau de desenvolvimento socioeconômico dos países, mostrou que, se tudo o mais se mantiver constante, levaremos 260 anos para que os estudantes brasileiros consigam atingir o mesmo nível de proficiência em leitura que a média detectada pela OCDE. O Indicador de Analfabetismo Funcional (Inaf),[8] produzido pelo Instituto Paulo Montenegro, apontou um decréscimo no número de analfabetos no país, contudo a mobilidade foi da base para o meio da pirâmide. Não houve alteração no topo da pirâmide; o percentual da população que em 2002/2003 representava os indivíduos com total capacidade leitora segue sendo o mesmo em 2018.

O diagnóstico aqui apontado mostra que há uma restrição estrutural para que a ampliação do número de leitores no país e, consequentemente, da demanda por livros seja efetiva. Qualquer formulação nesse sentido deve, obrigatoriamente, levar este diagnóstico em consideração. É preciso enfatizar que, para além do direito fundamental do acesso à leitura e ao conhecimento, os indicadores aqui tratados também dizem respeito ao desenvolvimento socioeconômico, uma vez que esses índices

---

[6] Resultados do Pisa 2018. Disponível em: <https://www.oecd.org/pisa/publications/pisa-2018-results.htm>. Acesso em: 11 de set. de 2021.

[7] O *World Development Report* é publicado anualmente pelo Banco Mundial, disponível em: <https://www.worldbank.org/en/publication/wdr2018> (acesso em: 2 de set. de 2021), e em 2018 teve como foco a educação e a crise global de aprendizagem.

[8] Relatório do Instituto Paulo Montenegro sobre analfabetismo funcional. Disponível em: <https://alfabetismofuncional.org.br/alfabetismo-no-brasil/>. Acesso em: 11 de set. de 2021.

Índice de Alfabetismo no Brasil - INAF

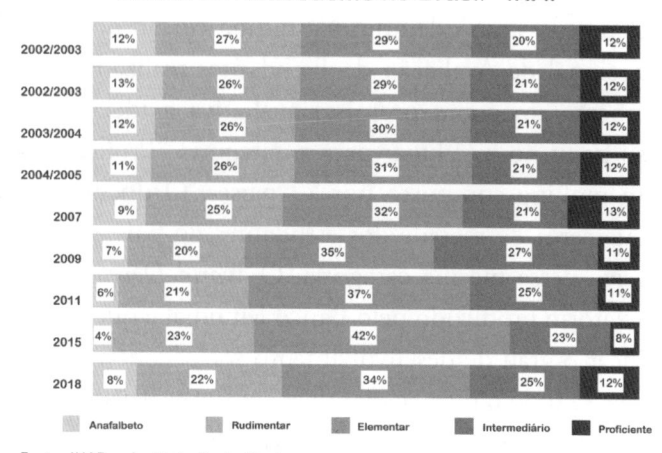

Ano	Analfabeto	Rudimentar	Elementar	Intermediário	Proficiente
2002/2003	12%	27%	29%	20%	12%
2002/2003	13%	26%	29%	21%	12%
2003/2004	12%	26%	30%	21%	12%
2004/2005	11%	26%	31%	21%	12%
2007	9%	25%	32%	21%	13%
2009	7%	20%	35%	27%	11%
2011	6%	21%	37%	25%	11%
2015	4%	23%	42%	23%	8%
2018	8%	22%	34%	25%	12%

Fonte: INAF — Instituto Paulo Montenegro

educacionais são fatores determinantes na aferição do grau de desenvolvimento dos países e têm como foco central averiguar a capacidade leitora e o grau de letramento da população, já que o número de alunos matriculados deixou de ser uma medida crível, na medida em que os países em desenvolvimento ampliaram o acesso à escola. As implicações macroeconômicas tornam-se evidentes, no limite, o que está em jogo, por exemplo, é o montante e a qualidade do investimento direto externo aqui realizado, dado que estas movimentações levam em consideração a capacitação da mão de obra do país — ou seja, a qualidade do capital humano aqui existente.

A proposta de reforma tributária enviada ao congresso desconsidera todos esses fatores. A incidência da CBS — Contribuição Social sobre Operações com Bens e Serviços — fará a indústria do livro arcar com uma alíquota de 12%, um custo a mais para uma indústria já sufocada e que indubitavelmente será repassado para o preço do livro. De acordo com a pesquisa Retratos da Leitura, a compra é a principal forma de acesso ao livro, representando 41% do total. Dentre os indivíduos considerados leitores, apenas 23% compraram ao menos um livro nos últimos três meses. A pesquisa também aponta que cerca de 27 milhões de brasileiros das classes C, D e E são consumidores de livros, ou seja, o livro não está restrito às classes mais abastadas, como foi falsamente propagado. Além disso, o preço é o fator de maior influência na escolha de um livro para esta população.

A restrição ao acesso não é o único impacto negativo desta equação. Para garantir sua permanência no mercado, as editoras vão restringir sua produção, apostando apenas em autores já conhecidos e de retorno garantido. Algo que já aconteceu com a crise econômica e a crise das grandes redes de livrarias e que, obviamente, compromete a produção de cultura e conhecimento, resultando numa redução ainda maior da já combalida bibliodiversidade.

Na tentativa de solucionar a questão, que ganhou o debate público, o governo propôs comprar e distribuir livros, retirando o direito de escolha do leitor, uma vez que o governo fará a seleção das obras que serão distribuídas. Além disso, é importante destacar que as compras governamentais já acontecem e representam quase um terço do faturamento do mercado editorial. É fato que a maior parte dessas compras é referente a livros didáticos, também é fato que essas compras não ampliaram o número de leitores no país, conforme apontado pela pesquisa Retratos da Leitura. Não se trata aqui de desconsiderar a relevância das compras governamentais, fundamentais num país com desigualdades tão profundas, mas de enfatizar a ausência de uma política pública de Estado, não de governo, que fomente a democratização do acesso ao livro e o fomento à leitura. Nesse sentido, ao invés de taxar o livro, o governo deveria se apoiar na Lei 13.696, também conhecida como Lei Castilho, e colocar em prática ações e diretrizes que promovessem uma política nacional de leitura e escrita como estratégia para promoção do livro, da literatura, da escrita e das bibliotecas no país.

Não há país no mundo que trate todos os setores com total isonomia e não à toa as maiores economias do mundo elegem a indústria do livro como um setor estratégico, fornecendo algum tipo de isenção tributária. Já está provado o efeito multiplicador do investimento em educação. De acordo com estudo realizado pelo IPEA,[9] cada R$ 1 gasto com educação pública gera R$ 1,85 para o PIB. O estudo também aponta que 56% do investimento realizado retorna aos cofres do Estado na forma de tributo. A importância do investimento público também pode ser observada na pesquisa Retratos da Leitura em Bibliotecas Escolares,[10] cujo objetivo foi avaliar o impacto das bibliotecas na aprendizagem dos alunos do ensino básico da rede pública, mostrou que a presença de um mediador de leitura qualificado e que participe das atividades pedagógicas é determinante para o rendimento dos alunos, sendo o fator com impacto mais positivo. Nas escolas mais vulneráveis esta relação é ainda mais intensa. O PNAD[11] de 2019, apontou que 74,7% dos alunos matriculados em creches e pré-escolas são atendidos pela rede pública de ensino. Esse percentual é ainda maior quando observado o número de matrículas do ensino fundamental regular e do ensino médio regular onde o atendimento da rede pública representa 82% e 87,4% respectivamente.

De acordo com *Educational at a Glance*,[12] estudo realizado pela OCDE, o Brasil é um dos países com mais baixo salário de professor e onde se tem um dos menores investimentos por aluno. O país está refém de um teto de gastos que impôs o congelamento por 20 anos dos investimentos em educação, independentemente do desempenho da economia, ou seja, o país pode crescer, o governo pode ampliar sua arrecadação, mas os investimentos em educação, que já são sofríveis, permanecerão

---

[9] Gasto social com educação é o que mais eleva o PIB. Disponível em: <https://www.ipea.gov.br/portal/index.php?option=com_content&view=article&id=7115>. Acesso em: 2 de set. de 2021.
[10] A pesquisa Retratos da Leitura em Bibliotecas Escolares foi realizada pelo Instituto Pró-Livro. Disponível em: <https://www.prolivro.org.br/pesquisas-retratos-da-leitura/retratos-da-leitura-em-bibliotecas-escolares/>. Acesso em: 11 de set. de 2021.
[11] Pesquisa Nacional por Amostra de Domicílios Contínua realizada pelo IBGE. Disponível em: <https://www.ibge.gov.br/estatisticas/sociais/populacao/9171-pesquisa-nacional-por-amostra-de-domicilios-continua-mensal.html?=&t=o-que-e>. Acesso em: 2 de set. de 2021.
[12] *Educacional at a Glance*. Disponível em: <https://www.oecd.org/education/education-at-a-glance/>. Acesso em: 11 de set. de 2021.

sem reajuste, e o investimento por aluno será cada vez menor, impossibilitando qualquer avanço nos índices educacionais.

Vale lembrar que o governo que propõe acabar com a isenção da indústria do livro, ignorando todo o efeito multiplicador gerado por esta isenção, é o mesmo que propõe isentar a indústria de armas, ignorando toda a ampliação dos gastos com saúde e segurança pública resultantes dessa política.

Não há como pensar em desenvolvimento sem pensar na ampliação dos investimentos diretos e indiretos na educação e não há no mundo um educador ou linguista que afirme que o livro não cumpre papel central na aquisição da proficiência e da capacidade leitora. A incidência da CBS para a indústria do livro aumentará a profundidade de um poço que já é demasiadamente profundo. Ao taxar o livro, o governo coloca o país na rota oposta daquela que se deveria trilhar na busca pelo desenvolvimento.

O BRASILEIRO QUE LÊ, LÊ O QUÊ?

Zoara Failla

*A literatura preenche vazios... existenciais,
de conhecimentos, de paixões, de revelações,
de fantasias, de ilusões e, até, de tesão.*

*Será que àquele, a quem não garantimos o direito de ler
e de descobrir o prazer da ficção, roubamos o direito de
"ser" plenamente e de preencher seus vazios?*

No Brasil, somente ricos leem?

Se alguns dizem que "somente os ricos leem", resta-nos perguntar qual fonte de informação alimenta esse argumento e a qual projeto de nação ele atende. Sim!, pois essa fala não denota indignação e não traz uma proposta de ação ou de políticas públicas para reverter essa situação e garantir o direito de acesso ao livro e à leitura a todos os brasileiros. Ao contrário, essa afirmação pode alimentar uma representação que discrimina, como "pobres não leem porque não gostam de ler", ou, pior, "pobres não leem e não necessitam de leitura ou de livros".

Felizmente, temos uma pesquisa consistente, a Retratos da Leitura no Brasil, que contraria esse argumento ao nos revelar, em sua 5ª edição, que, apesar de, em percentuais, encontrarmos mais consumidores de livros nas classes A e B, em números absolutos temos 27 milhões de brasileiros das classes C, D e E, que, além de serem leitores, também são consumidores de livros. Aliás, número bem superior aos 17 milhões de consumidores de livros das classes A e B.

Essa afirmação sem consistência nos preocupa não só pela ausência de uma informação amparada em estudos, mas pela revelação de uma possível intenção orientada por um projeto não amparado na promoção da leitura para uma educação de qualidade como condição para o desenvolvimento social e humano do nosso país.

Confesso temer que esses argumentos possam ocultar intenções, além do objetivo declarado de taxação dos livros, de *desconstruir o valor simbólico do livro e da leitura*.

Ao dizer que só ricos leem e ao dificultar o acesso, seja porque o livro vai ficar mais caro para o consumidor, ou porque, em consequência desse reajuste, as bibliotecas terão mais dificuldades em repor acervos; as livrarias reduzirão ofertas de novos títulos; as pequenas editoras não conseguirão absorver essa elevação nos custos, o que está em risco, além dos impactos em todo o ecossistema alimentado pelo leitor e pelos autores, é também o significado social e cultural do livro como "suporte" de conhecimento, de cultura e de ficção.

Roger Chartier apresenta o poder revolucionário dos livros na Revolução Francesa, ao defender que a "dessacralização" da leitura contribuiu para a ruptura e a transformação da sociedade francesa. *Será que é essa possível "dessacralização" da leitura e do livro, por meio da democratização do seu acesso, que assusta nossos governantes?*

Mas, por que ler livros? Por que ler literatura?

Talvez surjam outros argumentos para questionar a importância do livro, como: "Para que livro se toda a informação pode ser acessada via internet, nas plataformas de notícias, de busca e nas redes sociais?" Aliás, esse é um argumento que encontra ressonância até nas mídias, pois, com frequência, alguém me pergunta: "Mas, nunca se leu e se escreveu tanto. A Retratos não mede essas leituras?"

Certamente a crença na importância do livro — impresso ou digital — é inquestionável para os leitores deste livro e artigo, e, em especial, para aqueles que têm as mesmas referências das gerações que, como eu, somente por meio dos livros (impressos) acessavam conhecimento e ficção. Mas, a geração que aprendeu a linguagem virtual antes da alfabetização e os dependentes das plataformas e redes sociais para acessarem informações e se comunicarem, assim como aqueles que não são leitores ou que não descobriram a leitura como fonte de prazer e de protagonismo na construção do conhecimento e na busca da verdade, podem aderir mais facilmente a argumentos de que o livro, em especial o impresso, é dispensável ou que em breve passará a ser um objeto de museu.

Essas indagações sobre a importância da leitura e da literatura me levam a resgatar pensamentos de vários autores e misturar com reflexões que abordei na Retratos da Leitura no Brasil 3.[1]

A magia do livro de literatura e seu poder surgem quando ele é aberto pelo leitor e ao trazer uma história incompleta, por mais detalhada que seja a narrativa. Nenhum cenário está acabado, nenhuma emoção se transporta do autor para o leitor. Elas, as emoções, são suscitadas, e cabe ao leitor, com sua subjetividade e referências, recontar para ele mesmo a história. É nessa "recriação" que exercita sua imaginação e suas emoções. O leitor se encontra nos "cantos" da história como um personagem-observador. Torna-se íntimo do autor, coloca-se no seu lugar para descobrir o que não foi contado. Ao passo que o autor também busca esse leitor ausente: "Escrevo para quem? Onde ele está ou em que tempo lerá o que conto? O que pensa? Por que lê?"

---

[1] FAILLA, Zoara. "Introdução". *Retratos da Leitura no Brasil* 3. São Paulo: Imprensa Oficial do Estado de SP, 2012. "Introdução". *O retrato do comportamento leitor do brasileiro*. Rio de Janeiro. Sextante, 2021.

Mesmo que o objeto livro seja substituído, seu conteúdo, as narrativas e o conhecimento que ele guarda continuarão a ser buscados em outros formatos, pois somente nos tornamos sujeitos daquilo que produzimos como conhecimento e como cultura e nos humanizamos quando tomamos consciência de que somos parte desse processo construído coletivamente. Àquele a quem não é garantido o direito à leitura, à educação de qualidade e à cultura está sendo roubado o direito à consciência social, à humanização e às oportunidades de ser "sujeito" da própria vida.

> Assim como não é possível haver equilíbrio psíquico sem o sonho durante o sono, talvez não haja equilíbrio social sem a literatura. Deste modo, ela é fator indispensável de humanização e, sendo assim, confirma o homem na sua humanidade. (...) (CANDIDO, 1995, "O direito à literatura")[2]

O livro sempre transportou um reflexo do seu tempo, ganhando significados diferentes na história da humanidade: ir dos manuscritos para as prensas simbolizou para o livro uma transformação tecnológica e uma revolução social, pois foi levado para fora dos mosteiros, nos quais o acesso a ele era reservado aos poderosos. Ele pode significar ameaça àqueles que querem nos manipular, por seu poder libertador de consciências. Foi queimado em praças e proibido como instrumento revolucionário. Também já representou instrumento de domínio e manipulação de massas, ao difundir crenças; ideologias ou fé religiosa. Alguns trazem um significado em si mesmo, como a Bíblia, o Alcorão, a Torá. Mesmo em ambientes laicos, como em um júri, os acusados juram com a mão sobre a Bíblia. Nas casas, os livros ocupam lugares sagrados como se trouxessem proteção àquele que traz esse livro para perto de si. Outros pregam uma ideologia e disciplinam o comportamento de uma sociedade, como o livro vermelho de Mao Tse-Tung.

---

[2] CANDIDO, Antonio. *Vários escritos*. São Paulo: Duas Cidades, 1995.

Essas "caixas" de ideias, que folheamos e degustamos, sem que o seu autor saiba, nos levam a invadir intimidades, fantasias, sonhos e vidas. Esse objeto guardou e renovou por séculos essas possibilidades, com uma capacidade incrível de mutação, sem perder o significado. Mas, hoje, com as novas tecnologias, já se questiona se o livro sobreviverá sem perder seu significado e essa sua magia.

Não podemos deixar de considerar a complexidade do momento para refletir sobre a importância dos livros. Se de um lado, ainda nos deparamos com números expressivos de analfabetos funcionais no Brasil e descobrimos que metade dos brasileiros não são leitores, de outro, encontramos jovens com nível superior que não têm interesse em ler livros por acreditarem que seja um objeto ultrapassado pela tecnologia da informação. E pior, que se satisfazem em ter acesso a milhares de informações sem qualquer interesse em criticá-las ou em refletir sobre seus significados ou intenções de seus autores. Jovens a quem não foi possibilitado sonhar com castelos; temer monstros ou acreditar que o bem sempre vence o mal.

O que o brasileiro leitor lê?

Metade dos brasileiros não são leitores de livros

Recorro à Retratos da Leitura no Brasil para responder, de forma consistente, a essa indagação sobre *o que o brasileiro lê e por que lê ou por que não lê*. Essa pesquisa, que se repete a cada quatro anos, é realizada, desde 2007, pelo Instituto Pró-Livro. A 5ª edição (2019-2020) contou com a parceria do Itaú Cultural. Com uma amostra de mais de 8 mil entrevistados, de mais de 5 anos, foi aplicada em todo o Brasil pelo Ibope Inteligência. Essa robusta amostra e os resultados dessa edição nos possibilitam dizer que o brasileiro continua lendo pouco, pois confirmou o que diz a série histórica desde 2007, em uma "gangorra" que sobe alguns pontos percentuais em 2015, mas que volta a cair em

2019, confirmando que cerca de 50% dos brasileiros não são leitores de livros.

Podemos ler os números pelo lado cheio ou vazio do copo, mas, se metade (52%) dos brasileiros são leitores, não podemos ignorar que a outra metade (48%) informou, em 2019, não ter lido nem mesmo um trecho de um livro em um período de três meses. Apesar de considerar leitor até quem leu um trecho de um livro e de qualquer gênero, incluindo didáticos, técnicos e religiosos, com destaque para a Bíblia, que foi o mais citado em todas as listas de preferência desses leitores, descobrimos que somente três em cada dez brasileiros, ou 31% deles, leram um livro inteiro, de qualquer gênero, e por vontade própria. Também nos impactou saber que somente 18% dos brasileiros leram um livro inteiro de literatura (28,9% declararam ter lido pelo menos um livro, ou trechos de um livro de literatura). Em termos percentuais é muito pouco, mas em números absolutos temos 55 milhões de leitores de livros de literatura. Esses leitores, que preferem ler livros impressos, movimentam o mercado livreiro.

Entretanto, vale aqui uma reflexão: se na pesquisa consideramos leitor aquele que leu até mesmo um trecho de livro de qualquer gênero, em um período de três meses, quando nosso foco mira leitores que movimentam o mercado editorial, deveríamos apurar nosso "radar" para buscar, entre os 52% de leitores, aqueles 47% (menos da metade dos leitores), que leem por vontade própria e não por obrigação.

O que o brasileiro leitor está lendo?

São várias as listas que a pesquisa apresenta, mas trago, para esta reflexão, a lista de autores do último livro lido ou aquele que o entrevistado declarou estar lendo. Não podemos deixar de nos surpreender com o número de autores religiosos citados, apesar de ter havido uma redução nesse percentual de leitores de religiosos de 2015 a 2019. Entre os dez primeiros autores citados, seis são religiosos, e de diferentes crenças: evangélicos, espíritas, católicos. O único clássico dessa lista,

Machado de Assis, aparece em décimo lugar; Augusto Cury (autoajuda) surge em segundo lugar; em sétimo, encontramos Mauricio de Sousa, e J.K. Rowling, em quinto lugar. Estavam lendo algum livro 44% dos 52% dos leitores, mas, dentre eles, 11% haviam lido o livro há mais de uma semana. Sobre a motivação para ler: 44% estavam lendo por gosto, e 21% por motivos religiosos.

Em relação à *indicação do último livro lido*, merece destaque a proporção de menções aos professores, em especial entre leitores nas faixas etárias de cinco a 17 anos, chegando a 53% entre crianças com cinco a dez anos. Por outro lado, a indicação de amigos, que fica em segundo lugar entre os leitores com até 17 anos, ganha espaço entre leitores com 18 anos ou mais e passa a ser a principal fonte de indicação entre leitores a partir dos 25 anos. Já as redes sociais aparecem com maior relevância entre leitores com 18 a 29 anos.

A importância dos amigos e das redes sociais na indicação de livros, a partir dos 18 anos, revela a relevância do compartilhamento das experiências de leitura e aponta para a importância de se investir em clubes de leitura, plataformas de compartilhamentos, redes e outras ferramentas ou estratégias, digitais ou presenciais, que possibilitem essas conexões e trocas.

O *despertar do interesse por literatura*, segundo esses leitores, também revela a importância da indicação do professor (52%), que aparece em primeiro lugar, seguido de um filme assistido sobre livro ou história (48%) e da indicação de amigos (41%). O papel dos professores nesse despertar do interesse pela literatura é ainda mais relevante entre as crianças e adolescentes de 5 a 13 anos (75%). Já os filmes são os principais fatores de influência citados entre os leitores de literatura a partir de 25 anos. Vale destacar que os influenciadores digitais, que são pouco lembrados pelos brasileiros em geral, foram citados por 32% dos adolescentes de 11 a 13 anos e por 37% entre aqueles leitores de literatura com 14 a 17 anos, percentual superior ao observado no total de leitores de literatura (25%).

Autores e títulos de livros

Na lista do último livro lido, a Bíblia é citada trinta vezes mais do que o segundo e terceiro colocados, que são infantojuvenis: *Diário de um banana* e *Turma da Mônica*. Na sequência, aparecem *Harry Potter* e *O Pequeno Príncipe*, confirmando a força dos juvenis. Essas indicações estão em sintonia, segundo a 5ª edição da pesquisa, com o maior percentual de leitores nas faixas entre cinco e dez anos (71%); entre 11 e 13 anos (81%) e entre 14 e 17 anos (67%). Na lista dos vinte livros mais citados, verificamos a preferência por best-sellers; somente um canônico, *Dom Casmurro*, e poucos autores nacionais.

Vale ressaltar que, entre os leitores que declararam estar lendo livros, 60% não sabiam ou não lembravam o nome do autor do livro de referência.

Essas listas são bastante reveladoras das preferências dos 52% de brasileiros leitores e escancara a ausência dos canônicos e de premiados autores nacionais, apontando lacunas na formação de leitores pelas escolas.

ÚLTIMO LIVRO (%)
lido ou que está lendo
Os 37 mais citados

	2007	2011	2015	2019
		CLASSIFICAÇÃO		NÚMEROS ABSOLUTOS
Bíblia	1º	1º	1º	362
Diário de um Banana			2º	14
Turma da Mônica				14
Harry Potter	4º	10º	28º	12
A Cabana		3º	20º	10
O Pequeno Príncipe	26º	7º		10
A Sutil Arte de Ligar o Foda-se				9
Casamento Blindado			3º	8
As Crônicas de Gelo e Fogo				8
50 Tons de Cinza			5º	8
Dom Casmurro	12º	9º		7
O Evangelho Segundo o Espiritismo				7
Ninguém É de Ninguém			9º	6
Orixás, Caboclos e Guias: Deuses ou Demônios				5
O Poder da Ação				5
Branca de Neve e os Sete Anões	8º			4
A Culpa é das Estrelas			4º	4
A Arte da Guerra				4
Sapiens uma Breve História da Humanidade				4

← Bases baixas

Base: Amostra 2007 (5012) / 2011(5012) /2015 (5012) / 2019 (8076)   Continua...
P.19) E qual é o último livro que o(a) sr(a) leu ou está lendo?

ÚLTIMO LIVRO
lido ou que está lendo
Os 37 mais citados

	2007	2011	2015	2019
	CLASSIFICAÇÃO			NÚMEROS ABSOLUTOS
Diário de Uma Garota Nada Popular				4
Pai Rico, Pai Pobre			32º	4
Os Miseráveis				4
Mulheres que Correm com os Lobos				4
O Monge e o Executivo		13º		8º	4
After				4
Pinóquio				4
O Milagre da Manhã				4
Extraordinário				3
Nada é por Acaso				3
Batalha Espiritual				3
O Poder Oculto				3
Depois de Você				3
Sherlock Holmes				3
A Menina que Roubava Livros			19º	15º	3
Ansiedade				3
Cem Anos de Solidão				3
As Brumas de Avalon				3

(%)

Não lembra | 2 / 2

Não sabe/ Não respondeu | 2 / 2

Não está lendo/ leu nenhum livro | 77 / 77

■ 2015
■ 2019

Bases baixas

Base: Amostra 2007 (5012) / 2011(5012) /2015 (5012) / 2019 (8076)   Continuação
P.19) E qual é o último livro que o(a) sr(a) leu ou está lendo?

O que mais nos dizem essas listas? Que o brasileiro leitor prefere narrativas lúdicas, de entretenimento e temas que trazem significado ou respostas para sua vida pessoal, como autoajuda e religiosos. Nesse caso, difícil definir se as escolhas seriam espontâneas ou "utilitárias", lidas para atender alguma orientação ou necessidade. Mas, ao perguntar a motivação em escolher um livro para ler, verificamos que a leitura, segundo os brasileiros, é mais valorizada por trazer conhecimento ou crescimento pessoal (56%) — em especial entre leitores (64%), indivíduos com Ensino Superior (66%) e da classe A (66%) — do que por ser prazerosa (14%) ou ensinar a viver melhor (29%). Essa representação utilitária da leitura pode explicar o número menor de livros de literatura lidos. Certamente a valorização da emoção e do poder de entretenimento que a ficção pode proporcionar deveria ser mais explorada na promoção de livros de literatura.

Número de livros lidos

Os brasileiros leem, segundo a pesquisa, em média, 2,6 livros — inteiros ou em partes — em um período de três meses. Apesar de não parecer pouco, é importante considerar que somente 1,05 foi lido inteiro e 0,64 era livro de literatura. Um dado preocupante é que os estudantes informaram que leram, em média, 3,52 livros indicados pela escola *em um ano,* sendo 1,93 de literatura.

Os gêneros que os leitores leem

A Bíblia continua sendo o gênero mais lido entre os leitores brasileiros: 35% leram esse tipo de livro no último ano, percentual que foi de 42% em 2015. Em seguida, continuam aparecendo com percentual próximo (22%) os romances, os contos e os religiosos. Entre leitores que estão estudando, a Bíblia perde espaço, sendo mencionada por 21% deles, mesmo percentual observado para livros de poesia e romance, e menos mencionada que contos (31%) e livros didáticos (27%).

O conto também é o segundo mais mencionado entre crianças de 5 a 10 anos (38%), atrás apenas de livros infantis, com 44%. Já entre leitores na faixa etária de 11 a 13 anos, livros de contos e poesia são os mais citados. O romance é o gênero mais lido entre os leitores com 14 a 29 anos, e a Bíblia é a mais lida a partir da faixa etária de 30 a 39 anos (42%), chegando a 51% entre leitores com 50 anos ou mais.

Ao buscar responder o que leem os brasileiros, não podemos deixar de perguntar: quais brasileiros?

As preferências mudam segundo faixa etária e nível de escolaridade, principalmente. Mas outra pesquisa realizada pelo Instituto Pró-Livro, em 2019, com frequentadores de eventos do livro, nos revelou outras diferenças importantes em relação às motivações para a escolha dos livros lidos espontaneamente, quando usamos uma lente de aumento sobre determinados nichos ou perfis sociais. Entre os frequentadores da Flup — a Feira de Literatura da Periferia do Rio de Janeiro — que responderam à pesquisa, 76% têm nível superior; 97% declaram ser leitores e declararam ter lido 7,9 livros em um período de três meses, número bem superior à média dos brasileiros (2,5 livros). Encontramos 46% que se declaram de cor preta e 24% declaram-se pardos.

Esses leitores revelam interesse, principalmente, por livros com temáticas raciais, conforme identificamos em lista de autores e livros lidos citados. Uma lista bem diferente da de últimos livros lidos pelos brasileiros, e que nos traz uma revelação que contraria, também, o argumento de que "somente os ricos leem": a importância das políticas públicas inclusivas para a formação leitora e a inclusão cultural e educacional dessa população de origem social mais vulnerável.

FLUP '19
Último livro lido – Mais citados*

Título	Autor	Editora
Na Minha Pele	Lázaro Ramos	Objetiva
Memórias da Plantação: Episódios do Racismo Cotidiano	Grada Kilomba	Cobogó
O Diário de Anne Frank	Anne Frank	Pé da Letra
Quem tem Medo do Feminismo Negro?	Djamila Ribeiro	Companhia das Letras
Vidas secas	Graciliano Ramos	Record
Bíblia		
Mulheres, Raça e Classe	Angela Davis	Boitempo
A Cabana	William P. Young	Arqueiro
Um Defeito de Cor	Ana Maria Gonçalves	Record
1984	George Orwell	Companhia das Letras
Dom Casmurro	Machado de Assis	Martin Claret
Pele Negra, Máscaras Brancas	Frantz Fanon	EDUFBA
It – A Coisa	Stephen King	Suma das Letras
Quatro de Despejo: Diário de uma Favelada	Carolina Maria de Jesus	Ática

*de 1% a 2% de menções

Base: Leu algum livro nos últimos três meses ou está lendo algum livro – FLUP (583)
P 19) E qual é o último livro que o(a) sr(a) leu ou está lendo? (RU)

**Livros relacionados a temática racial foram
frequentes entre os mencionados pelos visitantes na FLUP
18% dos visitantes não souberam ou não responderam o último livro lido**

Em qual suporte os brasileiros preferem ler

Em relação ao suporte, 92% dos brasileiros preferem os livros em papel. Mesmo entre cerca de 25% dos leitores que já leram livros digitais, 67% preferem o livro em papel (17% preferem os digitais).

O uso do tempo roubando o tempo do livro

O dado mais impactante e que aponta para grandes desafios e tendências é a revelação sobre o uso do tempo. Houve uma elevação significativa, em todos os estratos de escolaridade e socioeconômicos da pesquisa, no uso do tempo livre nas redes sociais e internet, mas o maior incremento foi identificado entre os que têm nível superior e nas classes A e B, os quais mostraram maior redução no percentual de leitores.

Esse dado confirma que as redes sociais e a internet estão roubando o tempo da leitura de livros. Aqueles que sempre usam a internet no tempo livre passaram de 47%, em 2015, para 66%, em 2019, e das redes sociais, como WhatsApp, de 43% para 62%. Até mesmo entre quem tem nível superior, que em todas as edições apresenta a maior proporção de leitores, identificamos um decréscimo de 91% para 86% de leitores.

Apesar de quase empatar com "Assistir TV", sabemos que, enquanto assistir TV acontece em horários segundo uma programação de interesse, o acesso às redes sociais, por meio de *smartphones*, acontece em todos os horários e lugares. Nos tempos de lazer, o *streaming* também tem substituído o livro para quem busca a ficção como entretenimento.

Os leitores de literatura em livros e em outras plataformas

As entrelinhas da pesquisa nos revelam outros comportamentos ou influências que movem esses leitores. Importante destacar que nessa edição da pesquisa foram incluídas questões para conhecer o leitor de literatura em outras plataformas ou meios. Comparar o que leem esses leitores e os leitores de livros de literatura e obras gerais nos revela a preferência dos leitores, em outras plataformas, pelos textos ligeiros, como contos e poemas. Os leitores de literatura em livros são os que mais leem em todos os gêneros, mas se destacam na leitura de romances (56%). Comparar a preferência por autores, dos leitores de livros de literatura com os leitores de literatura em outros suportes, revela diferenças interessantes: ambos citam em primeiro lugar Machado de Assis. Fica em segundo lugar Zíbia Gasparetto, apesar de ter sido citada o dobro de vezes pelos leitores de livros, mas a surpresa ocorre na indicação de J.K. Rowling, que aparece em terceiro lugar entre os leitores de livros e quase não foi citada pelos leitores (de literatura) em outros suportes.

Esse dado de certa forma confirma que leitores de literatura em outros suportes são leitores de textos literários mais breves, como poemas (65%) e contos (78%), e que leem menos romances (49%) e literatura ou obras literárias que tiveram somente o livro como suporte.

Podemos comparar esses leitores?

Essa é uma questão desafiadora. Podemos *comparar esses leitores — seus interesses e suas experiências leitoras — com os leitores no suporte livro?* O leitor que acessa (ou recebe) textos literários em outras plataformas ou meios, como Facebook ou WhatsApp, é leitor de literatura? Podemos comparar a compreensão e a análise dos textos e narrativas e o despertar das emoções desses leitores em meios digitais aos leitores de livros?

São muitas as questões que despertam essa inquietação. Quando perguntamos aos leitores de literatura se preferem ler no suporte papel ou digital, a maioria diz que prefere ler no papel. Muitos alegam que gostam do cheiro ou da posse; de manusear as páginas; da possibilidade de marcar a página... mas, para além desse gosto pelo objeto livro, fica outra questão: ler no papel ou na tela, seja ela do computador ou do smartphone, altera a experiência leitora? A concentração, a compreensão da narrativa, o distanciamento ou a identificação com o personagem, a emoção que a história desperta... ao ter esse acesso à narrativa mediada pela conectividade, nossa "entrega" à história perde identificação ou nos sinaliza um distanciamento?

Novos fenômenos e questões surgem nessa "mediação" digital e merecem ser aprofundados, mas uma questão fundamental é: *como formar esse leitor, que tem seu tempo e atenção disputados por inúmeros estímulos e conexões? Como despertar seu interesse pela literatura?*

Temos leitores em mutação?

Essas migrações quanto a interesses, reveladas no uso do tempo, também aparecem em outros dados da Retratos.

A ampliação no percentual daqueles que citam o autor como fator de escolha do livro (de 19% para 27%) e os 33% que usam a internet para compra de livros, também motivados pelo *autor* do livro, destacam a ampliação da preferência pelo *autor* e pelo *título da obra* (31%). A questão que surge é se esse incremento na preferência do leitor pelo autor estaria indicando uma identificação ou relação que esse "leitor" estabelece com esse "autor" ou "influenciador", revelando possivelmente alguma mutação influenciada pelas conexões mediadas pela internet e redes sociais.

A relação solitária entre *leitor-livro* e um autor, que surge como um narrador ausente, nessa nova relação entre *leitor-autor* passa a ser compartilhada com outros leitores, ou grupos que seguem esse autor. Essa relação estabelece outras conexões entre leitores e autor, por usuários de plataformas como Facebook, WhatsApp, Instagram, Twitter, para intercâmbio de ideias, valores, opiniões desse autor e sobre suas ideias, interesses ou narrativas.

A relação entre autor e leitor de literatura se desenhava pela identificação com o personagem ou com o significado ou interesse pelo tema ou pela história narrada, promovendo uma coautoria na construção de imagens, cenários e ideias. Ao indicar a preferência pelo autor, e não pelo livro ou pela história que esse autor criou e narra, tal leitor estaria "migrando" de "leitor" para "amigo/seguidor", como defende Fabio Malini,[3] ou, teríamos um "leitor/seguidor"? Esse "novo" leitor, movido por novos interesses e significados, pode estar desenhando um novo comportamento ou conceito e "nicho" que devem ser mais bem conhecidos pelo mercado livreiro?

Esse fenômeno merece ser mais bem estudado para sabermos se poderá impactar os modos de leitura, a formação de leitores, a produção editorial e os interesses ou fatores que definem a escolha dos livros, em especial, de literatura, ou que definem a escolha *do que se lê*.

---

[3] MALINI, Fabio. "A plataformização da leitura e redes sociais: impactos no consumo de livros". *Retratos da Leitura no Brasil* 5. Cap. 10. Rio de Janeiro: Sextante, 2021.

Por enquanto, na lista de autores citados na 5ª edição da Retratos, encontramos somente um autor, entre os trinta mais citados, que surgiu nas redes sociais ou em plataformas digitais de compartilhamento de histórias, como identificou Ceccantini:[4] o romance *Afer* de Anna Todd, que surgiu como *fanfiction* e atingiu mais de 1,6 milhão de leituras on-line, chegando às prateleiras em 2014. Também não identificamos relevância na indicação de livros por *influenciadores digitais*, pois somente 2% dos entrevistados informaram ter escolhido um livro seguindo "dicas" de um influenciador (em blogs, redes sociais ou YouTube).

O elevado percentual de entrevistados que usam a internet (89%) e as redes sociais pode estar promovendo outro fenômeno em relação aos "novos" leitores, identificado por Malini como *plataformização* dos interesses ou gostos desses leitores. Interesses despertados por temas que "viralizam" nas plataformas digitais, ou a *narrativização do social*. Temas que causam *polarização* nas redes sociais, provocando discussões, posicionamentos e defesas de ideias ou opiniões que são compartilhadas, aglutinando grupos e definindo audiências em torno de "autores" ou provocadores dessas ideias.

Outro dado a considerar é que, entre os principais influenciadores, além dos professores e a mãe, são citados os amigos (22%). Se considerarmos que, nas redes sociais, essa relação com "amigos" se estabelece em grupos, identificamos aqui mais uma tendência — a importância do compartilhamento das experiências e indicações por meio dessas conexões digitais. Tendência que deveria ser observada pelo mercado livreiro e, também, como uma ferramenta importante para ser explorada na mediação para promoção da leitura.

Esse Brasil que não lê

Os 48% de "não leitores", revelados pela 5ª edição da Retratos da Leitura, confirmam que estamos distantes de ser uma nação leitora

---

[4] CECCANTINI, João Luis. *Por onde andará a literatura infantil e juvenil brasileira?* Rio de Janeiro: Sextante, 2021.

e revelam o tamanho do desafio para elevarmos esses indicadores, tão fundamentais para elevarmos o patamar de desenvolvimento social e humano do nosso país e elevarmos nossa posição em relação à proficiência em leitura, em rankings de indicadores internacionais, como o Programa Internacional de Avaliação de Estudantes (Pisa).

Não podemos deixar de considerar que, segundo a 5ª edição da Retratos, 55% dos brasileiros apontam alguma dificuldade ou limitação para a leitura, tais como *não saber ler, ler devagar, não compreender o que lê, não ter paciência e não ter concentração*. Somente 33% dos brasileiros informaram não ter nenhuma dificuldade para ler. Esses números estão em sintonia com os revelados pelo Indicador de Alfabetismo Funcional — Inaf/2018 (29% são analfabetos funcionais e 34% apresentam nível elementar de alfabetismo funcional). Essa triste revelação nos diz que quase metade da população brasileira não é leitora de livros porque não reúne as competências básicas para a compreensão de um texto.

Por que os brasileiros não leem mais?

Sabemos que quase metade dos brasileiros *não são leitores*, mas *por que* aqueles que dominam a compreensão leitora *não leem* ou *não leem mais* e *por que* 23% dos 52% que se declararam leitores leem somente por obrigação ou trechos de livros?

Certamente não temos somente uma resposta a essas perguntas. Na pesquisa, a principal alegação para não ler, por aqueles que dominam a competência leitora, é a falta de tempo (47%). Mas, encontramos muitas outras explicações para essa "falta de tempo" ou desinteresse pela leitura de livros em geral e de literatura.

As principais lacunas estão na formação de leitores e no despertar do interesse pela leitura. A escola não tem conseguido formar leitores para sempre. Apesar de lerem mais do que o brasileiro em geral, enquanto estudantes, nossos jovens leem principalmente para cumprir com uma tarefa escolar. Leem por obrigação e não porque foram despertados para o prazer da leitura. Deixam de ler quando saem da escola.

A revelação de que, na faixa etária entre cinco e dez anos, encontramos uma elevação no percentual de leitores nessa edição da pesquisa, e de que é nessa faixa que se situam mais leitores que leem por gosto, além da elevação no percentual de leitores estudantes do fundamental — anos iniciais, confirmam que não estamos conseguindo manter esse interesse pela leitura quando saem da escola. Após os 14 anos, já no ensino fundamental — anos finais, a queda no percentual de leitores e na leitura por gosto é acentuada, apesar de se manter no ensino médio, motivada pelas leituras exigidas em vestibulares e Enem.

A Retratos, em todas as suas edições, revelou a importância do(a) professor(a) e da família como influenciadores e no despertar do interesse pela leitura. A importância de um influenciador aparece, na pesquisa, ao compararmos leitores e não leitores: a proporção dos que não identificam nenhum influenciador ou não gostam de ler varia de 82% entre "não leitores" para 52% dos "leitores". Os pais ou responsáveis conseguem influenciar quando são exemplo, quando leem para seus filhos ou com eles, e até quando presenteiam com livros, como informaram na pesquisa os leitores. A pesquisa confirma maior percentual de leitores em famílias que têm hábito de ler e com melhor nível de escolaridade dos(das) responsáveis. Mas sabemos que há poucas famílias leitoras, que têm livros em casa e promovem esse despertar com atividades lúdicas que ficam na memória afetiva. As crianças e jovens de famílias *não leitoras* e de origem social mais vulnerável dependem especialmente das escolas e dos professores para o despertar o interesse e gosto pela leitura.

Infelizmente, temos poucos professores leitores e que desenvolvem práticas mobilizadoras e interessantes em sala da aula.

O que nos diz a pesquisa sobre o perfil leitor dos professores brasileiros?

Promover a leitura, em especial entre jovens, exige do professor, como um mediador, que goste de ler e que tenha um grande repertório de leituras para identificar, indicar e compartilhar suas experiências e emoções. Tendo esse repertório, o professor pode atrair e conquistar esses novos leitores, em especial quando identificamos que o uso do tempo livre está sendo atraído pelas redes sociais. Mas, nesta edição, 63% dos professores entrevistados (736 ou 8% da amostra) disseram gostar muito de ler e 31% gostar um pouco. Ao analisar os livros lidos pelos professores, verificamos que as preferências são muito semelhantes às da população em geral: a Bíblia fica em primeiro lugar com quase cinco vezes mais citações do que o segundo colocado. Entre os cinco autores mais citados, somente um clássico: Machado de Assis. Outros religiosos ou autoajuda aparecem com mais frequência entre os mais citados. Apesar de ser pequena a amostra, esse perfil nos revela o tamanho do desafio.

O acesso ao livro

O consumo pela compra

As livrarias — físicas ou virtuais — continuam sendo as preferidas dos leitores para a aquisição dos livros (41%) e podem ter sido a forma de aquisição, também, de boa parte dos livros presenteados (25%).

Nos três meses anteriores à realização da pesquisa, 23% da população ou cerca de 44 milhões de pessoas compraram algum livro. Aproximadamente metade desses compradores (47%) têm renda familiar superior a dez salários mínimos; os demais têm renda familiar abaixo de dez salários mínimos, contrariando, também a partir desses números (53%), a afirmação de que somente "ricos leem" ou compram livros. Mas esse dado também revela que mais de 70% dos brasileiros não compraram nenhum livro em um período de três meses, e que 53% nunca compraram ou compraram um livro há mais de dois anos.

As bibliotecas

Há outras lacunas importantes na escola. A ausência de bibliotecas escolares em cerca de 60% das escolas públicas do ensino básico, segundo

Censo do MEC (2019). A universalização das bibliotecas, prevista para até 2020, não aconteceu. Em pesquisa (Retratos da Leitura em Bibliotecas Escolares) realizada em 2019 pelo Instituto Pró-Livro e aplicada pelo Insper em mais de quinhentas escolas públicas do ensino básico em todo o Brasil, foi possível identificar o impacto positivo de bibliotecas escolares na aprendizagem dos alunos de 5ª série, quando oferecem atividades orientadas pelo currículo escolar e integram ações de professores e responsáveis pelas bibliotecas, com atendentes qualificados, acervos atualizados e organizados.

A 5ª edição da Retratos também mostrou a importância das bibliotecas escolares como forma de acesso aos livros. Quase 50% dos estudantes do ensino básico dependem das bibliotecas escolares para acessar os livros de literatura que leem.

Em relação às bibliotecas públicas, elas são percebidas pelos brasileiros como um local para estudantes e para estudar. A atualização dos acervos é o motivo mais citado pelos não frequentadores. É preciso ter bibliotecas abertas para o público em geral e com modelos que atraiam a comunidade do entorno para explorar seu acervo. Locais que promovam a leitura; o debate e a produção de conhecimento; conexões entre leitores e autores e compartilhamento de experiencias leitoras e que não sejam apenas um depósito organizado de livros.

Para melhorar esse "retrato" e a qualidade da leitura, é fundamental haver políticas públicas efetivas que garantam o direito a todos os brasileiros de serem leitores, de serem despertados para o prazer da leitura e que promovam o acesso ao livro.

A LEITURA COMO POLÍTICA E PROJETO DE FUTURO

José Castilho Marques Neto

O difícil presente e o emblemático passado

O mundo contemporâneo e particularmente o contexto brutal do nosso país não estão sendo construídos por escolhas de cidadãos livres, mas por encruzilhadas às quais nos submetem.

Pela ótica da política pública predominante nesses anos de extrema violência, pelas ações e omissões dos que nos governam, a sensação é de que essas encruzilhadas caem sobre nós num processo contínuo de fomento à desesperança. O quadro geral é dominado pela truculência, pela irracionalidade, pela crueldade dos raciocínios que fomentam ódios e excludências. Exemplos não faltam nesse junho de 2021: o negacionismo governamental na pandemia ceifou mais de meio milhão de vidas e infectou milhões de brasileiros. Às barbáries governamentais na saúde, junta-se a índole miliciana dos atuais chefes do poder na sustentação a ações policiais alicerçadas no extermínio e não na repressão legal ao crime, obrigação do braço armado do Estado. A comunidade do Jacarezinho no Rio de Janeiro vivenciou recentemente um banho de sangue — 27 execuções.

Diante de um poder central negacionista e idólatra da violência, a população vê-se frente às encruzilhadas impostas por uma sociedade deformada pela desigualdade estrutural, que cria e preserva a ignorância, e por uma tradição histórica autoritária, distante do ideal buscado por legisladores progressistas que projetaram uma sociedade mais equânime e democrática, como aquela esboçada para dar seus primeiros passos na Constituição de 1988.

Apesar da dor das enormes perdas pessoais e coletivas, o trauma da pandemia poderá nos levar enquanto nação a um exame profundo de nossas escolhas livres e conscientes e das encruzilhadas impostas. Apesar da complexidade de nossa sociedade, não é preciso muito esforço para compreender quais são os períodos históricos nos quais tivemos escolhas ou encruzilhadas: essas últimas ocorreram invariavelmente em períodos em que a força da violência estatal se sobrepõe à ideia original de administração pacífica dos conflitos que caracteriza a atividade política.

Acossados por mais um período de autoritarismo com características muito peculiares, agora associado ao nefasto neoliberalismo, aqui devidamente apelidado pela sua pequenez de "Posto Ipiranga", vivenciamos ininterruptamente violações tanto à Constituição quanto à obediência de procedimentos jurídicos legais e afeitos à prática democrática. O desvelamento da farsa jurídica da famosa Operação Lava Jato pelo Supremo Tribunal Federal é uma demonstração cabal deste triste período. Os gritos, deboches, ameaças e impropérios metodicamente emitidos pelo chefe do Poder Executivo todos os dias, tentando calar a imprensa e infestando as redes sociais de mentiras, é a face mais visível da ânsia de poder ditatorial que chegou ao poder central do país.

É de se imaginar a indignação de um constituinte, como o saudoso deputado Ulysses Guimarães, que promulgou a Constituição de 1988 como a "Constituição Cidadã", ao ver conduzido à presidência da República, por voto direto, um fanático pela ditadura militar de 1964.

O duro tempo presente não deve obscurecer as possibilidades do futuro e da resiliência da maioria da população brasileira. Se esses tempos banhados pelo sangue de milhares de brasileiros vitimados pelo negacionismo e pela violência conseguirem abrir uma brecha para a reflexão das lideranças civis no amplo espectro político do centro à esquerda, talvez consigamos lidar melhor com as próximas escolhas que pudermos fazer nas políticas públicas de desenvolvimento sustentável do Brasil.

É preciso refletir e revisar nossas experiências. Se o presente está difícil, ou se já tivemos tempos políticos ainda piores, esses fatos não anulam as escolhas equivocadas das elites políticas e econômicas em períodos de melhores ares do Estado. Analisemos dois momentos das décadas de 1980 e 1990.

O poema do grande Affonso Romano de Sant'Anna perguntava em 1980: "Que país é este?", desnudando um Brasil que precisava ter escolhas melhores nos estertores da ditadura militar de 1964. Essa mesma pergunta ganharia nova força dois anos após empossado o primeiro presidente eleito pós-autoritarismo: em 1987 a Legião Urbana lançava, com sucesso, "Que país é esse?", clamando por um país "sem sujeira pra todo lado".

Na esteira das exigências da sociedade, a "Constituição Cidadã" criou avanços institucionais que colocaram a nação em um patamar mais elevado na política democrática, buscando saldar dívidas sociais com a maioria da população em muitos dos seus aspectos.

Era de se esperar que, após o trauma social de 21 anos de ditadura, encurralados que fomos em encruzilhadas autoritárias do tipo "Brasil: ame-o ou deixe-o", as escolhas pudessem ter a virtuosidade de caminhos iluminados pela ciência, pela educação, pela cultura, pela literatura e pelas artes.

No entanto, a mesma elite que deu sustentabilidade à Constituinte reformadora fez escolhas políticas contraditórias nessa mesma década ao permitir que os operadores policiais e militares dos porões da ditadura começassem a cultivar seus tentáculos arbitrários e a se impor paralelamente ao poder público em muitas comunidades brasileiras, notadamente no Rio de Janeiro. Refiro-me à formação das milícias e baseio-me no excelente livro de Bruno Paes Manso, *A República das Milícias — dos esquadrões da morte à era Bolsonaro*, editado pela Todavia em 2020.

Junto à Nova República, gestava-se o horror do crime organizado que pouco a pouco chegaria aos Poderes Legislativo e Executivo, tornando o Brasil o país campeão da taxa de homicídios no mundo. As consequências dessa escolha, que contemplou o acobertamento de crimes contra o Estado de Direito e a impunidade dos crimes do período ditatorial e seus assassinos, fizeram crescer o ovo da serpente que infalivelmente acabou rompendo sua casca no curso da história, parindo monstros como aqueles com que hoje convivemos.

Quando tratamos de escolhas, falamos de caminhos a construir, e naquele mesmo período histórico, em que se podia escolher os rumos do Brasil, um arrojado programa de política pública foi desenhado pelo poeta e autor do "Que país é este?". Affonso Romano de Sant'Anna assumiu de 1990 a 1996 a presidência da Fundação Biblioteca Nacional. Tive o privilégio da amizade de Affonso e conheço essa história desde os tempos em que dirigi o Plano Nacional do Livro e Leitura em 2006, mas sua saga pela implantação de políticas públicas baseadas num tríptico sistêmico — biblioteca/livro/leitura — pode ser lida no seu excelente e saboroso livro *Ler o Mundo*, editado pela Global em 2011. Para o tema aqui tratado, o último capítulo — "Biblioteca Nacional: uma história por contar" — é fundamental.

Aquela proposta de política cultural demonstrou às elites dirigentes uma escolha diametralmente oposta àquela que fomentou o surgimento das milícias. Ao criar o Sistema Nacional de Bibliotecas Públicas e o Programa Nacional de Incentivo à Leitura (Proler), Affonso projetou um país leitor aos três presidentes da República a que serviu e aos seis ministros da cultura com que conviveu. Além de suas tentativas em fazer da leitura e das bibliotecas uma ação política de todos os ministérios da República, perspectiva que retomamos com a implantação do Plano Nacional do Livro e Leitura (PNLL), ele trabalhava com a ideia de que as bibliotecas e a formação de leitores teriam o potencial de transformação necessário ao país que queríamos e que se tornaria distante daquele de seu poema — o país do "ajuntamento", do "regimento", do "confinamento".

A ação política de Affonso e sua equipe se mostrou virtuosa, ao estilo das grandes propostas formadoras do país realizadas por intelectuais que, como ele, não apenas opinaram sobre as relações de cultura e poder, mas se dispuseram a enfrentar a "hidra de várias cabeças que é a administração pública", como descreve a página 204 do livro citado.

Duas escolhas, dois caminhos opostos num mesmo período histórico. O da milícia e da impunidade aos crimes de Estado praticados por 1964 frutificou o seu horror. O de Affonso, abortado em 1996, gerou um período democrático e com um intelectual presidente.

Daqueles anos 1980 e 1990, a escolha pelas opções que fomentaram as milícias e tornaram possível o projeto que aspira a um Estado miliciano no país foi incontida. A saga de Affonso definhou, alinhando-se à triste tradição brasileira de abortar políticas públicas inclusivas nas alternâncias de poder. Até hoje as escolhas da maioria dos dirigentes políticos, com o consentimento das elites econômicas, preservam a violência como trato do social e negligenciam a palavra como emancipação civilizatória superior. Ao tratarem cultura e educação como supérfluos, demonstram os limites que querem dar ao florescimento da cidadania.

Mas é na persistência dos que não aceitam a tirania e a violência como modo de vida que se constrói no cotidiano o desenvolvimento baseado na equidade e na justiça social.

Nossa encruzilhada hoje não é mais uma simples disputa político-partidária em projetos pontualmente antagônicos. Vivemos hoje, todos nós, na encruzilhada das políticas públicas que valorizam a vida e aquelas que a dizimam, literal e metaforicamente.

Como sabemos, os exemplos dessas políticas regressivas são inúmeros, algumas repetidas insistentemente nas políticas de leitura, como a presente tentativa de se taxar o livro em 12% proposta pelo ministro da Economia. O argumento de que quem compra livro é rico e aos pobres o governo provê, é contrariado pelas pesquisas, como a última Retratos da Leitura no Brasil, que explicita com dados recolhidos pelo Ibope Inteligência: a maior parte dos leitores brasileiros se concentra na classe C, sendo que as classes D e E apresentam números expressivos. Resumidamente, 4% dos leitores de livros pertencem à classe A, 26% integram a classe B, 49% fazem parte da classe C e 21% estão nas classes D e E.

O objetivo principal dessa iniciativa já foi sobejamente denunciado: cumprir a agenda ideológica da extrema direita ao dificultar ao máximo o acesso aos livros e infringir danos permanentes à indústria livreira independente, já que os principais prejudicados serão os pequenos e médios editores e as pequenas e médias livrarias. Cardápio perfeito para a "elite branca", como denominou antologicamente o jurista e ex-governador de São Paulo, Cláudio Lembo, ao se referir à minoria da nação que luta para preservar seus privilégios ameaçados por camadas sociais até aqui contidas pela força de políticas excludentes.

Possíveis plataformas de voos

Se a complexidade do mundo globalizado é árdua para o entendimento, se não há soluções simples capazes de resolver problemas complexos, por outro lado já sabemos algumas respostas fundamentais para a construção de uma cidadania possível. Uma delas é a potencialidade, a força transformadora das ações que educam para a autonomia e a liberdade do pensamento crítico. Ações que possuem entre suas principais fortalezas a leitura.

O artigo de Zygmunt Bauman — "Sintomas à procura de um objeto e um nome" — no excelente livro *A grande regressão*, organizado por Heinrich Geiselberg e editado no Brasil em 2019 pela Estação Liberdade, faz a defesa da prática voltada para o diálogo. Nós, milhares de militantes pela formação leitora, diversos em seus muitos nichos do livro, da leitura, da literatura e das bibliotecas, já soubemos em um passado recente praticar a arte do diálogo, com base na escuta e no objetivo maior de fazer o Brasil produzir uma Política de Estado para a formação de leitores. Construímos um dos raros pactos sociais de nossa história, o Plano Nacional do Livro e Leitura, e observamos seus desdobramentos ainda em curso nos estados e nos municípios que constroem os Planos Estaduais e os Planos Municipais de Livro e Leitura. E ainda, na perspectiva de dotar o país de uma verdadeira Política de Estado para a formação de leitores, conquistamos a Lei nº 13.696/2018, que nos legou a Política Nacional de Leitura e Escrita, obviamente engavetada pelo desgoverno presente.

Construir políticas públicas de incentivo à leitura e à formação de leitores no Brasil é colocar em xeque sua própria história enquanto nação. Quão distante estamos de processos civilizatórios mais bem-sucedidos nesse campo, que no passado sabiamente reconheceu, nos processos educacionais e culturais, a centralidade estratégica da escrita e da competência leitora como fundamentos de nações independentes, democráticas e sustentáveis.

Não se trata de uma afirmação amarga de um brasileiro frustrado com sua história. Na verdade, o que define uma política pública de livro e leitura, aqui ou em qualquer hemisfério do planeta, são a importância objetiva e o valor estratégico que o Estado atribui a esse maravilhoso instrumento humano que é a sua capacidade de criar narrativas e traduzi-las em palavras ou signos a serem lidos por outros seres humanos. Estes, por sua vez, os recriarão de acordo com seu juízo e sensibilidade. O resultado desse processo complexo, que envolve inúmeras expressões além das palavras e da escrita, é uma apreensão do real e do imaginário que nos possibilita compreender o que somos e o que os outros são. Ler o mundo, na síntese de Paulo Freire.

A leitura e a escrita são uma construção social amplamente utilizada pelas sociedades modernas e contemporâneas para se conhecer, se compreender, se estruturar, se organizar enquanto comunidade de sujeitos. Das plataformas e suportes mais primários e físicos, aos sofisticados meios virtuais contemporâneos e futuros, a palavra é o elo primordial de comunicação entre os seres humanos, imprescindível em todas as atividades do cotidiano, em todas as camadas sociais e em todas as circunstâncias da vida.

Se a palavra e a sua compreensão são estratégicas para a vida, elas se tornam, de imediato, fundamentais para a política e para o exercício do poder. Por essa razão, ao tratarmos de políticas públicas de livro e leitura, tornamos essa atividade indissociável das ações políticas que determinam, de maneira soberana ou subordinada, os direitos e os deveres, os rumos e os valores cívicos, o desenvolvimento sustentável ou dependente, de todas as nações. Dominar a leitura e a escrita é, portanto, exercer o poder da cidadania plena nos regimes democráticos.

Alienada historicamente de seu direito à leitura e ao poder do exercício pleno da palavra, a maioria esmagadora da população brasileira é credora de nossa imensa dívida social de acesso à leitura. Essa dívida reflete, em primeira instância, o enorme desequilíbrio social que nos coloca no topo da lista mundial das desigualdades. A proficiência em leitura, medida pela pesquisa do Inaf/2018, é a evidência da desigualdade do direito à leitura plena para todos: apenas 12% de nossa população é capaz de compreender um texto, criticá-lo e estabelecer um pensamento próprio a partir dessa interação leitor/escrita.

Os dados da série histórica de outra importante pesquisa, a Retratos da Leitura no Brasil, realizada desde 2007, reafirmaram, nesta 5ª edição de 2019, que reproduzir a leitura é também mostrar um retrato da exclusão, para a maioria dos brasileiros, dos seus elementares direitos humanos de exercer a cidadania plena.

Vejamos. Na Retratos 4, de 2015, computávamos 56% de leitores no país (104,7 milhões de pessoas); na Retratos 5, de 2019, esse número caiu para 52% (100,1 milhões de pessoas). O que esses números nos revelam?

Em primeiro lugar, a evidência de que, em ambas as situações, quase a metade dos brasileiros não tem acesso ao direito à leitura, o que, em pleno século XXI, é uma aberração civilizatória e um fator de subalternidade perante os países líderes. Se fôssemos um país que se propusesse a crescer com sustentabilidade, as ações do Estado se voltariam para acelerar o saneamento dessa desigualdade brutal. Infelizmente, há um movimento contrário, e o que temos são retrocessos profundos.

Como nos revela a Retratos 5, de 2019, perdemos 4% de leitores no último quadriênio, ou 4,6 milhões de concidadãos que não sustentaram o acesso conquistado nos números de 2015. É bom lembrar que esses números haviam subido razoavelmente da Retratos 3, de 2011, dos 50% (88,2 milhões de leitores) para os 56% (104,7 milhões) da Retratos 4, de 2015.

Na análise que fiz em 2016, publicada no capítulo 3 do livro *Retratos da Leitura no Brasil* 4, organizado por Zoara Failla, demonstrei que esse crescimento se apresentava como um primeiro resultado dos esforços empreendidos a partir da implantação do Plano Nacional do Livro e Leitura (PNLL) em 2006, que soube, enquanto política pública, juntar os esforços do Estado e da sociedade, assim como da cultura e da educação. O plano criou os primeiros canais de comunicação entre esses entes e, ao mesmo tempo, produziu e incentivou inúmeras ações, programas e projetos que deram um impulso extraordinário em toda a cadeia criativa, produtiva, distributiva e mediadora do livro e da leitura no Brasil. Da mesma maneira, repetiu em maior dimensão e com maior estofo institucional, porque estava vinculado diretamente aos Ministérios da Cultura e da Educação, o movimento que envolveu a criação do Proler em 1998, e ampliou, significativamente e de forma planejada, os investimentos públicos em formação leitora.

Defendia, então, como ainda defendo como hipótese baseada nos dados disponíveis, que o movimento pela leitura no Brasil se expandiu com a introdução do PNLL como Política de Estado, pactuada com a sociedade civil representada pela cadeia do livro, da leitura, da literatura e das bibliotecas. Esse movimento de política pública até então ímpar no país soube estimular os investimentos da sociedade e do setor público, criando, nesse conjunto de programas e ações, um ciclo virtuoso cujos resultados contabilizamos em 2015 com o aumento de 16,5 milhões de novos leitores.

Uma nação madura democraticamente tomaria esse aumento de leitores como um patamar para novos saltos quantitativos e qualitativos, fomentando e aperfeiçoando ainda mais o PNLL. O que observamos nos últimos quatro anos, e sob o comando do Poder Executivo Federal, foi a destruição do PNLL e a não implantação de qualquer nova estratégica de política pública de leitura inclusiva após a deposição da presidenta Dilma Rousseff em 31/08/2016.

Os movimentos de resistência pró-PNLL — internos ao governo que substituiu a presidente deposta, o de Michel Temer — foram insuficientes para sustentar os programas deixados pela gestão anterior. O governo empossado em janeiro de 2019, de Jair Bolsonaro, ignora a única conquista consolidada no governo Temer, que foi a aprovação e sanção da primeira legislação abrangente e incisiva voltada a formar leitores como Política de Estado, a Lei nº 13.696/2018, que instituiu a Política Nacional de Leitura e Escrita (PNLE). Como tantas outras estratégias negacionistas e exterminadoras de políticas inclusivas, o atual governo ignora essa lei aprovada por unanimidade no Congresso Nacional, que o obriga a criar um PNLL decenal com metas, objetivos e determinações expressas. A primeira delas é o reconhecimento do direito à leitura para todos, impondo ao Estado o dever de sustentar políticas públicas de livro, de formação de leitores, de literatura e de bibliotecas.

Com o PNLL totalmente desarticulado enquanto estratégia geradora de programas e ações do Estado, a responsabilidade da formação de leitores voltou-se totalmente para as mãos da outrora parceira do Estado nessa tarefa, a sociedade, em sua inabalável resiliência. Destaco todos os setores da longa cadeia criativa, produtiva, distributiva e mediadora do livro e da leitura. Sob duras condições, a criação literária prossegue, assim como a elaboração universitária/científica. E editoras cuidadosas, notadamente as pequenas e médias empresas editoriais, se esmeram em publicá-las em plataformas tradicionais e inovadoras. Enfrentando há anos duras concorrências, nem sempre leais, os livreiros reinventam-se diariamente, mantendo seu negócio com as características de formação de público leitor a duras penas. Os mediadores de leitura, as bibliotecas de acesso público, públicas e comunitárias, e as escolas fazem a ponte mais difícil da formação leitora: chegar ao grande público que não tem acesso a quase nada do que a sociedade contemporânea possibilita na era da informação e do conhecimento. Mostram seu valor e resiliência, sintetizados, como exemplo do que se faz em todos os cantos do país, no lema da rede Literasampa nessa pandemia: "Pão, proteção, poesia e plantio" é o que compartilham na periferia paulistana de Parelheiros.

Apesar da falência de gestão do Executivo Federal, é importante exaltar alguns poderes executivos estaduais e municipais que seguem mantendo ou construindo seus Planos Estaduais e Municipais de Livro e Leitura. Ainda em número reduzido em relação aos 5.568 municípios brasileiros, esses planos territoriais são hoje o celeiro institucional mais promissor das boas práticas de políticas públicas na formação de leitores e, certamente, inspirarão uma nova fase do Plano Nacional quando a tormenta obscurantista passar.

É hora de despertarmos novamente para melhores escolhas e reivindicarmos com força o direito à leitura para todos na defesa da implantação da Lei nº 13.696/2018, do PNLE, contribuindo para a educação democrática e laica que, sabemos, é imprescindível.

Já trilhamos e sabemos o caminho. Às lideranças caberá o chamado unificador para construir o objetivo comum de um país ecologicamente sustentável, economicamente justo, socialmente includente e politicamente soberano perante a comunidade das nações.

NOTAS

1. Partes deste texto foram publicadas originalmente na coluna *Leituras Compartilhadas*, assinada mensalmente por este autor no jornal *Rascunho*, disponível em: <http://www.rascunho.com.br>. Acesso em: 2 de set. de 2021.

2. O texto da Lei nº 13.696/2018 — Política Nacional de Leitura e Escrita (PNLE) — pode ser encontrado neste link: <http://snbp.cultura.gov.br/pnle/> Acesso em: 15 de set. de 2021.

3. O texto do Plano Nacional do Livro e Leitura (PNLL) pode ser encontrado neste link: <https://issuu.com/sbpdf/docs/cadernopnll_2014ab>. Acesso em: 2 de set. de 2021.

QUEBRANDO A RESISTÊNCIA DO MERCADO LIVREIRO À LEI DE PROTEÇÃO AO LIVRO — LEI DO PREÇO COMUM

Haroldo Ceravolo Sereza

A necessidade de uma política pública para o livro que interfira na circulação e, por extensão, em sua cadeia produtiva é uma batalha de pelo menos duas décadas no Brasil. As primeiras discussões consequentes sobre a adoção de uma lei do preço fixo ou único — e que, recentemente, a Liga Brasileira de Editoras (Libre) passou a chamar de "Lei do Preço Comum", nomenclatura que também nos parece mais apropriada — datam da virada dos anos 1990 para os anos 2000 e pouco avançaram no país, enquanto políticas semelhantes foram adotadas ou aperfeiçoadas em diferentes países europeus[1] e em alguns latino-americanos, entre eles a Argentina.

Em um país com muito menos livrarias do que o desejável e em que o discurso liberal de matriz norte-americana dominou o cenário político mesmo durante os governos de esquerda, especialmente no que tange às

---

[1] Portugal, por exemplo, ampliou o alcance da lei para livros digitais e audiobooks em 2015 (NETO, 2015).

questões econômicas, havia muitas barreiras ideológicas a superar para que tal política fosse bem compreendida. Entretanto, parece ter havido no país uma resistência interna do próprio mercado livreiro, sobretudo das grandes redes de livrarias e editoras, que compreenderam a política do preço comum como um fator de restrição aos projetos de expansão que dominaram a ação dessas empresas nas duas primeiras décadas do século XXI. Essa resistência se refletiu em posicionamentos ambíguos por parte das entidades do livro, grandes livrarias e grandes editoras, até que uma posição mais unificada se tornou perceptível a partir de 2015, quando a crise das grandes redes de livraria Cultura e Saraiva era uma realidade e a senadora Fátima Bezerra (PT-RN) apresentou o Projeto de Lei nº 49/2015, estimulada, sobretudo, por uma proposição da Associação Nacional de Livrarias (ANL). Em 2008, o deputado Augusto Carvalho (PPS-DF) havia proposto uma lei no mesmo sentido, que acabou rejeitada em 2011 pela Casa.[2]

O que seria a Lei do Preço Comum? De forma simples, diante de um lançamento, todo o mercado ficaria proibido de dar descontos para o preço de venda de cada título publicado — o preço final ao consumidor é definido pelo editor do livro. Assim, as grandes superfícies, as grandes cadeias e redes de lojas não poderiam pressionar editores e distribuidores por descontos, barrando práticas de *dumping* (pôr à venda produtos a um preço inferior ao do mercado) e de concorrência desleal. Sim, a Lei do Preço Comum não elimina a concorrência; antes, a organiza. Ao impedir uma guerra de preços, ela faz com que a livraria de bairro possa competir com as grandes redes, o que é uma necessidade se queremos ter mais livrarias e se queremos que o livro chegue a mais pessoas no país. Ao

---

[2] O argumento utilizado pelo relator da lei, o deputado Renato Molling (PP-RS), na Comissão de Desenvolvimento Econômico, Indústria e Comércio, foi totalmente bizarro e ignora por completo o sentido da lei. "É possível que o preço único fixado não ofereça remuneração suficiente para aqueles pequenos livreiros dos menores municípios, obrigando-os a deixar o mercado", afirmou ele, como se a lei impedisse a cobrança, por quaisquer razões, de preços acima do fixado pelo editor, quando o sentido dela é justamente o contrário (HAGE, 2011).

mesmo tempo, ela reduz o impacto de ações de marketing e propaganda e, ao desestimular a saída de recursos do mercado editorial, ela tende a favorecer a queda, no médio prazo, do preço dos livros. Por fim, precisamos pensar no mercado livreiro como um espaço em que circulam, simultaneamente, milhões de títulos, ou seja, de produtos diferentes que concorrem entre si pelo tempo que o leitor dispõe para eles.[3]

Ao favorecer uma circulação menos concentrada dos livros, o tempo de giro de cada título diminui, o que também favorece a queda de preços da maioria dos títulos no médio e no longo prazos. Em suma, longe de ser uma lei que pode aumentar o preço do livro ao eliminar os descontos (o que seria o efeito aparente), é uma lei que favorecerá a redução do preço médio do livro. A Lei do Preço Comum, assim, tende a inaugurar um ciclo virtuoso, viabilizando livrarias, tirando o fundo do catálogo dos estoques, estimulando a bibliodiversidade, a pluralidade de ideias e democratizando o acesso ao livro. Trata-se, portanto, de eliminar uma falsa vantagem imediata para o consumidor e entregar outras vantagens reais, dentre as quais se destaca a possibilidade de construirmos um mercado editorial mais robusto e bibliodiverso. A questão é mais urgente do que nunca, tendo em vista não só a crise estrutural que o setor atravessa, como também os ataques conjunturais que o livro sofre como parte da economia da cultura, entendida por setores mais retrógrados da sociedade brasileira como supérfluo ou, pior, uma ameaça a instituições como a família tradicional brasileira e as religiões de matriz europeia.

Um tanto por ironia da história, um tanto por não entenderem o caminho autodestrutivo que adotaram em diversas frentes, as grandes redes de livraria tornaram-se o elo mais visível da crise da economia do livro e sofreram de modo mais midiático com o avanço das tecnologias digitais — que já existiam no ano 2000, mas que se sofisticaram enormemente, sobretudo quando pensamos no capital disponível para a Amazon e no uso hoje global que a empresa pode fazer do chamado Big Data.

---

[3] Sobre o tema do preço do livro e sua percepção pelo consumidor, escrevi um artigo publicado na revista *ComCiência* (SEREZA, 2019) intitulado "O livro custa caro? Reflexões sobre o preço do livro".

Talvez um pouco tarde demais, e ainda de modo tímido demais, essas redes, que sobrevivem por aparelhos judiciais, passaram a defender a política de preço comum, não sem antepor diferentes "senões" — ora relativizando seu impacto, ora sugerindo acordos intramercados difíceis de avançar, ora responsabilizando moralmente outros integrantes da cadeia etc. Por incrível que pareça, algumas das livrarias e editoras que ganharam muito dinheiro nas últimas décadas, recorrendo, inclusive, a recursos do BNDES, mas que enfrentam problemas graves na atualidade, parecem ainda resistir a uma regulação que torne o jogo do mercado um pouco mais equilibrado sob o argumento de que isso seria uma intervenção indevida do Estado na economia. Ainda que hoje se declarem favoráveis ao preço comum, as maiores entidades do setor — o Snel, Sindicato Nacional dos Editores de Livros, e a CBL, Câmara Brasileira do Livro — parecem ter dificuldades para defender na prática tal política e para criar uma estratégia de convencimento da sociedade, e não só do parlamento, de sua importância econômica, política e social.

História de um debate — Tracemos um breve histórico desta discussão, porque esse histórico aponta algumas das principais dificuldades de autoconvencimento do mercado editorial e livreiro, tais como diferenças de porte entre os participantes, estratégias pontuais sobrevalorizadas de editoras e livrarias, além de dificuldades de se formar um consenso produtivo quando o peso de uma ideologia, no caso a liberal (ou neoliberal), se coloca como um anteparo para o debate.

Em 4 de dezembro de 1999, o jornal *Folha de S. Paulo* publicou, no caderno "Ilustrada", uma reportagem intitulada "Desconto é bom. Mas é ruim?" (SEREZA, 1999), em que o tema vinha à baila diante de um crescimento na adoção de políticas predatórias por grandes redes, sobretudo a Fnac, que comprara o Ática Shopping Cultural em 1998, no bairro de Pinheiros, em São Paulo, e passara a operá-lo como sua marca no ano seguinte. Uma de suas políticas de atração de público era o "preço verde", desconto de 20% em títulos recém-lançados. O subtítulo do texto principal anunciava essa escalada na política de grandes descontos e cogitava a possibilidade de adoção de regras que o limitassem: "Redução de até 45% no preço de livros recém-lançados preocupa mercado editorial brasileiro, que já estuda limite a promoções."

Os termos "preço único" ou "preço fixo", que acabaram por predominar na discussão até o momento, não foram utilizados no texto, mas as referências às legislações europeias sobre o tema foram explícitas: "Uma das saídas discutidas é a adoção de legislação que limite os descontos. França, Portugal, Alemanha e Dinamarca adotam políticas assim. Em Portugal, por exemplo, o livro pode ter no máximo 10% de desconto sobre o preço sugerido pelo editor por 18 meses após o lançamento. A partir daí, o preço é livre", explicava a reportagem. O detalhamento da legislação francesa, na qual o limite de desconto era de 5% e o prazo de dois anos, seria dado numa retranca intitulada "Descontos são predatórios, diz livreiro", em que a principal voz era a do então dono da Livraria da Vila, Aldo Bocchini Neto. A declaração de Bocchini merece ser registrada:

> "O grande predador não é a internet, mas a Fnac. Eles vêm fazer aqui o que foram impedidos de praticar na Europa", afirma Aldo Bocchini Neto, proprietário da Livraria da Vila, em São Paulo. Bocchini se refere ao "preço verde", desconto de 20% que a Fnac dá para os lançamentos no primeiro mês em que estão à venda. Bocchini é um dos defensores da limitação de descontos. Na França, sede da Fnac, livros recém-lançados podem ter desconto de até 5%. A lei foi introduzida nos anos 1980, durante o governo do socialista François Mitterrand, para proteger as pequenas livrarias francesas de grandes concorrentes — entre eles, a própria Fnac.

A situação mudaria bastante desde lá, e hoje a Fnac é uma das beneficiadas na França com a manutenção da política do preço único: sem tal política, ela teria enormes dificuldades de concorrer no setor livreiro com a filial francesa da Amazon. Além disso, o órgão responsável pela regulação da concorrência na França foi bastante generoso ao permitir a fusão da Fnac com a rede de eletrônicos Darty. A formação do grupo é, hoje, entendida pelo Estado francês como um mecanismo de defesa diante da possibilidade real de monopólio da Amazon na venda de diferentes produtos pela internet — tal fusão seria inconcebível no país até a chegada da Amazon, que, obrigada a respeitar, a contragosto, o preço comum (VEJA, 2014), promoveu bastante confusão ao usar o frete grátis para livros como política de atração de consumidores.[4]

Em 2001, ocorre a primeira Primavera dos Livros, reunindo editores independentes no Rio de Janeiro. Naquele momento, o mercado editorial brasileiro vivia um intenso processo de aquisição, por empresas transnacionais, de editoras brasileiras de médio e grande porte. Além disso, as redes de livraria já haviam se estabelecido como principal canal de vendas de livros, impondo formas agressivas de negociação com os editores pequenos e médios. A Primavera dos Livros de 2001 acabou funcionando como um embrião da Libre, entidade que em muitos momentos seria a principal defensora da regulamentação econômica do mercado editorial. A Primavera, conforme narra o pesquisador José Muniz Jr., resultou num sucesso de público em parte devido a "um empurrão de divulgação involuntária dos livreiros: dias antes do evento, a Associação Estadual de Livrarias do Rio de Janeiro (AEL/RJ) lançou uma carta pública queixando-se dos descontos (de 20% a 40%) que as editoras dariam na Primavera, como contrapartida do apoio da Prefeitura":

> Em resposta, os editores e a Prefeitura afirmavam que o objetivo do evento era formar leitores, o que reverteria positivamente na cadeia do livro como um todo. No catálogo coletivo dos participantes, publicado para a ocasião, o grupo paga um pequeno tributo conciliador, referindo-se ao livreiro como agente "fundamental neste imenso universo da produção cultural. Sem estes parceiros que atuam nos lugares mais distantes, seria impossível fazer chegar o livro nas mãos do leitor". Afirmam, ainda, ter

---

[4] Com a proibição do frete grátis, a Amazon passou a cobrar €0,01 por entrega. Em 2021, o governo francês passou a discutir uma lei para padronizar o envio de livros em €6,50, para encerrar com a prática da Amazon (NETO, 2021).

com a Primavera o objetivo de alimentar "no público o prazer de frequentar uma livraria e encontrar neste espaço um lugar de lazer". (MUNIZ JR., 2016, p. 155)

A contradição apontada pelos livreiros não ficou limitada a críticas à Libre, que, aliás, reduziu a relevância das promoções na divulgação de seus eventos, embora não tenha eliminado de todo a prática. Outros eventos regulares, independentes das grandes Bienais do Livro, passaram a acontecer em todo o país, sendo a mais notória a Festa Literária da USP, em que os descontos são obrigatoriamente de 50%. Durante os dias desses eventos, e talvez por um significativo período anterior a eles, o mercado de livrarias sente significativamente o impacto, e ainda hoje essa não é uma questão bem resolvida no mercado editorial.

Em 2014, no texto "Libre — Feiras de Livros independentes e a defesa da bibliodiversidade", publicado na revista *Acrobata* (Teresina-PI), a questão é colocada numa outra perspectiva. Segundo essa análise, as feiras de livro foram uma reação das editoras a uma "corrida 'suicida'" do mercado livreiro, com a adoção das seguintes práticas: "a) ampliação dos descontos internos na cadeia a patamares que esmagam a lucratividade das editoras e distribuidoras; b) concentração das livrarias em grandes redes, o que favorece enormemente as ampliações dos descontos; c) redução das compras pelas grandes redes, em favor de consignações; d) ampliações dos prazos de pagamento; e) *bestsellerização* das livrarias e das áreas de exposição; f) vendas dos espaços de destaque nas livrarias" (SEREZA, 2014, p. 29). O efeito dessas práticas seria a construção de uma cadeia financiada não pela parte mais capitalizada (as grandes redes), mas pelas editoras, muitas delas empresas familiares, pequenas ou médias. Nesse contexto, as feiras de livro foram essenciais para a permanência em atividade de editoras pequenas e médias e colaboraram, inclusive, para evitar que as grandes redes (e depois a própria Amazon) adotassem descontos ainda maiores:

> Nesse processo, em que a concentração livreira leva à morte da instituição livraria, as feiras de livro "igualitárias" da Libre se estabelecem como uma

forma de resistência. A venda direta capitaliza, ainda que momentaneamente, as pequenas e médias editoras, que podem, assim, negociar em melhores condições com as grandes redes — indiretamente, esse processo ajuda a manter um nível de concorrência razoável, inclusive para o pequeno livreiro, que tem nos megadescontos das redes seu principal concorrente. (SEREZA, 2014, p. 31)

Evidentemente, as feiras não são uma solução em si, nem é razoável desejar que elas mantenham grandes patamares de desconto, especialmente com livros novos. Numa eventual aprovação da Lei do Preço Comum, elas teriam de se adequar à legislação, o que dificilmente encontraria resistência por parte dos editores. Também não é possível imaginar que essa legislação, que seria a primeira no país a pensar na proteção ao livro como cadeia produtiva para além da isenção tributária, seja suficiente para construir um país de consumidores de livros e de leitores. Mas é um passo fundamental para que outras políticas públicas sejam a ela associadas e integradas aos planos nacionais, estaduais e municipais do livro e da leitura.

Em 2010, durante a presidência de Cristina Fernandes Warth, a defesa da política de preço único passou a integrar o programa da Libre.[5] O texto, redigido na forma de carta aberta aos candidatos a mandatos eletivos daquele ano, intitulava-se "Um programa em defesa da bibliodiversidade" e foi encampado pela Associação Nacional de Livrarias, pela Associação Estadual de Livrarias do Rio de Janeiro e pela Câmara Rio-Grandense do Livro. Entre os 14 pontos elencados, o primeiro defendia "uma nova regulação do mercado editorial e livreiro, com a adoção de medidas que protejam e incentivem a abertura, o fortalecimento e a profissionalização de pequenas editoras e, especialmente, pequenas livrarias pelo país", enquanto o quarto item defendia o "preço único do livro e desconto justo em todos os níveis da cadeia. A Libre defende a

---

[5] Há, entre as editoras que integram a Libre, algumas que se opõem ao preço comum, mas todas as gestões desde então mantiveram a defesa da regulação.

adoção da política de preço único e de desconto justo como garantia de sobrevivência das pequenas e médias livrarias, sem as quais se torna inviável a distribuição dos long-sellers, os livros de fundo de catálogo, os livros que não têm prazo de validade e que dão lastro a nossa cultura" (WARTH e SÁ, 2010).

A definição do programa foi resultado de um longo processo de discussão interna na Libre sobre o tema. Em 2003, Angel Bojadsen publicou um artigo no jornal *O Estado de S. Paulo* intitulado "A questão do preço fixo", em que apontava a divisão sobre o tema entre os editores. Em 2006, a entidade lançou um livro dedicado ao tema, escrito pelo pesquisador Markus Gerlach, intitulado *Proteger o livro — desafios culturais, econômicos e políticos do preço fixo*. A obra oferece um pequeno percurso sobre as leis do preço fixo na Europa e como essa política significou a manutenção, o surgimento e o fortalecimento de pequenas livrarias e editoras e fez crescer o consumo de livros no continente.

A obra de Gerlach explica a relevância do livro não apenas como bem econômico, mas, sobretudo, como bem cultural. Desse modo, ao oferecer informação, diversão e cultura, e ao difundir ideias e conhecimento, o livro deve estar submetido a um regramento próprio, que estimule sua criação, produção e distribuição. Além disso, o leitor precisa ter acesso a ele e poder exercer um verdadeiro direito de escolha, não submetido à tutela do Estado e das grandes empresas (daí a importância de manter parte do regime de produção e circulação sob o império de capitais variados, não estatais, mas também não oligopolistas). Isso porque toda a lógica do mercado editorial, que é um mercado com quinhentos anos de história, está calcada em pequenos monopólios: cada editor é dono de um texto ou, no caso de obras de direito livre, da edição deste livro. Se há oligopólios controlando a circulação dos livros, tem-se na prática um controle oligopolizado do que é pensado e sentido pela população — ou, em termos mais precisos, uma ditadura cultural de empresas editoriais. A lei do preço comum é uma forma de reduzir a potência dos oligopólios, fortalecendo as pequenas e médias empresas do setor, estimulando assim cadeias criativas e de debate independentes, que pela polifonia produzem um ambiente democrático e diversificado. Como escreve Gerlach (2006, p. 95), "em uma perspectiva cultural, o regime do preço fixo preenche funções essenciais: ele assegura uma grande diversidade de oferta e dos atores, tanto no âmbito da produção de livros quanto no de sua difusão. Essa diversidade corresponde a uma multiplicidade de vozes que não deveria ser posta em risco por uma 'mercadorização' forçada".

Para a maioria dos editores independentes, essas questões são bastante claras, e há uma maioria de defensores da Lei do Preço Comum quando falamos deles. A questão fica mais complexa quando as empresas maiores do setor entram em jogo, justamente porque elas têm, o que é de se esperar, pretensões oligopolizantes. Dito de outra maneira, elas entendem o jogo do mercado editorial sob um viés de competição mais cerrado, em que as estratégias de redução de preço são, em geral, mais utilizadas e consideradas produtivas. Além disso, tais empresas representam capitais mais vultosos e ligados, algumas vezes, a companhias de outras áreas, inclusive do setor financeiro, condições que tendem a fazer essas organizações serem mais suscetíveis a reproduzir o discurso neoliberal e acreditar que a aplicação desse ideário no mercado editorial é não apenas possível, mas desejável.

Em 2014, com a chegada da Amazon ao país, houve uma retomada do debate sobre o preço comum do livro, e essa resistência pode ser percebida de muitas formas. A concorrência com a Amazon pôs as grandes empresas do setor numa posição diferente — diante da Amazon, mesmo a Saraiva e a Cultura eram empresas pequenas. Assim, o tema voltou a ser discutido pelas entidades do livro e, pressionado, o Snel, então sob a presidência de Sônia Jardim, do Grupo Record, pela primeira vez adotou uma posição favorável à lei do preço fixo. Em novembro de 2014, o jornal *O Globo* publicou uma reportagem sobre o tema, com o título "Ascensão da Amazon faz editores brasileiros voltarem a discutir lei do preço fixo para o livro" (MEIRELLES, 2014). Uma leitura nas entrelinhas da reportagem sugere, no entanto, que a posição do Snel não representava a posição de parte das grandes editoras, que dominam o sindicato há décadas: um dos entrevistados contrários à adoção da lei era Carlos Andreazza, editor-executivo do mesmo Grupo Record de Sônia Jardim.

Em 2015, após a apresentação do Projeto de Lei da senadora Fátima Bezerra, o Snel e a CBL, ainda que apoiassem formalmente a adoção da lei do preço fixo, manifestaram-se publicamente criticando o texto proposto em vez de estimular sua rápida tramitação, esperando momentos mais oportunos para fazer ajustes. O sucessor de Sônia Jardim, Marcos Pereira, da editora Sextante, afirmou que "a senadora tem prestado um ótimo serviço à difusão do livro, mas há um consenso no Snel de que o PL tem algumas falhas" e que "o PL não prevê que a editora possa mudar o preço antes de um ano, fazer uma promoção. E essa é uma das nossas estratégias para vender um livro que não foi bem-sucedido. Mesmo que feito com boas intenções, gostaríamos de ter discutido isso privadamente com as entidades do livro" (MEIRELLES, 2015). O então presidente da CBL, Luís Antonio Torelli, por sua vez, defendeu que, "antes de chegar a Brasília, as entidades deveriam sentar, pactuar e testar e só então transformar o preço fixo em lei" (NETO, 2015).

Ocorre que, nessa época, havia um fórum de entidades em funcionamento, reunindo Snel, CBL, ANL, ABDL, Abeu, Abrelivros e Libre, e esse fórum havia concordado que a legitimidade para o avanço da lei viria da atuação da ANL, a Associação Nacional de Livrarias — que foi, de fato, quem articulou com a senadora Fátima Bezerra a proposição da lei. A manifestação imediata do Snel e da CBL, as duas entidades mais fortes da área, colocando problemas na redação do projeto que, dentro do fórum, havia contado com o seu apoio formal (ainda que não ao texto final da lei), a meu ver (e expressei essa crítica, respeitosamente, dentro do fórum à época), enfraqueceu o protagonismo da associação de livrarias e expressou, para o público externo, uma divisão que, em tese, já não era tão grande assim.

Em 2016, com Temer na presidência, figuras ligadas à CBL assumiram cargos importantes na área da Cultura, com destaque para Mansur Bassit, ex-diretor da entidade, que passou a ocupar o cargo de secretário da Economia da Cultura do Ministério da Cultura (que depois viria a ser extinto). Nesse momento, a CBL já parecia ter assumido uma postura mais clara a favor da lei e, aparentemente, essa inserção facilitou que o tema do preço fixo do livro voltasse a ser discutido seriamente, rompendo o veto ideológico que até então havia no Executivo, com reais possibilidades de ser implementado como forma de evitar a piora na crise das livrarias e contando eventualmente com o apoio ou pelo menos o interesse da Casa Civil. No entanto, quando a ideia esteve mais perto de ser adotada, no segundo semestre de 2018, houve um intenso bombardeio pela imprensa, em que cabe destacar um artigo do jornalista Elio Gaspari. O título do artigo de Gaspari (2018) era bastante ofensivo para o mercado editorial: "Os livreiros querem tungar os leitores." Entre outros sofismas, Gaspari afirmava que, "quando as grandes redes de livrarias estavam comendo as pequenas, louvava-se a destruição criadora do capitalismo. Havia até editoras que imprimiam seus livros na China". Ou seja, ao tratar a questão como uma absoluta novidade, Gaspari tentou fazer crer que a proposta, que tão dificilmente se manteve em pé ao longo de duas décadas, era uma invenção para salvar a Saraiva e a Cultura apenas (ainda que a adesão dessas redes ao projeto fosse, de fato, um movimento de ocasião) — ignorando o impacto que tal medida teria para essas redes de livraria. Além de atacar a proposta, Gaspari faz um elogio sem substância à Amazon, afirmando que a empresa "está encostando no trilhão de dólares em valor de mercado. Esse gigante surgiu dando descontos. As guildas dos livreiros nacionais querem socializar um falso problema suprimindo-os".

Diante das pressões da imprensa, tanto o governo federal quanto o Congresso recuaram da tentativa de fazer o preço comum ser implementado. Fátima Bezerra, em meados de 2018, em campanha para a disputa do governo do Rio Grande do Norte, já entendera, não sem razão, que insistir na lei do preço fixo naquele momento dificilmente resultaria na aprovação da lei pelo Senado, podendo, por outro lado, render desgastes no debate eleitoral. Decidiu, assim, concentrar seus esforços na aprovação da importantíssima lei do Plano Nacional de Leitura e Escrita, sancionada em julho daquele ano, que institui uma política permanente de promoção e universalização do direito de acesso ao livro, à leitura, à escrita, à literatura e às bibliotecas. Temer, por sua vez, recuou do enfrentamento às resistências internas — sobretudo nos ministérios da área econômica — e externas e não implementou uma política de preço comum por medida do Executivo.

O fracasso brasileiro coletivo quanto à implementação da Lei do Preço Comum é, em parte, responsável pela situação em que a cadeia produtiva do livro se encontra agora. Ficamos sem uma lei de proteção do livro e, pelo contrário, temos uma proposta de reforma tributária que é, de modo evidente, entre outros aspectos, uma lei de ataque ao mercado editorial, com a proposta de taxação dos livros. Diante desse quadro, não são poucos os que pensam que discutir a implementação da Lei de Proteção ao Livro — Lei do Preço Comum seria contraproducente e ineficaz, e que a prioridade seria evitar o retrocesso que ocorreria na área da cultura com a proposta da reforma tributária de Paulo Guedes. Penso, no entanto, que é justamente o contrário: a defesa de uma Lei de Proteção ao Livro é um instrumento de resistência à taxação do livro e uma oportunidade de pensar um mercado mais equilibrado, sólido, amplo e justo. A proposta de taxação do livro abre espaço para discutir a implementação da Lei de Proteção ao Livro — Lei do Preço Comum, e essa proposta é uma espécie de instrumento para qualificar a resistência à taxação. Para que tal crítica à taxação seja consequente, é preciso resgatar o debate do preço comum, reconhecendo equívocos e inseguranças quanto a ele dentro do próprio mercado editorial.

Entendemos, por fim, que a Lei do Preço Comum não foi implementada no Brasil apenas por falta de sensibilidade dos congressistas e governantes, mas também porque parte do próprio mercado ainda resiste a ela ao usar argumentos ideológicos e frágeis, que não se sustentam na história e nas especificidades do mercado livreiro. Precisamos de uma legislação que entenda a centralidade da economia do livro na adoção de políticas de democratização do livro e da leitura e também reconhecer, em conjunto, como mercado, que os argumentos apresentados por editores independentes já eram bastante sólidos no início do século XXI e que a análise da crise estrutural que viria estava já desenhada nesse debate desde a virada do século XX, quando a Fnac ainda atacava no Brasil a lei que protege hoje na França.

REFERÊNCIAS BIBLIOGRÁFICAS

BOJADSEN, Angel. A questão do preço fixo. *O Estado de S. Paulo*, 8 ago. 2003, p. D-3.

GASPARI, Elio. Os editores querem tungar os leitores. São Paulo: *Folha de S. Paulo*, 11 nov. 2018. Disponível em: <https://www1.folha.uol.com.br/colunas/eliogaspari/2018/11/os-livreiros-querem-tungar-os-leitores.shtml>. Acesso em: 1 de jun. de 2021.

GERLACH, Markus. *Proteger o livro* – desafios culturais, econômicos e políticos do preço fixo. Rio de Janeiro: Libre, 2006.

HAGE, Lara. Rejeitado projeto que limita desconto em preço de livros. Brasília: Agência Câmara de Notícias, 27 mai. 2011. Disponível em: <https://www.camara.leg.br/noticias/215433-rejeitado-projeto-que-limita-desconto-em-preco-de-livros/>. Acesso em: 1 de jun. de 2021.

MEIRELLES, Maurício. Ascensão da Amazon faz editores brasileiros voltarem a discutir lei do preço fixo para o livro. Rio de Janeiro: *O Globo*, 16 nov. 2014. Disponível em: <https://oglobo.globo.com/cultura/livros/ascensao-da-amazon-faz-editores-brasileiros-voltarem-discutir-lei-do-preco-fixo-para-livro-14576509>. Acesso em: 1 de jun. de 2021.

MEIRELLES, Maurício. Sindicato dos Editores quer mudanças em lei do preço fixo do livro. *O Globo*. Rio de Janeiro: O Globo, 9 mar. 2015. Disponível em: <http://abrelivros.org.br/site/sindicato-dos-editores-quer-mudancas-em-lei-do-preco-fixo-do-livro/>. Acesso em: 1 de jun. de 2021.

MUNIZ JR., José de Souza. Girafas e bonsais: editores "independentes" na Argentina e no Brasil (1991-2015). Tese (Doutorado). São Paulo: Faculdade de Filosofia, Letras e Ciências Humanas da Universidade de São Paulo, 2016.

NETO, Leonardo. Emmanuel Macron quer unificar as tarifas postais de livros. São Paulo: Publishnews, 26 mai. 2021. Disponível em: <https://www.publishnews.com.br/materias/2021/05/26/emmanuel-macron-quer-unificar-as-tarifas-postais-de-livros>. Acesso em: 1 de jun. de 2021.

NETO, Leonardo. Lei do preço fixo de Portugal é revista. São Paulo: Publishnews, 17 set. 2015. Disponível em: <https://www.publishnews.com.br/materias/2015/09/17/lei-do-preo-fixo-de-portugal-revista>. Acesso em: 1 de jun. de 2021.

SEREZA, Haroldo Ceravolo. Desconto é bom. Mas é ruim?. Caderno "Ilustrada", *Folha de S. Paulo*, 4 de dezembro de 1999. Disponível em: <https://www1.folha.uol.com.br/fsp/ilustrad/fq0412199906.htm>. Acesso em: 1 de jun. de 2021.

SEREZA, Haroldo Ceravolo. Os vários equívocos de Elio Gaspari. São Paulo: *Publishnews*, 19 nov. 2018. Disponível em: <https://www.publishnews.com.br/materias/2018/11/19/os-varios-equivocos-de-elio-gaspari>. Acesso em: 1 de jun. de 2021.

SEREZA, Haroldo Ceravolo. O livro custa caro? Reflexões sobre o preço do livro. *Revista ComCiência*, dossiê 213: Livro. Campinas: dez. 2018. Disponível em: <https://www.comciencia.br/o-livro-custa-caro-reflexoes-sobre-preco-e-valor-do-livro/>. Acesso em: 1 de jun. de 2021.

VEJA. França proíbe Amazon de vender livros por preço mais baixo que as livrarias. São Paulo: *Veja*, 26 jun. 2014. Disponível em: <https://veja.abril.com.br/economia/franca-proibe-amazon-de-vender-livros-por-preco-mais-baixo-que-as-livrarias/>. Acesso em: 1 de jun. de 2021.

WARTH, Cristina, SÁ, Eliana e outros. Um programa em defesa da bibliodiversidade. Rio de Janeiro: Libre, 2010. Disponível em: <http://www.aelrj.org.br/website2010/index.php?option=com_content&view=article&id=19:um-programa-em-defesa-da-bibliodiversidade&catid=5:noticias-a-publicacoes&Itemid=8>. Acesso em: 1 de jun. de 2021.

LEITURA E ACESSO À CULTURA

Allan Rocha

INTRODUÇÃO

A atividade editorial cumpre o nobre papel de trazer ao público conteúdo textual, em suas várias vertentes. Neste processo, desenvolve estruturas que envolvem diversos agentes. Estes agentes atuam para fazer com que o produto seja produzido, disponibilizado e, ainda, encante seus destinatários, que são os leitores, ao ponto de convencê-los a adquirir o livro.

Entendendo o fenômeno cultural como um conjunto de redes ou teias de significações, dentro das quais se atribuem sentidos a diversas atividades, locais e artefatos, não é difícil vislumbrar o *livro* e a produção literária como bens culturais, distintos justamente pelo papel que exercem na construção das redes de significados, da *cultura* de um determinado grupo social, dentro da qual a própria produção cultural está inserida e faz sentido.

Para as finalidades e escopo destas colocações, essencial é nos debruçarmos, nestas poucas linhas, sobre a questão do direito de acesso à cultura, informação e conhecimento. Não só porque as possibilidades e formas de acesso condicionam as próprias práticas culturais, afetando sua realização e amplitude, mas ainda porque o acesso é também condição indispensável para a formação do próprio desejo de participação cultural. É justamente tal anseio cultural que, uma vez instaurado, transforma este tipo de produto em essencial. Em outras palavras, é o acesso que promove o anseio, e é esse desejo que converte o *não leitor* em *leitor*, o cidadão em público.

Esta contribuição é simultaneamente um convite e uma provocação ao debate, mas não é uma comunicação acadêmica em sentido estrito, ainda que seja resultado de pesquisas científicas, e, por isso, não trará as tradicionais notas de rodapé. Foi elaborada a partir de uma reflexão sobre alguns dos efeitos do direito fundamental de acesso à cultura (e informação, e conhecimento) para a indústria editorial (e demais indústrias culturais), em uma abordagem dupla, na qual descortinamos sua relevância como fundamento jurídico constitucional tanto da imunidade tributária como da meia-entrada, e apresentamos um pouco da dinâmica que se estabelece entre os direitos autorais e o direito de acesso, com destaque especial para seu papel na formação de um público desejoso das práticas culturais.

Por que imunidade tributária para livros?

A indústria editorial, bem como os demais setores econômicos cujos produtos são bens culturais em sua essência, é responsável por viabilizar sua produção e franquear o acesso. O acesso franqueado é, na maior parte das vezes, condicionado à remuneração, e a base normativa desse condicionamento consiste na proteção por direitos autorais, incidente sobre as obras literárias, artísticas e científicas, e cuja finalidade declarada é incentivar a criação de novas obras, por meio de remuneração aos autores, e sua disponibilização, a partir da qual se pode sonhar em construir uma sociedade culturalmente abundante.

O direito de acesso à cultura tem efeitos diretos e práticos sobre as atividades econômicas relacionadas, dentre os quais destacamos a imunidade tributária concedida a determinados insumos utilizados na confecção de material de conteúdo cultural e o desconto no ingresso em casas de diversão. Ambas as questões foram, ao longo deste século, sob a égide da Constituição Federal de 1988, discutidas e decididas no Supremo Tribunal Federal (STF).

Em um já longínquo 1996, o STF, ao julgar o Recurso Extraordinário (RE) nº 203.859-8, decidiu que a interpretação do art. 150, inciso VI, "d", que garante a imunidade tributária, deve ser finalística e, portanto, abrange os demais insumos, além do papel, ligados à atividade e ao processo de produção do material isento de tributação, tais como os filmes e papéis fotográficos. E a imunidade tributária, instituída constitucionalmente para promoção tanto da liberdade de expressão como do direito de acesso à cultura, é extensiva mesmo às apostilas, enquanto "veículos de transmissão de cultura simplificados".

Ainda sobre o alcance e os fundamentos da imunidade tributária, em 2004, o STF tratou da questão de sua incidência sobre os álbuns de figurinha no RE nº 221.239-6, cujo tema era a novela da Rede Globo intitulada *Que rei sou eu?* Em seu voto, a relatora ministra Ellen Gracie aponta que "a imunidade tributária sobre livros, periódicos e o papel destinado à sua impressão tem por escopo evitar embaraços ao exercício da liberdade de expressão intelectual, artística, científica e de comunicação" e "visa também facilitar o acesso da população à cultura, à informação e à educação, com redução do preço final". O manto da imunidade, como decidido no Agravo de Instrumento no RE nº 778.643, é amplo o suficiente, pois, afinal, "a imunidade tributária prevista em prol de livros, jornais, periódicos e o papel destinado à sua impressão alcança as listas telefônicas". Na mesma linha, também "não incide o Imposto sobre Circulação de Mercadorias e Serviços (ICMS) em operação de importação de materiais complementares a revista infantil", conforme o Agravo de Instrumento no RE nº 888.090. Em 2017, o STF sumulou entendimento de que a imunidade abrange os filmes e papéis fotográficos necessários à publicação de jornais e periódicos: "Súmula 657. A imunidade prevista no art. 150, VI, 'd', da Constituição Federal abrange os filmes e papéis fotográficos necessários à publicação de jornais e periódicos."

Esse processo de reconhecimento da imunidade tributária como instrumento de promoção tanto da liberdade de expressão artística quanto do acesso à cultura não é detido pelos processos tecnológicos que resultaram nos livros digitais. Nesse sentido, são essenciais o RE nº 595.676 e o

RE nº 330.817, ambos julgados em 8 de março de 2017, dos quais resultou a Súmula Vinculante 57, cujo enunciado assevera que "a imunidade tributária constante do art. 150, VI, d, da CF/88 aplica-se à importação e à comercialização, no mercado interno, do livro eletrônico (e-book) e dos suportes exclusivamente utilizados para fixá-los, como leitores de livros eletrônicos (e-readers), ainda que possuam funcionalidades acessórias".

De importância ímpar são as justificativas da imunidade no julgamento do RE nº 330817, em que no próprio ementário o STF afirma que "a teleologia da imunidade contida no art. 150, VI, d, da Constituição aponta para a proteção de valores, princípios e ideias de elevada importância, tais como a liberdade de expressão, voltada à democratização e à difusão da cultura; a formação cultural do povo indene de manipulações; a neutralidade, de modo a não fazer distinção entre grupos economicamente fortes e fracos, entre grupos políticos etc.; a liberdade de informar e de ser informado; o barateamento do custo de produção dos livros, jornais e periódicos, de modo a facilitar e estimular a divulgação de ideias, conhecimentos, informações etc.".

Não parece restar dúvida de que acesso à cultura e liberdade de expressão literária são os verdadeiros pilares da imunidade tributária. Sua razão de ser não é promover o aumento da extração econômica ou dos lucros empresariais, mas viabilizar a ampla liberdade de expressão, a disponibilização e a fruição de conteúdos diversos. E isso fica ainda mais transparente quando tratamos do desconto sobre o valor integral de ingressos em atividades culturais (e também esportivas), outro galho da mesma árvore.

As isenções de pagamento integral nos ingressos em casas de diversão, esporte, cultura e lazer são igualmente sustentadas no direito de acesso à cultura. Esse tema foi discutido com destaque nas Ações Diretas de Inconstitucionalidade (ADI) nºs 1.950-3, 3.512-6 e 2.163-0, além da Medida Cautelar na ADI nº 2.163, todas julgadas pelo STF.

Na ADI nº 1950-3, a Confederação Nacional do Comércio postula a declaração de inconstitucionalidade da lei estadual do estado de São Paulo, que assegura o direito de meia-entrada, no ingresso em casas de diversão, esporte, cultura e lazer, aos estudantes regularmente matriculados nos estabelecimentos de ensino de primeiro, segundo ou terceiro grau, com base na livre iniciativa e na excepcional intervenção do Estado na ordem econômica.

A decisão que julgou o pleito afiança a competência e a capacidade de intervenção no domínio econômico não só por parte da União, mas também dos Estados-membros e dos Municípios e afirma que o estabelecimento do princípio da livre iniciativa como primordial no sistema econômico "não permite a assertiva de que o Estado só intervirá na economia em situações excepcionais", que "a nossa Constituição enuncia diretrizes, programas e fins a serem realizados pelo Estado e pela Sociedade" e conclui nos seguintes termos:

> Se de um lado a Constituição assegura a todos a livre iniciativa, de outro determina ao Estado a adoção de todas as providências tendentes a garantir o efetivo exercício do direito à educação, à cultura e ao desporto (artigos 23, inciso V, 205, 208, 215 e 217 § 3º, da Constituição). Na composição entre estes princípios e regras há de ser preservado o interesse da coletividade, interesse público primário.
> Os direitos de acesso à cultura, ao esporte e ao lazer, são meios de complementar a formação dos estudantes.

Já o julgamento da ADI nº 3.512-6 traz elementos distintos à consideração da Corte. No caso, a lei estadual capixaba nº 7.735/2004 estabelece que os doadores regulares de sangue tenham direito a um desconto de 50% no ingresso em todos os locais públicos de cultura, esporte e lazer, como teatros, museus, cinemas e outras atividades equivalentes — de acordo com seu artigo 5º.

Apontando para a necessária composição entre a livre iniciativa econômica e os programas e diretrizes constitucionalmente — e obrigatórios ao Estado e à sociedade —, essa decisão assevera ainda que "o art. 199, § 4º, da Constituição estabelece que a lei infraconstitucional disporá sobre as condições e requisitos que facilitem a coleta de sangue", e reitera, ao fim, que "na composição entre o princípio da livre iniciativa e o direito à vida há de ser preservado o interesse da coletividade, o interesse público primário".

Um terceiro caso ilustrativo da questão é tratado na Medida Cautelar na ADI nº 2.163-0, em que a Confederação Nacional do Comércio (CNC) questiona a lei estadual fluminense nº 3.364/2000, que assegura o pagamento de 50% para o ingresso em "casas de diversões, praças desportivas e similares", pelos quais se entendem "os estabelecimentos que realizam espetáculos musicais, artísticos, circenses, teatrais, cinematográficos, atividades sociais, recreativas e quaisquer outros que proporcionem lazer e entretenimento".

No momento do julgamento da indeferida medida cautelar, o relator, o ministro Nelson Jobim, afirmou que o conflito opõe, "de um lado, o alegado prejuízo financeiro das empresas do ramo de diversão; de outro, a proteção a um bem jurídico subjetivo imensurável — a cultura". Durante a votação, o ministro Marco Aurélio asseverou que "a meia-entrada relativamente aos estudantes já é praticamente uma tradição em nosso direito"; ao mesmo tempo, defendendo a extensão aos não estudantes propiciada pela legislação fluminense, o relator ministro Nelson Jobim afirma que "a cultura não se reserva aos estudantes, mas também aos não estudantes. Estaríamos criando uma discriminação, um privilégio".

Na continuidade desse caso, a ADI nº 2.163-0 foi julgada em 12 de abril de 2018, e o STF permitiu que o Rio de Janeiro instituísse a meia-entrada aos jovens de até 21 anos, independentemente de ser estudante. A decisão foi fundamentada na ausência de legislação federal sobre o tema e na competência legislativa concorrente dos Estados e Municípios, e concluiu afirmando que "é legítima e adequada a atuação do Estado sobre o domínio econômico que visa garantir o efetivo exercício do direito à educação, à cultura e ao desporto, nos termos da Constituição Federal".

Indubitável, portanto, que os direitos de acesso à cultura e à liberdade de expressão fundamentam tanto a imunidade tributária como a intervenção no domínio econômico, deixando clara a possibilidade concreta de afetar o exercício das atividades econômicas, tanto para privilegiá-las quanto para restringi-las. E, nesse diálogo, não podemos esquecer que a real e efetiva razão de ser, a finalidade e a função da imunidade tributária, é a promoção dos direitos de acesso à cultura e da liberdade de expressão; nem olvidar que a esses benefícios correspondem deveres imediatos, pois a absorção do incentivo no exercício da atividade econômica exige que os ganhos cheguem ao leitor, e não simplesmente sejam convertidos em lucros e bônus, afinal incentivo e exercício socialmente responsável são recíprocos e mutuais.

Direitos e deveres têm a mesma essência, fazem parte de um todo. E os direitos de acesso à cultura e liberdade de expressão igualmente dão origem à obrigação geral de não impedir, restringir, limitar ou cercear sua efetividade e exercício, cujo alcance é além dos interesses econômicos imediatos. E, neste ponto, eles se entrelaçam com os autorais!

Amores possíveis: direitos de acesso e autorais

A ampla disponibilização dos bens culturais é objetivo tanto do direito de acesso à cultura quanto dos direitos patrimoniais do autor. O primeiro almeja assegurar a possibilidade de participação por meio da fruição dos bens culturais, enquanto os últimos ambicionam o proveito econômico por meio da cobrança por usos da obra. O direito de acesso à cultura e os direitos patrimoniais dos titulares não são, contudo, antagônicos, pois compartilham objetivos comuns.

Os objetivos comuns, no entanto, só são plenamente alcançados na medida em que os bens estejam substancialmente disponíveis para fruição. Contrariamente, sua parca disponibilidade significa tanto sua diminuta utilidade patrimonial quanto sua inflada restrição ao acesso, e, assim, ao mesmo tempo, deixa de satisfazer suas funções econômica e social. Nessa perspectiva, a exclusividade torna-se desnecessária quando sua pequena relevância patrimonial em relação ao ganho social obtido é identificada. A proteção cede lugar, nesse momento, ao interesse social primário de assegurar o acesso à cultura, cuja finalidade é, na essência, existencial e coletiva.

Caso a garantia aos titulares da exclusividade dos usos patrimoniais não fosse arredada mesmo em face da modesta disponibilidade ou interesse econômico dos bens objeto da proteção por direitos autorais, permitir-se-ia que servisse aos propósitos do controle e dominação culturais, instalando uma verdadeira censura de mercado, de todo inaceitável por frontal colisão com as normas constitucionais. Além do mais, se a indisponibilidade for resultante de injustificadas ações, positivas ou negativas, dos titulares, conforma-se, então, como um efetivo abuso do direito, pois reflete um descumprimento de seus deveres funcionais.

Dessa forma, temos que a oposição entre o direito de acesso à cultura e os direitos patrimoniais autorais ocorre como consequência da acanhada disponibilidade dos bens literário-artístico-culturais e da injustificada restrição à sua disponibilização e circulação. A relação entre o direito de acesso à cultura e a exclusividade patrimonial dos titulares de direitos autorais é, muitas vezes, de proporcionalidade inversa, pois quanto maior for a utilidade econômica direta e imediata de determinado uso, menores serão os espaços de livre utilização, os quais serão mais amplos na medida oposta da sua disponibilidade comercial e viabilidade de acesso — isso, claro, sem falar nas situações em que a plena disponibilidade não seja do melhor interesse geral, como nos movimentos de *abertura de direitos* por meio de licenças, repositórios, sistemas etc.

Ao mesmo tempo, é essencial lembrarmos que a experiência cultural é um dos pilares formadores da pessoa e *conditio sine qua non* para o desenvolvimento integral de sua personalidade, pois, a partir dela, são elaboradas e reelaboradas as visões e construídos os universos simbólicos com os quais o mundo é apreendido. O caráter constitutivo das experiências culturais remete ao princípio da dignidade da pessoa humana. O sentimento de pertencimento a uma comunidade, consequência das experiências culturais comuns e da valoração positiva desse vínculo, é pressuposto reconhecido para a plena cidadania, além de vetor da construção das identidades individuais e coletivas.

E o ponto de partida para essas experiências culturais é o direito de acesso. No entanto, não é possível pensar em acesso sem o correspondente direito de fruição desses bens e vivência das experiências. Acesso sem a possibilidade de fruição é um preceito abstrato, vazio, inócuo, inoperante, contrário à lógica da substancialidade das normativas constitucionais. Acesso e fruição são, portanto, conceitos vinculados e mutuamente implicados, pois refletem a mesma finalidade, que é permitir a participação cultural plena. Sem acesso, também não é possível existir inclusão, emancipação, cidadania, democracia ou desenvolvimento cultural, nem a formação, criação, manifestação, produção ou expressão culturais, que somente são viáveis a partir da fruição dos bens culturais.

A importância do direito de acesso é ressaltada quando pensamos nos seus efeitos sobre as práticas e negócios da cultura. Na medida em que se pode afirmar não existirem criadores sem antes terem sido expostos às manifestações que vieram a criar, deve-se admitir que o acesso seja, em última instância, o principal elemento fomentador da autoria. Ao ir além e compreender que as obras somente existem dentro de um contexto sociocultural, do qual são retiradas as necessárias referências, diretas ou indiretas, devemos obrigatoriamente percebê-las carentes do preexistente, com o qual interagem, e que o acesso prévio é justamente o propulsor de novas criações. E, ainda, ao entender, junto com Bourdieu, que o desejo da prática cultural só advém da própria prática, o acesso exerce também o papel de promotor do desejo da experiência e fruição dos produtos, bens e serviços de conteúdo artístico-cultural.

O acesso aos bens culturais é, portanto, ao mesmo tempo, o fomentador da autoria, o propulsor da criação e o promotor do desejo de fruir dessas criações. O acesso é, desse modo, o elemento imaterial essencial e fundamental para a construção de um ambiente criativo fértil e dinâmico, garantidor da própria sustentabilidade das indústrias culturais, sem o qual toda e qualquer política de promoção de uma sociedade culturalmente rica será ineficaz. E aqui chegamos a um ponto-

-chave dessas reflexões: a essencialidade de um direito de acesso robusto e efetivo para a saúde e a sustentabilidade do ecossistema cultural.

E, para focarmos nos livros, o gosto pela leitura é condição essencial para que o cidadão se transforme em um leitor, em um devorador de livros e, eventualmente, até em um autor, pois, ao contrário de outros bens essenciais pela sua própria natureza, a prática cultural só se torna essencial ao cidadão quando é desenvolvida, aprendida e culturalmente absorvida.

Ao lado dos direitos reservados, exclusivos e patrimoniais do autor, convivem, na mesma estrutura normativa, espaços de acesso incondicionados, a partir dos quais se constituem espaços de livre circulação de bens culturais — literários, artísticos e científicos. São três os pontos nodais da interseção entre os direitos de acesso, liberdade de expressão e direitos autorais: (i) no estabelecimento de seu objeto (obras protegidas e não protegidas); (ii) nos limites temporais (o domínio público); (iii) nas limitações e exceções (os usos livres das obras protegidas).

Nuclear à tensão na convivência, estão as limitações e exceções (L&Es) aos direitos autorais. As L&Es representam os limites dos direitos autorais frente aos demais direitos fundamentais e servem de ponto de equilíbrio, lócus para harmonização entre os interesses econômicos imediatos dos titulares e os direitos coletivos primários. Além do mais, as L&Es, ao promover a liberdade de expressão e o acesso à cultura e constituir espaços de livre circulação das expressões literárias, artísticas e científicas, exercem papel central e essencial na formação do gosto pela prática cultural em geral.

No entanto, a indústria editorial (e boa parte das demais indústrias culturais) ativamente rejeita e ataca reiterada, feroz e sistematicamente qualquer avanço no estabelecimento de L&Es necessárias e adequadas para concretização do direito de acesso e sua efetiva e realística harmonização com os direitos autorais — como fica estampado, por exemplo, quando tratamos da acessibilidade das pessoas com deficiência visual, tanto no plano nacional quanto no internacional.

E esse agir, em flagrante oposição ao cumprimento dos deveres sociais correspondentes, bloqueia a fluidez da complexa dinâmica entre proteção e acesso; prejudica o desenvolvimento de talentos artísticos e a formação de público; e, em última instância, embaraça sua própria sustentabilidade e legitimidade social.

Próximos passos...

A satisfação dos deveres sociais é condição indispensável para a legitimação da imunidade e também do próprio respeito aos direitos patrimoniais necessários à atividade econômica. Nem o direito de acesso à cultura, nem a liberdade de expressão, nem as consequentes limitações aos direitos autorais são inimigos da indústria e muito menos dos autores, pois tanto autores quanto indústrias dependem, no fim das contas, dos espaços de livre interação.

Os direitos autorais, na verdade, tanto em seu aspecto pessoal como econômico, estão inexoravelmente embebidos pelos direitos de acesso à cultura e liberdade de expressão. A aura quase transcendental desses objetos e seus criadores só existe porque esses artefatos e expressões são essencialmente culturais, simbólicos, portadores de valores próprios — que inclusive emprestam aos agentes econômicos e sociais, tornando-os *distintos*, simplesmente por *trabalharem com cultura*. E não é por outro motivo que os trabalhos intelectuais dos autores — as criações literárias, artísticas, científicas e agora também tecnológicas, além dos próprios *criativos* — têm uma mística, recebem proteção especial, elevada e acima dos demais trabalhos igualmente intelectuais, ainda que de outra ordem. Os direitos autorais estão embebidos na cultura e engolfados pelos direitos culturais, que lhe legitimam, justificam e alimentam.

Os espaços culturais, materiais e imateriais, nos quais as manifestações culturais são incondicionadas, livres e espontâneas, são os mananciais das culturas. Sua minimização sufoca o dinamismo cultural e retira o alimento que sustenta as próprias expressões literárias e artísticas.

Resguardá-los, protegê-los e ampliá-los deve ser prioritário se, de fato, buscamos uma sociedade culturalmente rica, indústrias culturais pungentes, com profusão de autores, obras e público. E não alcançaremos esses objetivos sem um robusto esforço de construção, promoção e proteção de um ecossistema cultural sustentável, no qual o acesso tenha a devida proeminência dentro do sistema regulatório.

Esses espaços são os educacionais, de formação, de pesquisa, de memória e preservação, de inclusão e igualdade, de exploração criativa etc. Assim como os espaços de preservação ambiental, os culturais precisam ser restaurados, preservados, protegidos e alimentados — e limitações e exceções aos direitos autorais, adequadas e robustas, nos oferecem o melhor caminho.

Só os (e as) amantes dos livros, dos filmes, das artes, do saber e da cultura se tornarão autores, criarão algo e se tornarão seu público. Estas pessoas não surgem no vácuo, precisam ser atraídas, conquistadas e alimentadas. E os dados sobre a leitura, e também de outras práticas culturais, indicam um interesse relativamente baixo por parte do público nacional em se engajar nessas atividades. Este mundão de gente não teve a oportunidade de se apaixonar e se encantar com a leitura e a cultura, não teve acesso às suas fontes. Eles não se tornaram leitores e muito menos autores. Não participam nem contribuem para esse ecossistema.

Ao final dessas colocações, sobram dúvidas e esperanças. Não temos como saber até quando a indústria editorial (e cultural) dedicará esforço e recursos para impedir a efetivação do acesso essencial e das manifestações culturais incondicionadas, espontâneas e livres; ou até quando conseguirá existir sem novos leitores. Mas mantemos a esperança de que, mesmo em causa absolutamente própria, ao menos alguns agentes sejam capazes de superar a visão oblíqua que imbui muitas das atitudes e ações, a ponto de cegar-lhes para os efeitos positivos do direito de acesso para a sua própria sustentabilidade.

E fica o convite para proficuamente avançarmos neste diálogo tão necessário!

REFERÊNCIAS BIBLIOGRÁFICAS

BOURDIEU, Pierre. *A distinção:* crítica social do julgamento. São Paulo: EDUSP, 2008.

BOURDIEU, Pierre; DARBEL, Alain. *O amor pela arte.* São Paulo: Editora da Universidade de São Paulo: Zouk, 2003.

DAVIES, Gillian. *Copyright and the public interest.* Londres: Sweet & Maxwell, 2002.

FOULCAULT, Michael. O que é um autor?. In: Manoel Barros da Motta (Org.). *Ditos e Escritos III* — Estética: Literatura e Pintura, Música e Cinema. Rio de Janeiro: Forense Universitária, 2001.

GEERTZ, Clifford. Art as a cultural system. In: GEERTZ, Clifford. *Local Knowledge.* Nova York: Basic Books, 1983.

GEERTZ, Clifford. *The interpretation of cultures.* EUA: Basic Books, 1973.

HAUSER, Arnold. *História social da arte e da literatura.* Porto Alegre: Martins Fontes, 2003.

OSTROM, Elinor; HESS, Charlotte. *Understanding Knowledge as a Commons: from theory to practice.* Cambridge, MA, EUA: The MIT Press, 2007.

SOUZA, Allan Rocha. *A função social dos direitos autorais.* Rio de Janeiro, Editora da Faculdade de Direito de Campos, 2006.

SOUZA, Allan Rocha. *Direitos Culturais no Brasil.* Rio de Janeiro: Azougue, 2012.

O LIVRO NAS TRINCHEIRAS

A FUNÇÃO SOCIAL DA LIVRARIA

Alexandre Martins Fontes

> *What I say is, a town isn't a town without a bookstore. It may call itself a town, but unless it's got a bookstore, it knows it's not fooling a soul.*
>
> Neil Gaiman

Há muito tempo, o Brasil vive uma trágica realidade: uma parcela importante de nossas cidades não conta com nenhuma livraria em suas ruas e bairros. A novidade é que, se não abrirmos os olhos para o que vem ocorrendo no mercado livreiro (particularmente nos últimos anos), essa situação só irá se agravar.

Muito tem se falado ultimamente sobre os desafios do mercado editorial brasileiro. Cronicamente frágil, na última década, esse setor vem sofrendo ainda mais com o agravamento de repetidas crises econômicas e políticas. Além disso, há a recuperação judicial de duas das principais redes de livrarias do país, a pandemia do novo coronavírus e a falta de incentivos de um governo mais interessado em taxar o livro do que em valorizá-lo como bem cultural indispensável para o desenvolvimento social.

Ao longo de sua história, apenas em raros momentos o Brasil contou com um projeto político educacional corajoso, coerente e consequente.

Só por meio de uma educação universal (acessível, questionadora e democrática) conseguiremos criar uma sociedade transformadora, igualitária e justa. Nossa conhecida incompetência na área educacional continua fazendo com que o Brasil seja "o país do futuro" mais antigo do mundo.

Um turista atento que já tenha visitado Buenos Aires deve ter notado que há muitas livrarias espalhadas pela cidade. Não à toa, uma vez que números anteriores à pandemia mostram que lá existem 25 livrarias para cada 100 mil habitantes, enquanto São Paulo e Rio de Janeiro têm 3,5 e 5, respectivamente. Quando o assunto é livro, livrarias e índices de leitura, nossos números são vergonhosos e só parecem piorar. Dados divulgados recentemente pela Nielsen mostram que o setor editorial brasileiro encolheu 20% nos últimos 14 anos. É urgente pensar nos desafios a serem enfrentados pelo setor livreiro e nos benefícios proporcionados por uma vasta rede de livrarias. Infelizmente, uma significativa parcela da sociedade brasileira parece não compreender algumas propostas que visam proteger o livro, e se comporta de maneira apática mesmo diante de proposições governamentais que o tornariam ainda mais inacessível.

Mas, antes de nos debruçarmos com mais profundidade sobre as mudanças tributárias propostas pelo atual ministro da Economia, Paulo Guedes, e uma de suas consequências mais lamentáveis, a taxação do livro no Brasil, quero convidar o leitor a uma reflexão acerca da função social do livro e das livrarias.

Definitivamente, o livro não é um produto qualquer. O livro é muito mais do que um bem econômico; ele é um bem cultural. Sendo assim, a diversidade de sua produção precisa ser incentivada e protegida.

Em agosto de 2021, a França comemora 40 anos da implementação da Lei Lang, que regulamenta os descontos que podem ser praticados durante os primeiros 24 meses do lançamento de um livro. Países como Argentina, Portugal, Espanha e Alemanha, entre outros, também contam com leis que estabelecem regras para descontos praticados pelo mercado. Essas leis foram criadas para organizar, proteger e fortalecer as livrarias (todas as livrarias: pequenas, médias e grandes) e a leitura. Ao protegerem as livrarias, tais leis protegem o mercado editorial e a sociedade como um todo. Por aqui, o que prevalece é o jogo do vale-tudo; da confusão generalizada. Continuamos perdendo tempo e batendo cabeças para chegar a um entendimento a respeito de regulamentações que impeçam empresas poderosas (que não dependem da venda de livros) de destruir aqueles que vivem única e exclusivamente do comércio do livro, levando para o ralo uma parcela significativa de nosso conhecimento e de nossa cultura.

Pobre da sociedade que não pode contar com uma ampla rede de livrarias independentes. Todos perdemos quando não há diversidade de livrarias e quando a venda de livros fica concentrada nas mãos de uma ou duas empresas. Quando o assunto são livros, quanto maior a concorrência, quanto maior o número de livrarias espalhadas pelas cidades, melhor servida estará a sociedade.

É provável e compreensível que uma afirmação dessas gere estranhamento no leitor animado que acabou de comprar, numa superpromoção, os lançamentos mais vendidos e comentados do momento. Afinal, estavam todos pela metade do preço! Que mal há nisso? Por que o cliente deveria pagar mais? Vamos tentar responder a essa questão vislumbrando um futuro não muito distante do ponto em que a história desse leitor entusiasmado se inicia. Depois de certo tempo, aquela pequena livraria que ficava na rua onde ele mora fecha as portas. Ele fica um pouco menos animado porque era lá que seu pai comprava livros, e era ali que ele encontrava aquela vendedora que sabia tudo sobre o que ele, ainda menino, gostava de ler. Aos poucos, outras livrarias de bairro vão fechando, enquanto o leitor segue aproveitando os descontos atrativos da internet. Em determinado momento, seu melhor amigo lhe relata uma história triste. Ele gosta muito de literatura marginal, mas está cada vez mais difícil conseguir encontrar, agora que as livrarias fecharam. A gigante da internet não trabalha com esses títulos porque esse tipo de literatura não vende bem. E como só se podia comprar por meio daquele pequeno livreiro especializado que não existe mais, a tarefa do melhor amigo ficou ainda pior, porque o pequeno editor que acreditava na importância de publicar autores experimentais também faliu. O leitor, ainda iludido com os descontos na internet, pensa: "Mas também, né, literatura marginal?"

Ele só começa a se desanimar quando percebe que sua loja on-line preferida (agora também proprietária dos supermercados da cidade) não lhe oferece mais descontos porque não há mais nenhum outro lugar para comprar livros. Nessa hora, a duras penas, ele vai descobrir que, na medida em que permitirmos que as livrarias fechem suas portas, estaremos mais e mais distantes da verdade e da civilização. Mais e mais próximos da barbárie e do caos.

Nenhuma livraria é substituível. Tudo começa na livraria.

Até quando vamos olhar com inveja para argentinos, portugueses, espanhóis e alemães? Quando poderemos finalmente comemorar, como os franceses, uma lei que, ao proteger as livrarias, protege todos nós?

Afinal, a quem interessa um país sem livrarias? A quem interessa um país sem leitores ou um país onde o livro é produto de luxo e elitizado?

Essas perguntas nos remetem à recente proposta do governo federal de decretar o fim da desoneração do livro. Cabe aqui uma breve contextualização.

A Constituição Federal, no art. 150, garante hoje aos livros uma imunidade tributária. Por sua vez, a Lei nº 10.865, de 30 de abril de 2004, os isenta de Cofins e PIS/Pasep. Na proposta do governo, a nova Contribuição Social sobre Operações de Bens e Serviços (CBS) substituirá as contribuições para o Financiamento da Seguridade Social (Cofins) e para os programas de Integração Social e de Formação do Patrimônio do Servidor Público (PIS/Pasep). Essa mudança acabaria com a imunidade tributária do livro, que passaria a ser taxado em 12%. Na visão do ministro da Economia, como apenas os mais ricos têm acesso ao livro, não haveria mal algum em deixá-lo mais caro, pois o consumidor habitual poderia continuar pagando por ele.

Ao ouvir essas declarações do ministro da Economia, é inevitável pensar: "Nós, como sociedade, desejamos que o livro seja um produto ainda mais elitizado ou nosso desafio é trabalhar para que os livros e a leitura estejam ao alcance do maior número possível de brasileiros? Nós queremos um país ainda mais injusto e desigual ou sonhamos e trabalhamos por um Brasil mais democrático, mais educado e mais preparado para os desafios do futuro?" Para mim, a resposta é óbvia. Como brasileiro, sonho com um país que ofereça oportunidades iguais a todos, um país onde meus filhos e os filhos de todos os brasileiros tenham acesso igual à educação, aos livros e à leitura. Será que é pedir demais? Afinal, queremos ou não queremos construir um país com um futuro melhor?

Infelizmente, o aumento dos preços dos livros é só uma das inúmeras consequências nefastas da proposta de taxação. Pouca atenção tem sido dada ao que acontecerá com as livrarias brasileiras se essa proposta for aprovada pelo Congresso Nacional. Estudos mostram que uma livraria bem administrada trabalha com uma margem de lucro de 4% a 4,5%. Sou categórico ao afirmar que a maioria das livrarias brasileiras não conseguirá arcar com o tributo de 12% e, consequentemente, fechará as portas. Mais uma vez: é esse o país que desejamos para nossos filhos e netos? Um país sem livros e sem livrarias?

As livrarias são locais de encontro onde cada um de seus frequentadores tem vez e voz. Sem jamais abrir mão da luta pela liberdade de expressão e do debate de ideias, elas acolhem a vida cultural das cidades e dos bairros que ocupam e, assim, atuam na transformação e no enriquecimento da sociedade à sua volta.

Cabe ressaltar que a função da livraria de garantir a diversidade vai muito além dos gostos pessoais de cada um. Deve-se lembrar que a diversidade literária está intimamente ligada à independência e à difusão do ensino e do conhecimento. Quando falamos em leitura, a maioria das pessoas associa esse termo àquele livro que vamos ler nas férias ou no metrô, seja um romance, um texto jornalístico ou uma obra de autoajuda. E aqui mora uma outra função social indispensável do livro e das livrarias: a possibilidade de o ser humano entrar em contato com mundos que ele sequer sonhava que existiam. Os livros iluminam a escuridão que nos envolve, trazendo à luz os resultados de milhares de pesquisas, feitas por outras milhões de pessoas espalhadas ao redor do mundo, nas mais diversas áreas do conhecimento humano.

Quantas vezes você, leitor que frequenta ou já frequentou livrarias e sebos, bateu o olho numa capa ou num título que lhe chamou a atenção, e isso fez com que você parasse por um minuto e abrisse uma porta para a sua curiosidade? Ou talvez uma indicação de algum vendedor tenha lhe dado a chance de conhecer algo novo, que nunca teria chegado às suas mãos, não fosse aquele espaço repleto de livros? Em que outra atividade comercial você tem ao alcance dos olhos, a poucos passos de distância, tanta pluralidade literária e a oportunidade de trocar ideias sobre assuntos infinitos com funcionários, amigos e clientes que estavam de passagem, às vezes acompanhado de um cafezinho ou durante eventos, como noites de autógrafos e bate-papos com escritores? Assuntos que podem trazer algo novo para sua vida ou para a vida de alguém que você conhece, alguém em quem você pensou ao ver um belíssimo livro infantil ilustrado ou ao descobrir uma obra sobre culinária francesa enquanto comprava um romance policial.

Mesmo nas livrarias virtuais, que em tese podem oferecer uma gama muito maior de produtos por não terem a limitação de espaço de uma livraria física, esse passeio literário fica muito prejudicado. Quem já passou algumas horas de sua vida percorrendo as estantes de uma livraria sabe que não podemos nem começar a comparar o passeio por uma livraria física com a busca por um produto na internet. A livraria física tem, como ninguém, o poder de criar em cada um de nós novos hábitos. E novas opiniões.

Quem tem o privilégio de viver num país que se preocupa com a sobrevivência dos pequenos editores e que não mede esforços para criar condições propícias para o fortalecimento do setor livreiro vive num ambiente onde impera a liberdade de opinião e de expressão. Não por acaso, regimes autoritários destroem livros e criam obstáculos para que um conhecimento plural seja livremente impresso e comercializado em forma de livro.

Bücherverbrennung é um termo alemão que significa "queima de livros". Ele é empregado quando se faz referência à grande queima de livros promovida pela Alemanha nazista nos meses de maio e junho de 1933, logo após a chegada de Hitler ao poder. Lamentavelmente, não foi o primeiro nem o último movimento que ateou fogo em livros como forma de promover a censura. Mas um governo não precisa ser tão radical para fazer um estrago à disseminação do conhecimento e à liberdade de expressão. Basta que ele invista pouco (ou menos do que o necessário) em educação, em cultura e em leitura para que as consequências sejam a formação de um povo pobre, medíocre e servil, com pessoas incapazes de pensar e de desenvolver um olhar crítico e criativo sobre seu entorno. As bibliotecas de Toronto, no Canadá, emprestam uma média de 12,24 livros ao ano para seus cidadãos. Rio de Janeiro e São Paulo emprestam, respectivamente, 0,03 e 0,07. O que explica essa brutal diferença? Seria essa a consequência de 520 anos de políticas públicas desastrosas de valorização do livro e estímulo à leitura? A resposta, novamente, parece óbvia.

Com tudo isso, como aceitar que se fale tanto sobre a morte dos livros e das livrarias e, no entanto, se fazer tão pouco a respeito? Impostos, concorrência predatória, políticas desprezíveis de incentivo à leitura, fogueiras... A humanidade parece gostar de ver chegarem tempestades como a que abre o curta metragem de animação *Os fantásticos livros voadores do senhor Morris Lessmore*. Nesse filme, a tempestade arranca os livros de nossas mãos e nos abandona num mundo triste e sem cor. No entanto, para nossa sorte, essa mesma sociedade, desafiando as intempéries, parece ter um gosto ainda maior pela sobrevivência do livro. Porque a maior função social dos livros e das livrarias é estar intrinsicamente ligada à formação da sociedade em si. Um não existe sem o outro.

Mais do que nunca, precisamos valorizar as livrarias de nossas cidades. Mais do que nunca, editores, distribuidores de livros, autores, tradutores, designers, ilustradores, revisores e entidades de classe devem se unir pela valorização de nossas livrarias. A sociedade civil brasileira como um todo deve abraçar essa causa. Precisamos criar campanhas de conscientização da sociedade e ações como, por exemplo, a Independent Bookshop Week (Semana da Livraria de Bairro), na Inglaterra, evento que movimenta muito mais do que o mercado livreiro em si, mas toda a sociedade em torno da importância de se valorizar a diversidade cultural do campo literário. No entanto, não é só isso. Os próprios donos de livrarias não podem ficar alheios às mudanças que acontecem à nossa volta:

devem buscar maneiras de manter suas empresas atualizadas. Durante a pandemia do novo coronavírus, por exemplo, quando testemunhamos uma migração forçada para o mercado de vendas on-line, muitos comerciantes se viram rendidos diante da nova realidade por não terem ficado mais atentos a um movimento que claramente, há pelo menos mais de uma década, mostrava que vinha para ficar. Só de 2018 para 2019, o número de livrarias exclusivamente virtuais já havia saltado de 3,4% para 12,7%, segundo a Pesquisa de Produção e Vendas do Setor Editorial Brasileiro. Um claro reflexo da importância desse canal de vendas.

É necessário lembrar também a importância de o mercado editorial se organizar internamente. Muitas vezes, o editor busca caminhos para chegar diretamente ao consumidor final, oferecendo descontos que as livrarias não podem cobrir. Ainda que esse movimento possa ter sido motivado, inicialmente, pela insatisfação com o desempenho de determinados pontos de venda, ele hoje virou um hábito que contribui ainda mais para que os bons livreiros não consigam desenvolver seu trabalho e, minimamente, sobreviver. Cabe aqui adicionar também o preocupante advento das feiras universitárias com descontos de no mínimo 50%, cada vez mais comuns.

As propostas, as demandas e os anseios são muitos, como podemos ver. E só será possível dar continuidade a um debate sério e saudável para o setor se todos entenderem que a livraria, acima de tudo, é um espaço de convivência, de lazer, de troca de informações; capaz de dar vida e voz à essência que reside em cada um de nós. Um lugar de diálogo livre, democrático, corajoso e enriquecedor. Um lugar onde podemos enxergar e transformar a alma.

Sem livrarias não há editoras. Sem editoras não há livros. Sem livros não se faz um país.

Um país sem livros é um país sem futuro. Por isso, o livro resiste. Porque não podemos viver sem ele. Assim era nos tempos da Biblioteca de Alexandria e assim continua sendo no século XXI.

A FAVOR DAS LIVRARIAS

Martha Ribas

Quase não tínhamos livros em casa
E a cidade não tinha livraria
Mas os livros que em nossa vida entraram
São como a radiação de um corpo negro
Apontando pra expansão do Universo

"Livros", Caetano Veloso

Um casal entra numa livraria em seu bairro, roda as prateleiras, separa alguns títulos, conversa entre si. O livreiro troca ideias com alguns clientes. Todos comentam sobre seus livros preferidos, sentam para um café e começam a procurar os preços no celular. Compram ali mesmo, no aparelho. Que maravilha! O livro mais barato, a um clique no celular, chegará em casa no dia seguinte e com frete grátis. Nem carregar precisam. Segue o baile. Mas por quanto tempo?

Frases como "compre local" e "consumo consciente" têm atravessado nossos feeds. Pensamos em orgânicos, roupas, cosméticos. E quanto aos livros?

A desigualdade que impera no Brasil está entranhada em diversas camadas do mercado e da sociedade, o que fica evidente também na área dos livros. O ecossistema editorial deve poder comportar diversas possibilidades de compra, diversos públicos e diversos caminhos. Quanto mais amplo, melhor para viabilizar o tão sonhado país de leitores.

A internet é um campo aberto de exploração. Com a pandemia da Covid-19, as vendas on-line sustentaram quase toda a cadeia produtiva do livro. Cada vez mais editoras vendem seus livros diretamente ao consumidor, livrarias on-line foram abertas e grandes cadeias varejistas se aventuram no mundo do livro. O que acredito e defendo é a boa convivência. Livrarias físicas são fundamentais para a indústria editorial, para bairros e cidades. Elas são pontos de destino e de convergência, mas não comportam toda a produção editorial nacional.

Livreiros fazem suas escolhas e recortes. Deve haver espaço para todos, entendendo que todos devem olhar para fora de suas próprias bolhas e participar ativamente da aventura de encantar não leitores. Na economia da atenção, é preciso enxergar, no uso intenso das redes sociais, uma possibilidade de divulgação, troca e fortalecimento do seu espaço físico, exportando sentido para o mundo virtual.

O livro é um espaço ainda salvaguardado da publicidade, um espaço de respiro do imperativo do "Compre!". Políticas públicas podem fazer diferença e ajudar no processo de salvaguarda, mas não bastam. Tudo o que é imposto gera mal-estar e acaba não surtindo efeito. A lei do preço fixo, a isenção de impostos e os subsídios governamentais são bem-vindos e de extrema importância. Mas é a partir da conscientização dos leitores, da ampliação desse universo com a inclusão de novos leitores — uma luta diária contra a desigualdade social — e da compreensão da importância das livrarias para além do número de vendas de exemplares pelas editoras que poderemos encontrar um caminho harmônico para seguir adiante.

Bibliotecas renovadas e bem abastecidas pelas livrarias locais também constituem um pilar fundamental desse mercado, assim como sebos com livros selecionados e bem-cuidados e livrarias de diversos tamanhos, ocupando espaços físicos e on-line, chegando aos rincões deste país continental e promovendo oportunidades de leitura e conhecimento para além dos grandes centros.

A guerra de preços enfraquece toda a cadeia e limita a bibliodiversidade. O leitor pode pensar que está "se dando bem" ao comprar um livro pela metade do preço, sem consciência de que esse valor não remunera todas as partes da cadeia e acaba por sufocar quem não é gigante. É uma economia feita hoje, mas que transforma o futuro em um ambiente inóspito. A experiência e a escuta dos livreiros possibilitam que o leitor conheça autores, livros e editoras, numa troca que até o momento não foi substituída pela inteligência artificial.

O futuro se escreve hoje, não só pelos autores nos livros, mas por cada um de nós, em cada uma das decisões que tomamos diariamente. A cena descrita no início deste texto é real e acontece com muito mais frequência do que se pode imaginar. A livraria não é um *showroom*, e não deseja sê-lo. Livreiros fazem um trabalho permanente de divulgação de livros, formação de leitores e difusão de conhecimento. É um centro cultural que vai muito além da venda de produtos. Um espaço que respira cultura, encontro, experiência, troca.

Como diz o pensador Ailton Krenak, para adiar o fim do mundo temos que continuar contando histórias. Desde que o ser humano ocupou a Terra e se tornou dominante, contamos histórias reais e fictícias. O livro, como ferramenta de difusão e circulação, tem mais de quinhentos anos de serviços prestados. Um objeto poderoso e, às vezes, temido. Muitos foram queimados e banidos, e ainda hoje o são. Mas o livro segue forte, ameaçando o obscurantismo de tempos sombrios.

O próprio Krenak, em uma de suas memoráveis palestras, comenta sobre a massagem chinesa Do-in, que aperta pontos específicos para aplacar a dor e irradiar energia. Livrarias podem ser vistas como pontos concentrados de cultura, locais que irradiam luz para além de suas paredes físicas. Luz essa que vence as trevas e o negacionismo.

Comprar numa livraria independente é também um ato político, é crença e esperança, é luta e fé. Costurar outra tessitura possível, estimular todos os sentidos, a vida real e o imaginário fértil e múltiplo. A livraria é, essencialmente, humana, é o contrário da impessoalidade. E o valor social do livro e o seu papel de construção cultural conferem força e sentido adicionais à livraria e ao livreiro. Estamos nos referindo à construção de subjetividades, à sociabilidade, ao que é imprescindível para a construção de símbolos compartilhados. Vendemos muito mais do que um objeto.

Livraria é tempo e espaço. É antídoto contra a ausência de lugar em uma vida digital. É compromisso com o local onde estamos, a rua, o ponto de encontro e de troca de ideias. É uma aposta no humano, na incompletude, em outro tempo.

Livrarias independentes de rua também promovem um mercado editorial mais dinâmico, diverso e humano. Uma cidade sem vida nas ruas, sem pessoas em diálogo, perde seu sentido, torna-se um espectro do eterno consumo. A cidade que queremos acontece em suas livrarias. Assim como uma cidade sem livrarias não é realmente uma cidade, um mundo sem livreiros e livrarias independentes seria um mundo mais plano.

"As livrarias devem reagir urgentemente. Reapropriar-se da cultura do livro", diz o escritor e crítico cultural Jorge Carrión. "Tomar consciência de seu prestígio, de seu poder. Fazer valer sua marca e sua narrativa. O que está em jogo é o seu futuro — que em grande medida é também o nosso."

PARA QUE SERVE UMA LIVRARIA NA PERIFERIA?

Ketty Valencio

Neste texto não há neutralidade científica, cada palavra apresentada é baseada em diversos atravessamentos, como indignação, lágrimas e sangue.

Eu represento a pluralidade de vozes da maioria da população brasileira. Segundo o Instituto Brasileiro de Geografia e Estatística (IBGE) (2019),[1] 56,10% da população do país é composta por pessoas negras e pardas, porém infelizmente no ano de 2021 o censo não será realizado. Esses dados estatísticos também mostram que grande percentual desses habitantes faz parte da categoria de minorias sociais, ou seja, a população negra e a parda têm prevalência nas desvantagens sociais, apesar de serem, juntamente com a indígena, os povos originários deste país.

A pobreza do Brasil cresce cada vez mais e, com a pandemia, o retrato da desigualdade social apenas se agravou. Os números são alarmantes, no entanto, ela tem cor e endereço, como este trecho da canção

---

[1] AFONSO, Nathália. *Dia da Consciência Negra: números expõem desigualdade racial no Brasil*. Agência Lupa, São Paulo, 20 de nov. de 2019. Disponível em: <https://piaui.folha.uol.com.br/lupa/2019/11/20/consciencia-negra-numeros-brasil/>. Acesso em: 1 de jun. de 2021.

de Caetano Veloso (1993):[2] "Ou quase pretos/ Ou quase brancos, quase pretos de tão pobres/ E pobres são como podres/ E todos sabem como se tratam os pretos."

Sou formada em Biblioteconomia e atuo como livreira há quase oito anos. Durante muito tempo percorri vários territórios, majoritariamente considerados periféricos, em participação de feiras de economia solidária como "mercadora do livro". Possuo uma coleção de momentos memoráveis nesse período, pois foram experiências grandiosas que me fizeram ser uma empreendedora no campo social e cultural, outrossim, tive a oportunidade de constatar a cooperatividade entre as pessoas afroempreendedoras, principalmente entre as mulheres pretas. Dessa forma, me recordo da minha primeira participação nesses eventos, que aconteceu em uma casa de cultura aqui de São Paulo/SP e na realidade foi o meu primeiro ato público como responsável da minha livraria. Naquele momento, estava consumida pela ansiedade e pelo medo, no entanto, foi uma noite muito especial, pois vendi quase todos os livros que levei na minha mochila, além de ter sido acolhida pela comunidade. A partir disso pude perceber que tinha encontrado o meu público-alvo e dessa maneira ocorreu o amor na primeira venda; também constatei que esse grupo era igual a mim, pessoas pretas e periféricas.

Devido a todos esses fatores citados, fiz uma análise crítica sobre a amostragem e o resultado de algumas pesquisas referentes à leitura no Brasil, já que, pela minha experiência pessoal, os dados eram errôneos, uma vez que a minha audiência era considerada estatisticamente não leitora e/ou fazia parte de taxas de evasão escolar e, contudo, o crescimento da minha empresa dizia o contrário. Curiosamente, nunca cruzei com nenhuma pessoa moradora de periferia que tivesse participado de alguma investigação científica, assim como declarou Ribeiro (2016):[3]

---

[2] VELOSO, Caetano. *Haiti*. Rio de Janeiro: Philips, 1993. Disponível em: <https://www.youtube.com/watch?v=jUfNnF0bCOI>. Acesso em: 1 de jun. de 2021.
[3] RIBEIRO, Luz. *Menimelímetros*. Disponível em: <https://www.youtube.com/watch?v=09KDfTVPAeE>. Acesso em: 1 de jun. de 2021.

"'Ceis' já pararam pra ouvir alguma vez os sonhos dos menino?", somente sei que esses sonhos são gigantes.

O acervo do meu empreendimento é composto por obras que possuem narrativas protagonizadas por pessoas pretas, seja na autoria, seja através de personagens. Mas lastimavelmente são relatos que ainda não foram integrados nas unidades educacionais e centros de memórias, visto que muitas vezes essas obras são engolidas nas estantes ou em uma grade bibliográfica curricular de um acervo eurocêntrico.

De feira em feira, em eventos efervescentes pelas "quebradas" e depois de alguns ciclos, o meu empreendimento conquistou um espaço físico, no entanto, essa primeira sede era em um bairro considerado centralizado e de classe média a alta em São Paulo/SP. Foi um tempo de rico aprendizado, entretanto, tínhamos a sensação constante de estrangeirismo. Logo, analisamos que o público que frequentava o local não era pertencente àquele bairro e sim proveniente de diversas comunidades distantes de lá, ademais que na região tinham vários espaços culturais. Dessa maneira, decidimos mudar de destino, de estrutura, de logradouro e fazer o caminho oposto da ascensão como escreveu Neusa Santos Souza.[4] Retornamos para a periferia ouvindo Racionais MC's (2002):[5] "O dinheiro tira um homem da miséria, mas não pode arrancar, de dentro dele, a favela." Com a nova locação em um território que possuía memórias afetivas, tudo se transformou e a palavra de ordem era resistência, dado que o livro para quem é preta(o) (e) e favelada(o) (e) não pode ser simplesmente um hobby, mas assertivamente um instrumento político. Os livros são alimento para a alma e deveriam ser essenciais para a composição da cesta básica nacional de cada trabalhador(a) deste país.

Assim, a livraria se expandiu e virou um minipolo cultural de vivências negras, em um ambiente colaborativo. Antes da pandemia, sediamos uma programação cultural com variedade de linguagens artísticas, além

---

[4] SOUZA, Neusa Santos. *Tornar-se negro: as vicissitudes da identidade do negro brasileiro em ascensão social*. Rio de Janeiro: Editora Graal, 1983.
[5] Racionais MC's. *Negro Drama*. São Paulo: Boogie Naipe, 2002. Disponível em: <https://www.youtube.com/watch?v=u4lcUooNNLY>. Acesso em: 1 de jun. de 2021.

de termos tido frequentadores assíduos(as) de perto, do mesmo distrito, tal como de outros estados do Brasil e até do exterior.

A notabilidade do empreendimento é indispensável para o papel social que ele representa na região, principalmente no que diz respeito à autoestima e à fomentação ao incentivo à leitura. Outro agente imprescindível é a importância da contribuição para a desconstrução do imaginário social dos estereótipos que perpetuam nos territórios periféricos, porém tudo isso é uma grande batalha, posto que as ações culturais que reinam nos lugares considerados desprovidos geralmente ficam do lado oculto.

Atualmente, toda quebrada tem iniciativas culturais, principalmente literárias, como saraus, *slams* e festivais, todavia a sociedade prefere mercantilizar as lágrimas, a violência e a criminalidade, além de pontuar que a "periferia não lê". A mídia desenvolve uma potente produção imagética que dissemina estereótipos, mediante a propagação do que é ser favelada(o), periférica(o) e preta(o), por meio do olhar do colonizador. Somos socializadas(os) para sermos apagadas(os) ou sermos outra pessoa, e quando queremos ser nós mesmas(os) parece que é um grande erro ou uma subversão. A literatura tem um papel indispensável para essa desconstrução, para a mudança da ordem e o nascedouro de um mundo de possibilidades. O ato privativo ou restritivo de ler é a negação de ter poder, de anular a transformação, logo, os ricos continuam mais ricos e o restante fica cada vez mais miserável. Desse jeito, precisamos conhecer mais a obra de Carolina Maria de Jesus (2019, p. 29):[6] "O Brasil precisa ser dirigido por uma pessoa que já passou fome. A fome também é professora. Quem passa fome aprende a pensar no próximo, e nas crianças."

O grande diferencial da livraria é disseminar obras bibliográficas do mercado editorial independente produzidas por pessoas pretas. Dessa forma, descobrimos que existem muitas delas sendo autoras das suas

---

[6] JESUS, Carolina Maria de. *Quarto de despejo: diário de uma favelada*. 10ª ed. São Paulo: Ática, 2019.

próprias narrativas, como escritoras, ilustradoras, editoras, tradutoras, o que significa que há pessoas pretas em toda a cadeia do livro.

A produção literária contemporânea reflete a identidade do país. Segundo algumas pesquisas, no século passado a literatura nacional era composta e publicada predominantemente por homens, brancos, cisgêneros, heteronormativos e pertencentes às classes média e alta. Mas no ano de 2020 foi realizada uma lista colaborativa[7] — com curadoria da jornalista Jéssica Balbino, e colaboração minha e da poeta Mel Duarte —, que identificou mais de 300 autoras negras brasileiras, sendo a maior parte delas de origem suburbana. Por meio dessa ação, é perceptível constatar que a literatura nacional atual é uma mulher preta periférica. Consequentemente, a periferia tem que ser ouvida quando seus descendentes quebram diariamente o paradigma do *status quo*; o silêncio não pode ser a opção, como a poesia de Audre Lorde (1978):[8]

> e quando falamos temos medo
> de nossas palavras não serem ouvidas
> nem bem-vindas
> mas quando estamos em silêncio
> ainda assim temos medo
>
> É melhor falar então
> lembrando
> sobreviver nunca foi nosso destino

---

[7] BALBINO, J.; VALENCIO, K.; DUARTE, M. (Org.). *Listamos mais de 100 escritoras pretas e brasileiras para você conhecer*. Poços de Caldas: Margens. Disponível em: <https://margens.com.br/2020/06/20/especial-listamos-mais-de-100-escritoras-pretas-brasileiras-para-voce-conhecer/>. Acesso em: 1 de jun. de 2021.

[8] LORDE, Audre. *A Litany for Survival*. Nova York: W. W. Norton & Company, 1978. Disponível em: <https://www.poetryfoundation.org/poems/147275/a-litany-for-survival>. Acesso em: 1 de jun. de 2021.

Com uma necropolítica instalada e o Brasil colônia reavivado, a sofisticação da modernidade é transferir o ódio ao(à) negro(a) escravizado(a), às pessoas desvalidas, mas adivinha quem compõe a maior parte da população brasileira que está em situação de vulnerabilidade?

Cada vez mais as barreiras aparecem para dificultar a plenitude de alguns indivíduos, como juridicização de ações, criações de taxas, privação de circulação de espaços e de consumação de materiais, como livros, entre outros fatores. Tudo isso são comandos não tão sutis que a sociedade emana, tipo: quem deve ler; quem deve falar; quem deve estudar; quem deve ocupar as universidades; e quem deve ocupar os presídios.

A morte social está perpetuada entre os becos e favelas. O gatilho letal se inicia com a precarização dos direitos sociais nos territórios considerados estigmatizados e se intensifica, por exemplo, com o achismo de órgãos públicos como a Receita Federal, que argumenta que famílias "pobres" não consomem livros no Brasil e afirma que apenas famílias ricas fazem isso. Como escreveu Mc Cabelinho (2021):[9] "Ninguém me deu nada, eu trabalhei pra isso e tu aí parado fazendo fofoca."

Perante a Constituição Federal brasileira de 1988, vivemos em uma democracia, no entanto, muitas vezes ela é efetiva para poucos, não podemos esquecer que a população preta e periférica brasileira ainda sofre efeitos da sua situação social de construção de cidadania por causa do período escravocrata que nunca foi reparado.

---

[9] CABELINHO, Mc; SMITH, Mc. *Visão de Cria 2*. Rio de Janeiro: FM Music, 2021. Disponível em: <https://www.youtube.com/watch?v=9TRkTKBlhOM>. Acesso em: 1 de jun. de 2021.

UMA EDITORA EM TEMPOS DE CRISE E DE PANDEMIA — O PRINCÍPIO DA FORMAÇÃO DE CATÁLOGOS

Rejane Dias

Não me lembro, em quase 24 anos de atuação no mercado editorial, de ter feito um mergulho tão profundo e tão revigorante no ofício de produzir e publicar livros quanto nos últimos meses, após anos refém de uma profunda crise econômica; isso depois de assistir ao encolhimento das duas principais redes de livrarias do país, e de ter sentido, como todos, os impactos impostos pela pandemia da Covid-19, desde março de 2020.

Esse mergulho também significou olhar com coragem para todos os anos precedentes e admitir que muitos dos movimentos realizados até então haviam me distanciado de algumas premissas que, acredito, devem orientar as escolhas de um editor. A principal delas talvez seja a formação e a valorização do catálogo por segmentos. Esse princípio pode não corresponder à escolha de todos os criadores e mantenedores de editoras, claro. Muitos podem optar pelo garimpo exclusivo de best-sellers em potencial ou de livros que não prometem vida longa, e sim venda rápida e volumosa. Mas arrisco dizer que o princípio da formação de catálogos com chances de vida bem mais longa está de volta com força. E isso está intrinsecamente ligado à maneira como as editoras divulgam e vendem seus livros atualmente.

Contudo, para além dessa reavaliação de certos princípios, e pelos quais vale a pena empreendermos qualquer esforço, há certos embates que, surpreendentemente, não se esgotam e continuamos tendo que considerar, enfrentar, discutir. Essa espécie de "avesso da defesa do livro"; um esforço de depreciação desse objeto que deveria ser levado a sério como o principal protagonista, ao lado da figura do professor, na construção de uma sociedade mais igualitária; na construção de interações sociais mais amplas, mais criativas, e até mais harmoniosas, por que não? Entra ano e sai ano, entra década e sai década, estamos sempre encampando alguma luta em defesa do livro, tanto quanto em defesa do nosso ofício de produtores e mercadores de livros e do mercado em que realizamos esta nossa história. Tudo isso sem considerar a centralidade do livro nas políticas educacionais brasileiras.

Lançamos em setembro de 2021, pelo selo Vestígio, a tradução do livro *A fábrica de cretinos digitais – os perigos das telas para nossas crianças*, do francês Michel Desmurget. Além de todo o alerta feito pelo autor sobre o impacto extremamente prejudicial da exposição de crianças e adolescentes, principalmente as bem pequenas de zero a dois anos, às telas de qualquer suporte, um dos pontos que mais me chamou a atenção foi o fato de vários especialistas já terem revisto a "longa lista de desenvolvimentos tecnologicamente utópicos com soluções demasiadamente simplistas", que afirmam que "graças a seus tablets crianças analfabetas se instruem sozinhas" e estão "aprendendo a ler sem professores". Ou seja, já se comprovou que essa suposta panaceia que reduziria as desigualdades entre favorecidos e desfavorecidos é inoperante.

Inúmeras pesquisas já confirmaram a falácia desse esforço ilusionista e economicamente mal-intencionado, já que por trás dessas proposições existe também uma indústria poderosíssima disposta a tudo para lucrar com seus produtos e conteúdos digitais. Na contramão, o mesmo autor ressalta que "outro programa demonstrou que, nos países em desenvolvimento, a distribuição de livros às mães de crianças pequenas teve um forte efeito positivo sobre o desenvolvimento da linguagem, da atenção e das capacidades de interação social".

Portanto, não faltam experimentos, pesquisas e dados que confirmem o lugar do livro como protagonista de qualquer projeto comprometido com o desenvolvimento educacional de uma nação que gerencia com responsabilidade as políticas públicas adotadas.

Mas por que proposições tão essenciais precisam ser insistentemente confirmadas por meio de slogans? Por que temos sempre que enfrentar forças ocultas ou nem tão ocultas que se esforçam para enfraquecer esse poderoso instrumento de transformação social, de conquistas pessoais e de redução da desigualdade? O que significa, após termos sido confrontados com desafios inimagináveis durante uma longa quarentena, imposta pela pandemia da Covid-19, ainda termos que lutar contra um projeto de taxação de impostos que pode tornar o livro ainda mais inacessível aos que têm menor poder aquisitivo, quando tudo sempre sugere o contrário, ou seja, que o país deveria realizar esforços muito mais intensos para fazer o livro circular de forma cada vez mais democrática? Com tantas pesquisas já estabelecidas, e com tantas publicações totalmente fundamentadas sobre o impacto positivo do livro e da leitura na formação de crianças e jovens de camadas sociais menos favorecidas, como ainda encontrarmos pessoas defendendo uma taxação inadequada porque consideram o livro "um produto elitista"?

É tão anacrônica essa proposta que nem me sinto animada a falar desse embate, porque até o momento tudo me leva a crer que essa possível taxação do livro foi colocada em pauta como aquele bode no meio da sala, para que seja retirada depois com algum alarde e ganhos políticos. Parece que produtos culturais se prestam a isso, à mobilização da sociedade e à consequente "sensibilização" da classe política. Eu posso estar sendo ingênua, mas, do meu ponto de vista, para que algo faça sentido é preciso que seja colocado em pauta com argumentos coerentes.

Mas o que me impressiona é a repetição dessas desventuras e o cansaço que isso provoca nos atores do negócio do livro no Brasil. Haja paciência e disposição para mais um embate! E parece que falta a nós, *players* do livro, eficiência para defender leis efetivas que nos protejam dos frequentes reveses.

Voltando ao ofício do editor, em que lugar estamos neste momento? Em meio a entendimentos novos — ou não tão novos — provocados por esse evento tão determinante, os quais talvez tenham ganhado novos contornos durante a quarentena em 2020 e 2021, por que considerar a formação de um catálogo por segmentos?

Alguns anos atrás — mais de 15 —, ficamos encantados com a abertura das *megastores*, imensas e lindas, e com o crescimento de redes não tão sedutoras, em termos de design, mas que prometiam o livre-arbítrio ao leitor menos experiente que não teria vergonha de circular por livrarias mais amistosas, menos pomposas, mais "populares". Para alimentar essa volúpia, nós, editores — ou uma boa parte de nós —, nos lançamos a publicar em quantidade títulos mais comerciais, muitos deles de celebridades e personalidades midiáticas, com o propósito de seduzir pelo livro essas novas classes consumidoras, que ganharam acesso ao mercado de consumo durante a década de 2000. E de fato as editoras que abriram seus catálogos e se dedicaram a publicar livros mais comerciais para um público bem mais volumoso, e a preços bastante acessíveis, experimentaram um crescimento real nas vendas. Com volumes impressionantes, usufruíram das delícias de ver seus livros nas listas de best-sellers — que, por sua vez, se transformavam em chamarizes para livreiros e leitores que adentravam as livrarias. Refiro-me aos anos em que nem se falava em presença forte das lojas on-line — lembrando que a Amazon aterrissou no Brasil "apenas" em 2013.

A partir de 2015 — e por muitos motivos esse ano sempre me vem à memória como o primeiro de um tempo de desafios muito duros (a retração de 3,8% no PIB em 2015, em relação a 2014, foi a maior da série histórica do Instituto Brasileiro de Geografia e Estatística-IBGE, iniciada em 1996) —, começamos a assistir ao enfraquecimento das megalivrarias; começamos a ver a competição entre elas e as lojas on-line se acirrar, sendo essas últimas muito mais agressivas na prática de descontos e com sistemas de entregas bastante seguros e ágeis, e começamos a ver uma redução no volume de vendas de livros que rapidamente se transformavam em *commodities*, já que muitas editoras passaram a publicar mais do mesmo. Essa conjunção nos levou rapidamente a duvidar dos ganhos reais sobre a venda desse tipo de livro, que se tornava cada vez mais indiferenciado e exigia investimentos imensos em marketing e exposição em lojas.

Quando a Livraria Cultura e a Livraria Saraiva pediram a recuperação judicial quase ao mesmo tempo, comecei a especular que o crescimento das lojas on-line implicaria na valorização dos catálogos, no olhar atento para: a *backlist* (reserva de estoque composta de livros que não foram lançados recentemente); os segmentos desprezados nos anos anteriores; e para livros que em outros tempos seriam tratados como os mais importantes do catálogo, mas que nos últimos anos haviam desaparecido das livrarias porque não prometiam ou não realizavam um "alto giro" nas vendas, ou não cabiam nas grandes lojas com os livros mais vendidos. E de fato a crise econômica e a consolidação das lojas on-line enfraqueceram o modelo das megas, espantou das livrarias em geral o leitor mais afeito a preços mais baixos, que passou a comprar mais nas lojas on-line, principalmente na Amazon, ou nos quiosques de saldos espalhados por muitas praças brasileiras e também pelas feiras literárias. A invenção da modalidade de "frete grátis" fez esse comportamento do consumidor de livros mudar ainda mais. E todo esse movimento também sugeria que olhássemos para a logística e o controle de estoques de outra maneira.

Então veio a pandemia. E, após um primeiro espanto, depois de termos sido lançados em uma zona pantanosa em que não conseguíamos enxergar de que lado sairíamos ou se afundaríamos de vez, começamos a ser surpreendidos — e aqui falo estritamente em nome do nosso grupo — com um crescimento espantoso das vendas de livros para leitores que consideramos mais experientes, mais interessados em livros capazes de traduzir melhor o mundo em que vivemos. E também começamos a perceber um crescimento vertiginoso na venda de livros clássicos, tanto de ficção como de não ficção, e de livros que têm algum vínculo com filmes e séries presentes nas plataformas de *streaming*, muitos deles de autores canônicos. Não tenho números de outras editoras, mas há informações de que editoras com um bom gerenciamento de estoque e uma *backlist* consistente estão conseguindo enfrentar essa quarentena melhor do que aquelas que publicam fundamentalmente best-sellers e necessitam da exposição e das vitrines das lojas físicas. Nós também dependemos desse espaço, mas apenas para uma parte do catálogo — e não se trata da maior parte. Temos selos comerciais, mas temos selos de nicho, e temos selos que publicam para um leitor que nunca abandona o livro, mesmo em tempos de carestia, ou seja, não abandona o livro porque ele faz parte da sua vida, independentemente dos modismos, dos eventos e dos preços. As vendas para esses nichos nem sempre chamam a atenção, mas são regulares e consistentes.

Em função desses acontecimentos, começamos a experimentar, no Grupo Autêntica, um retorno a um período em que as escolhas não eram feitas a partir de modismos, de ondas (como a que vivenciamos com os livros de colorir, os livros de celebridades e os de *youtubers*) e de listas de best-sellers. Isso está nos permitindo navegar por mares mais profundos, assim como nos permitirá arriscar mais, valorizar mais o leitor que buscamos e que vem nos proporcionando uma certa libertação de muitos bordões mercadológicos que já não nos seduzem mais, não com a naturalidade de antes.

E aqui começo a repensar a função do editor nestes tempos de turbulências extremas, mas nos quais também temos à nossa disposição mais instrumentos para nos comunicarmos com o leitor que frequenta as livrarias ou adquire livros em livrarias on-line. Essa ressignificação do papel do editor vem se dando, a meu ver, em função das novas possibilidades de comunicação. Vejo também como uma ressignificação do papel das livrarias físicas, no sentido de valorizar esses catálogos, valorizar certos segmentos e se envolver com livros e projetos que podem reconectá-las com milhares de leitores que se sentem completamente perdidos no mar do "tudo é tudo e nada é nada" — para usar uma expressão antiga do Tim Maia — das livrarias on-line, dos quiosques e estandes de saldos.

É preciso destacar o confinamento nesta pandemia como um evento extremamente relevante para o nosso mercado editorial, porque levou muito mais pessoas a desejarem o livro como uma forma de entretenimento ou de investimento pessoal. Consideremos também os cursos de formação on-line que estão experimentando um crescimento numa velocidade jamais vista. De acordo com matéria publicada no site Terra, em 21 de abril de 2021, "pesquisas feitas pelo Instituto Nacional de Estudos e Pesquisas Educacionais Anísio Teixeira (Inep) apontam que o Brasil já conta com mais alunos matriculados em cursos on-line do que nos presenciais. Relaciona-se esse crescimento com a pandemia do novo coronavírus, que influenciou drasticamente no aumento dos alunos matriculados em cursos on-line, uma modalidade de ensino que já vinha em ascensão nos últimos anos". Sem contar, para além dos cursos profissionalizantes, as milhares de opções de cursos temáticos que surgiram ao longo desta pandemia. O que evidentemente tem provocado um impacto positivo na aquisição e circulação de livros, principalmente do segmento CTP (Científicos, Técnicos e Profissionais).

Com o alargamento dessa busca pelo conhecimento por milhares de cursos rápidos, *lives*, palestras on-line etc., vimos mais intensamente os departamentos de Comunicação e Marketing das editoras reverem suas estratégias e apostarem muito mais nos formadores de opinião que ganharam ainda mais visibilidade durante estes meses de pandemia. A briga entre as editoras passou a ser pela preferência daquele influenciador, daquele *youtuber* ou daquele *instagrammer* que tem força até mesmo para colocar o livro entre os mais vendidos de um determinado segmento — de forma espontânea ou com investimentos em mídia kit dos que comercializam essa divulgação. Ficamos inclusive mais íntimos das nomenclaturas que definem esses novos profissionais/militantes do livro.

Mas a palavra de ordem, nestes novos tempos, parece mesmo ser "segmentação". Para cada tipo de livro, para cada pedaço do catálogo, são feitos investimentos certeiros em influenciadores que podem levar milhares de pessoas a pelo menos prestarem mais atenção em determinados lançamentos, ou até mesmo em uma coleção que estava hibernando no catálogo, mas que agora pode ganhar capas novas, apresentações de autores midiáticos, e outras iscas que fazem com que determinados livros sejam mais comentados nas redes sociais ou em plataformas on-line de avaliação dos leitores. Vale destacar também o crescimento na oferta de brindes, pelas editoras, para agregar mais poder de atração ao lançamento e conquistar os corações dos leitores dispostos a contribuir para a rede espontânea de divulgação.

Portanto, muitos dos nossos movimentos estão sendo determinados para que os livros sejam "mais comentados nas redes sociais", e pelas celebridades midiáticas, além de personalidades da política que também influem um número gigantesco de seguidores.

Por outro lado, identificar maneiras de nos comunicarmos de forma mais imediata com o leitor final está permitindo ao editor o desenho de novos projetos e novos nichos, porque a dependência da exposição em lojas — não acessível a todas as editoras e muito menos a todos os lançamentos, mesmo com investimentos altos — deixou de ser condição para um livro de fato conquistar seu público-alvo.

Então o desafio, para as editoras, é redimensionar a relação entre publicação e pontos de venda e, no meio desse caminho, atrair o leitor para que ele possa adquirir seu exemplar em qualquer lugar e a qualquer hora. Resumindo, a compra por impulso precisa ser acompanhada de um mix diversificado de ações de divulgação. As novas tecnologias produzem novos movimentos e comportamentos de compras, mas exigem ações dirigidas ao seu público-alvo. No negócio do livro isso fica ainda mais evidente, com a vantagem de que é possível fazer essa comunicação dirigida por conjunto de livros, por coleções, por temas, e não apenas para um único lançamento ou produto.

No início da década de 1980, Alvin Toffler, autor do livro *A terceira onda* (Record, 1980), cunhou o termo "prossumidor", empregado para o consumidor que se tornaria ao mesmo tempo, produtor (pro) de conteúdos e consumidor (sumidor) de conteúdos. Ele escolheria os conteúdos que seriam acessados, estabeleceria interações e compartilharia material variado sobre esse tema. E é o que vem acontecendo no negócio do livro de forma muito intensa; mas não apenas nele. Talvez esse termo nunca tenha feito tanto sentido como agora.

Até aqui ainda estamos falando da ampliação das possibilidades de divulgação dos livros — e não é à toa que, nas milhares de *lives* que temos sido convidados a acompanhar, foram poucas aquelas em que os protagonistas não se colocaram na frente de estantes abarrotadas de livros, ou nem tão abarrotadas assim, mas certamente as bibliotecas pessoais se tornaram um cenário ideal para as aparições on-line.

Além das estratégias de comunicação por nichos e segmentos, há outro ponto bem interessante e que, neste momento, a meu ver, reforça a importância do trabalho editorial: construir livros a partir de critérios de escolha dos editores, do grupo, do que publicar, e ficar de olho em todos os processos de preparação e de formatação de produtos para que tenham qualidade e sejam capazes de atrair, com segurança, um público leitor. Uso segurança aqui no sentido de garantir ao leitor que ele vai adquirir um produto que passou por várias etapas de depuração.

Nesse ponto vejo, não sem certa surpresa, como determinados autores que alcançam algum sucesso em vendas nas plataformas de autopublicação estão usando esses números positivos para acessar as editoras. Falo que vejo isso com certa surpresa porque houve um tempo em que considerei, sinceramente, que os autores que recebessem a atenção dos leitores nas suas empreitadas independentes, e em formato on-line, se manteriam fiéis a essa escolha. Aí que nos demos conta do quanto o livro impresso continua a ser o nosso principal produto editorial num mercado que tem assistido a algum crescimento da venda de e-books, mas imagino que na maioria das editoras esse resultado nunca tenha ultrapassado o percentual de 10% da venda total dos livros, nos melhores meses.

Então, retomo aqui a reflexão que propus no início, inspirada pela leitura do livro *A fábrica de cretinos digitais*, mas agora me remetendo ao fabuloso livro de Umberto Eco e Jean-Claude Carrière — *Não contem com o fim do livro* (Record, 2010) —, em que eles não só afirmam o caráter definitivo do objetivo do livro — mesmo que outro suporte substitua o papel —, mas também sugerem, em uma passagem de Umberto Eco, que por mais que o livro digital ganhe mais espaço, e ele pode sim ser muito mais adequado para determinados tipos de livros, "na realidade, há muito pouca coisa a dizer sobre o assunto. Com a internet, voltamos à era alfabética. Se um dia acreditamos ter entrado na civilização das imagens, eis que o computador nos reintroduz na galáxia de Gutenberg, e doravante todo mundo vê-se obrigado a ler. Para ler, é preciso um suporte. Esse suporte não pode ser apenas o computador. Passe duas horas lendo um romance em seu computador e seus olhos viram bolas de tênis".

E é aqui que me sinto mais inteira como editora. Porque por mais que eu veja vantagens na comercialização de conteúdos digitais, principalmente se considerarmos o quanto significam os custos de impressão, transporte, armazenagem e gerenciamento de estoque, é justamente por causa de toda essa engrenagem que o trabalho do editor se torna mais responsável, mais cuidadoso, mais criterioso. É justamente porque não é brincadeira enviar um livro para a gráfica, assumindo todos os riscos inerentes, que não experimentamos a esmo, que não colocamos "no ar" qualquer narrativa ficcional, qualquer texto de não ficção, qualquer livro. As facilidades da blogosfera, essa feira universal de qualquer coisa, tornaram ainda mais fundamental o trabalho do editor, que começa pela leitura de originais recebidos de autores e/ou agentes e editoras estrangeiras, com a prospecção de originais em português ou em línguas estrangeiras diversas, passando por muitos tópicos de avaliação que podem justificar sua aprovação ou não. É justamente quando as facilidades de publicação e de divulgação se tornam mais abundantes que o trabalho do editor se torna mais necessário. Sem contar todo o trabalho que vem depois do lançamento, e, entre outras coisas, cuidar das frequentes reimpressões a fim de que a circulação do livro não sofra interrupções e para que ele não caia num limbo e seja mais facilmente esquecido pelos livreiros.

Nessa feira universal e virtual ilimitada de produtos e serviços, ainda podemos estender as nossas considerações para o que já se tornou um termo recorrente: o "figital". Venderemos livros em lojas físicas e digitais, porque concomitantemente ao papel de curadores que nós editores temos como premissa — mesmo que essa expressão já comece a perder o brilho, de tanto que foi usada para diferentes finalidades —, os livreiros também podem voltar a ser, como em décadas passadas, os conselheiros dos leitores, aqueles que leem e influem na escolha desses leitores. Num mundo em que a oferta é imensa, acredito na força das livrarias que podem oferecer um conhecimento dos segmentos de catálogos das editoras. Convém que as editoras se aproximem dos livreiros, convém que elas resgatem o trabalho de divulgação que vi em décadas anteriores, mas sem que ele se resuma ao cadastro do livro nas plataformas e às doações de livros — por vendedores e promotores — aos livreiros que estão dentro das lojas. O trabalho de apresentação de catálogos precisa resgatar essa proximidade entre editores e livreiros, e o que parece uma volta ao passado pode ser visto como a afirmação de valores fundamentais ao nosso trabalho como produtores e mercadores de livros.

Eu nunca me senti tão editora como agora; menos executiva e gerente de negócios e mais editora. Talvez porque muita coisa que foi experimentada nas últimas duas décadas nos sugira, neste começo de uma nova década, que é possível termos um ciclo positivo na indústria do livro, um ciclo em que os recursos possam ser melhor aplicados na produção de bons livros, com boas traduções, com edição de texto cuidadosa, lançando mão de formas de divulgação menos megalomaníacas, sem os altos investimentos em pontos de venda ou em feiras de livros e bienais que não se justificam mais. Talvez devamos agora resgatar a figura do editor (de texto) com mais clareza, e valorizá-la mais do que a figura do "publisher" — aquele que, em tese, responde mais pelo "produto", considerando sua embalagem e a colocação no mercado.

E é para esse possível ciclo positivo do livro, nesta nova década que se inicia, que o nosso grupo está olhando com muito interesse para a ampliação do catálogo de ficção, a formação de editores, o trabalho com o texto tanto de autores nacionais como de estrangeiros. Para, assim, apostar e defender os livros que escaparão dessa massificação à qual estivemos submersos, de forma pouco reflexiva, nas últimas décadas. Sim, estou esperançosa, e estou me sentindo realizada por pertencer a essa indústria que, mesmo atacada com frequência por motivos insustentáveis e inexplicáveis, continua respondendo pela diversidade cultural no nosso país.

PARA QUE SERVE UMA PEQUENA EDITORA INDEPENDENTE?

Tadeu Breda

O convite para escrever este artigo chegou até mim com a pergunta-título acima. Mais do que uma questão sobre utilidade, interpretei-a como um chamado a discorrer acerca da relevância das pequenas iniciativas de publicação na paisagem editorial brasileira. Este volume, afinal, existe com o objetivo de defender o livro e reafirmar sua importância. Daí que não poderiam faltar alguns capítulos sobre o papel de quem tem a produção de livros como ofício — ou seja, as editoras. E hoje, no Brasil, não se pode falar em editoras sem olhar com atenção para aquelas consideradas pequenas e/ou independentes. Mas o que é uma pequena editora independente? Vejo aqui uma oportunidade de discutir esse conceito, não academicamente, mas na condição de uma das muitas pessoas que constroem espaços de publicação no dia a dia.

Minha ideia de pequena editora independente se transformou ao longo dos anos. Sou editor da Elefante, que surgiu em 2011 sem que nenhum dos envolvidos realmente quisesse fundar e administrar uma editora. Formado em jornalismo, minha intenção era apenas publicar o livro-reportagem que havia apresentado como trabalho de conclusão de curso, fazer currículo e conseguir uma vaga de repórter especial em algum meio de comunicação de esquerda. Em 2014, porém, depois de muita insistência, o jornalismo resolveu me abandonar. Em meio a dias mais ou menos depressivos e abastecidos pelo seguro-desemprego, vi naquele singelo elefantinho de circo — desenhado por mim mesmo num guardanapo de boteco e, naquela altura, impresso na lombada de dois livros — um caminho para continuar vivendo da lida com o texto.

Na época, agarrei-me à expressão "pequena editora independente" como quem aperta os cintos de um paraquedas antes de saltar no vazio: não tinha a menor noção de onde estava me metendo, mas acreditava que finalmente estaria livre daqueles chefes arrogantes que pululam em redações jornalísticas, habitando salas de vidro, censurando repórteres e os pressionando para escrever matérias curtas e rápidas cujo conteúdo importa menos do que o número de cliques que atrairão — ou não. Agora, pensava eu, poderia publicar o que quisesse, na velocidade em que quisesse, sem ter que convencer ninguém da importância dos assuntos que desejava abordar.

Por seis ou sete anos, a Elefante foi composta apenas por uma designer, que cuidava de capa e diagramação nas horas vagas (e cansadas) de outros empregos, e um jornalista (eu), que, entre um "frila" e outro para pagar as contas, fazia todo o resto: da edição ao envio de livros, da emissão de notas fiscais à divulgação em redes sociais. Quando podiam e queriam, alguns amigos animavam, davam ideias e ajudavam com revisões. Pequenos? No início, e ainda por muito tempo depois, eu me referia à Elefante como "microminúscula" — o que era bem mais próximo da realidade. Sem dinheiro, sem experiência prévia no meticuloso trabalho com o livro e sem a menor noção do funcionamento do mercado editorial, eu sonhava: "Um dia seremos pequenos", e ficava feliz com a possibilidade; uma verdadeira façanha.

Em praticamente todos os nossos dez anos de existência, eu reivindiquei a bandeira das pequenas editoras independentes. Há bastante romantismo nisso, e não vejo como teríamos chegado até aqui se não houvesse. Eu enxergava como bravas integrantes de um movimento admirável todas aquelas pessoas que deixavam de lado trabalhos mais bem remunerados, carreiras promissoras, passeios no parque, bar com amigos, baladas ou horas de sofá para produzir livros em pequenas tiragens. Para mim, caminhar entre as banquinhas de feiras de publicações, como a Plana, a Tijuana e a Miolo(s), em São Paulo, era transitar entre genuínos companheiros de trincheira. Estamos aqui, microscópicos, minúsculos, pequenos, construindo coisas grandes, deixando um legado, fortalecendo uma cultura, servindo de exemplo e inspiração para outros que virão, assim como, antes, houve quem servisse de inspiração para nós.

Depois das decepções vividas em centros acadêmicos e sindicatos, eu finalmente me sentia parte de um coletivo, uma onda, uma cena. E esse coletivo, essa onda, essa cena, dentro de sua diversidade não tão diversa, se identificava pela ideia de pequenas editoras ou pequenos publicadores independentes. De maneira pouco consciente, eu encarava essa ideia como uma pá com a qual cavava brechas em um mundo dominado por grandes livrarias e editoras, e um escudo que usava para me proteger do meu próprio amadorismo.

A partir desse movimento estimulado pelas feiras, algumas editoras, lentamente e a duras penas, começaram a lançar mais títulos por ano, imprimir tiragens maiores e vender em livrarias tradicionais, perdendo assim o caráter "caseiro" que inspirava sorrisos por trás de singelos *chiringuitos* e óculos de aros grossos; assim, aos poucos, seus idealizadores conseguiram deixar outros trabalhos e se dedicar totalmente ao sonho editorial, tirando o sustento disso. Outras iniciativas se mantiveram na mesma toada, publicando livros com exemplares numerados e adotando processos mais lentos de encadernação e impressão, com resultados belíssimos. Outras desapareceram. E algumas surgiram, inspiradas pelo eterno espírito fanzineiro ou movidas por eficientes cálculos empresariais. Esse foi o caso de tarimbados profissionais que perceberam a aceitação cada vez maior, pelo público, das "pequenas editoras independentes", com todo aquele charme descabelado, uma relação mais próxima com o leitor e edições bem-acabadas, e deixaram carreiras em casas consagradas para fundar as próprias editoras — mas sem perrengue, claro: nenhum livro seria publicado por esse pessoal sem um plano de negócios bem estruturado e capital inicial de algumas centenas de milhares ou uns milhões de reais.

A aparição de pequenas editoras que vieram ao mundo com equipes experientes, escritórios arrojados, manchetes no jornal, verba publicitária e dezenas de títulos em produção deu um nó na minha cabeça. Eu, que me considerava um pequeno editor independente, um semelhante daqueles valentes publicadores que se sentavam em mesinhas apertadas e passavam calor por horas a fio nas feiras abafadas de final de semana, não conseguia me identificar com quem já nascia com tamanha estrutura. Ainda assim, essas novas pequenas editoras adotaram uma estética muito parecida e começaram a participar das mesmas feiras, lado a lado com editoras coletivas, individuais, artesanais. Os conceitos, então, se embaçaram totalmente. Nos últimos anos, o crescimento do catálogo e da equipe da Elefante só fez aumentar a minha confusão.

Em 2020, já com a pandemia grassando, respondi ao questionário de duas pesquisadoras. O objetivo de uma delas era compreender "o que é, de fato, uma editora independente". Quando fui confrontado com essa precisa questão, eu disse: "É como se o editor independente tivesse o ímpeto inicial de publicar conteúdos que dialogam com a visão de mundo das pessoas envolvidas […] vem uma vontade muito grande, assim, isso é meio abstrato, subjetivo, e talvez não se aplique muito a todas as editoras independentes." E continuei com a bagunça mental, afirmando que uma pequena editora independente seria

> marcada pela ausência de investidores, pois — a exemplo da Editora Elefante — não é pensada, inicialmente, como um negócio, mas torna-se um, inevitavelmente. Seriam "editoras que começam de maneira mais espontânea, talvez", que passam por um momento de decisão entre manter a editora como um hobby, com edição "lenta e sem pressa", ou torná-la o trabalho principal, adequando-se a "imperativos da realidade capitalista". Seria, também, uma editora com maior apuro estético, com uma estética "menos comercialoide". […] Um negócio que garante o mínimo de

condições financeiras para seus profissionais, mas que "dificilmente vai deixar alguém rico".[1]

Quando recebi a mesma pergunta feita por outra pesquisadora, alguns meses depois, arrisquei elencar algumas características que supostamente definiriam o conceito: "Distribuição em feiras de publicação motivadas por reunir pessoas que publicam fora de grandes circuitos, às vezes voltadas para as artes gráficas, livros de coletivos, duplas, pessoas individuais; distribuição em livrarias que não fazem parte de conglomerados ou redes, como as de bairro; editores que têm paixão por publicar o que gostam e dedicam energia para colocar isso no papel; tiragens pequenas." Juntando essa e outras respostas minhas, a autora do estudo concluiu:

> Por todos esses fatores, a Elefante seria, para ele, uma editora independente, e de fato ele a localiza nesta "zona" — o que não significa, de qualquer forma, abrir mão do viés comercial, de buscar a sustentabilidade econômica, de viver do próprio negócio ou negar que a editora faz parte de uma indústria cultural dentro do sistema capitalista.[2]

Antes de responder às entrevistas, alguns amigos que não trabalham com livros, mas que são ávidos leitores, já me haviam feito a mesma pergunta. As respostas foram parecidas e igualmente inconclusivas. Depois de conversar com as pesquisadoras, passei a questionar o que eu mesmo havia dito. É possível manter uma editora ativa, sustentando as pessoas que nela trabalham, com venda restrita aos circuitos alternativos? O que

---

[1] KILPP, Jéssica Caroline. *A edição contemporânea fora da curva: testemunhos de editores brasileiros e portugueses*. Dissertação de Mestrado. Universidade de Aveiro, 2021. Disponível em: <https://ria.ua.pt/bitstream/10773/30748/1/Documento_Jessica_Kilpp.pdf>. Acesso em: 2 de set. de 2021.
[2] ALMENDARY, Livia Chede. *Tratar o livro como commodity prejudica a cultura livresca: análise de experiência da editora brasileira Elefante*. Diploma Superior en Políticas Editoriales para las Ciencias Sociales. Clacso, 2021.

podemos dizer de quem fornece para a Amazon? Se uma editora não surge como negócio, ela é independente? E se não surge como negócio, mas, com o tempo, torna-se um, ela deixa de sê-lo? Publicar muito ou pouco é critério para independência? Apreço editorial ou estético é prova de autonomia? Uma editora independente deve viver no prejuízo? Deve ser administrada no improviso em vez de ter planejamento?

Com o tempo, as interrogantes apenas se multiplicaram, e o convite para escrever este artigo fez com que minhas certezas sobre o assunto (se é que algum dia as tive, realmente) desmoronassem de vez. Enquanto o escrevo, aliás, questiono a serventia desse tipo de discussão; ao revisá-lo, percebo que cada linha soa como uma grande obviedade. Mas vou prosseguir, porque preciso dizer que, hoje, não vejo absolutamente nenhum sentido na ideia de "pequena editora independente", pois tal coisa não existe. Apesar dos reiterados esforços de se riscar linhas no chão, o que existe são editoras, apenas. Assim, respondendo à pergunta inicial, uma pequena editora independente serve para os mesmos fins e tem a mesma importância que uma editora qualquer.

Como todo livro é político, uma editora existe para realizar o projeto ideológico de seu idealizador ou idealizadores. Esse projeto pode assumir absolutamente qualquer característica. O papel e os pixels aceitam tudo; as leis é que por vezes proíbem determinados conteúdos. Uma editora, porém, não precisa necessariamente respeitar a lei: até ser pega pela justiça, pode fazer circular livros de mão em mão ou veicular arquivos pelo submundo da internet. As possibilidades são incontáveis. Uma editora, portanto, é definida tão somente como uma iniciativa individual ou coletiva de publicação, cujas características são decididas por seu impulsionador ou impulsionadores.

É possível estabelecer inúmeros critérios para comparar duas ou mais editoras: tamanho é um deles, talvez o principal, embora, como todos os outros, falho. Uma grande editora (que muito provavelmente um dia foi pequena) conta com acionistas nacionais ou estrangeiros; possui muitos funcionários, e às vezes parque gráfico próprio; lança cem, duzentos livros por ano; publica obras que luzem na lista dos mais vendidos; ocupa espaços de destaque nas grandes redes de livrarias etc. Uma pequena editora (que um dia poderá ser grande) depende apenas do trabalho de quem acredita e investe tempo nela; funciona em um escritoriozinho barato ou no canto da casa dos donos, que acumulam muitas funções; o tempo de produção é mais lento e o número de lançamentos, reduzido; as vendas ocorrem pela internet, em feiras e às vezes em livrarias etc.

Todas as páginas deste livro não seriam suficientes para estabelecer parâmetros de comparação entre as editoras brasileiras. E, mesmo que tivéssemos tempo e espaço disponíveis, para que usá-los nessa tarefa? Basta olhar as editoras e seus catálogos para ver que não existe necessariamente uma relação entre editoras grandes ou pequenas e determinados conteúdos ou *modus operandi* — e aqui já podemos abordar o conceito de "independente": bitolado em meu próprio trabalho, eu considerava que uma editora independente deveria obrigatoriamente publicar livros contra-hegemônicos, contestadores, revolucionários, de esquerda. Mas nada impede que existam pequenas editoras reacionárias, conservadoras e de direita que também se considerem independentes — embora talvez não tenham o menor interesse em reivindicar o termo. Afinal, o que é independência? A tradicional revista *Isto É* se reivindica como independente. O Brasil é oficialmente um país independente. Enfim…

É mais fácil alcançar o conceito de "autor independente", que é aquele que publica o próprio livro sem precisar de uma editora. Mas o que seria a independência aplicada às editoras? É publicar o que quiserem? Se sim, apenas milionários poderiam ser editores independentes, pois teriam os recursos necessários para ir atrás do livro, do autor, dos profissionais e da gráfica que tiverem vontade. Só que não existem milionários independentes. Um deles, certa vez, fundou uma editora que se tornou referência no país. Em entrevistas, revelou ter torrado cerca de setenta milhões na empreitada, antes de se cansar do prejuízo e fechá-la. Sua família possui negócios com mineração e sabe-se lá mais o quê. Uma das novas editoras mais badaladas da atualidade tem um banqueiro entre seus donos. Há ainda outros herdeiros no expediente de recém-fundadas empresas do ramo. Ricaços podem colocar os excedentes de sua fortuna em iniciativas livrescas em vez de torrá-los nas Bahamas, mas isso não os torna independentes nem pequenos, pois dependem de outros negócios (grandes) e interesses (inconfessáveis?) que sustentam suas volumosas contas bancárias.

Por outro lado, uma editora que não conta com nenhum tipo de fonte de financiamento tampouco pode se considerar independente, já que seus idealizadores certamente não conseguirão publicar o que desejam: serão cativos da dureza. Claro que existe um amplo meio--termo entre o editor milionário e o sem-dinheiro, e provavelmente é nesse espectro que se encontra a maioria das editoras brasileiras, sobretudo as médias, pequenas e minúsculas: publica-se o que se quer, mas dentro das possibilidades — que podem ser maiores ou menores, dependendo das condições da editora, da disponibilidade de títulos e outros fatores mais ou menos imponderáveis. "Independência", portanto, não me parece um quesito relevante para se referir ao nosso *métier*: o dinheiro sempre vem de algum lugar, linhas editoriais sempre estão atreladas a alguma ideologia, e sempre haverá limitadores às vontades do editor — alguns dos quais não podem ser revertidos nem pela maior das capacidades financeiras.

Faz tempo que abandonei o termo "independente" para me referir à Elefante. A certa altura passei a dizer que a nossa era uma editora interdependente, porque depende dos leitores. Porém, há poucos dias fui alertado de que, para de fato haver interdependência nessa relação, os leitores também deveriam ser dependentes da editora — o que obviamente não ocorre. Diz o dicionário (o qual eu devia ter consultado antes) que interdependência é o estado ou qualidade de duas pessoas ou coisas ligadas entre si por uma dependência recíproca. Recorrendo ao ilusionismo do marketing, poderíamos torcer os sentidos de interdependência até encaixá-los em meus objetivos comerciais, mas não estamos aqui para isso. Toda editora é dependente: dos leitores, da fortuna do dono, dos negócios da família, de um mecenas, de doação de trabalho, de editais etc., e não há problema algum nisso. Por mais apaixonados que sejam por este ou aquele selo, os leitores não dependem de uma ou outra editora: a Cosac Naify tinha uma legião de fãs, fechou as portas e ninguém ficou sem ter o que ler; se uma desaparece, outras continuarão distribuindo tinta no papel. Enquanto houver quem leia, haverá quem publique, não apenas por uma questão econômica, mas também política, cultural, técnica, pedagógica, entre tantas outras. Mais cedo ou mais tarde, por alguma razão, os vazios são preenchidos.

Contudo, os leitores são dependentes de editoras, no plural. Aqui, sim, podemos falar em interdependência: sem pessoas dedicadas a fazer livros, haveria pouquíssima leitura disponível — e, provavelmente, de má qualidade. Por isso, quanto mais editoras, melhor. Se todo livro é político e uma editora existe para realizar um determinado projeto ideológico, a pluralidade de selos é o que permite a pluralidade de ideias, autores e temas impressos. Ou, como escreveu um editor pernambucano: "Cada editora é uma subjetividade que amalgama outras subjetividades, multiplicadora, em potencial, de expressões e visões."[3] A proliferação de casas editoriais é o único caminho para a bibliodiversidade — que é um dos sinônimos de democracia aplicado à oferta de livros. E, claro, um horizonte repleto de editoras só pode existir se houver menos corporações editoriais. Aqui o papel do Estado é fundamental, como regulador e incentivador.

A publicação deste volume foi motivada pela oposição de todos nós às intenções do governo Jair Bolsonaro de taxar em 12% a venda de livros, com toda aquela baboseira de que livros são objeto de consumo das elites. A isenção que hoje impera no setor é uma antiga política pública que atinge todas as editoras, sem distinção, e que precisa continuar existindo. Contudo, se realmente queremos valorizar o livro em toda sua potência, precisamos de muito mais.

Com regulação, o Estado deve evitar fusões e aquisições que concentrem o mercado, além de olhar com muita atenção para investimentos

---

[3] GUEDES, Diogo. A diversidade ante os valores absolutos, *Suplemento Pernambuco*, maio de 2021, p. 10.

estrangeiros. Desde 2018, a mais influente editora brasileira pertence ao capital internacional, e isso não devia ser permitido, pois, entre outras razões, potencializa a concentração de mercado. Com a destinação de pouquíssimos recursos públicos, políticas bem desenhadas e contrapartidas justas, editoras definidas por tamanho[4] do catálogo, nível de faturamento, número de funcionários e localização geográfica poderiam ter acesso a incentivos que botariam fogo no mundo editorial: milhares de títulos que jamais chegam às gráficas finalmente ganhariam o papel, promovendo um verdadeiro florescimento livresco no Brasil — algo parecido ao que ocorreu com o audiovisual.

Certa vez, em um grupo de WhatsApp com mais de cem "pequenos editores independentes", tive o desprazer de ler que livro bom é livro que vende, e autor bom é autor que vende. Em vez de aumentar impostos e acentuar as nossas já monstruosas desigualdades, as políticas públicas precisam ajudar a romper a lógica financeira na produção de livros. A viabilidade comercial não deve continuar definindo os livros que vão ao prelo. Sim, muitos dirão que, as coisas como estão, já temos uma quantidade absurda de livros ruins em circulação — um verdadeiro desperdício de tinta e papel. Eu concordo, mas retomo a ideia do editor pernambucano: cada editora é uma subjetividade. O exercício dessa subjetividade não pode continuar sendo definido apenas pela grana. E eu não deixo de pensar nos tesouros que, por questões monetárias, permanecem inéditos. É como disse alguém, em algum lugar: podem existir livros bons demais ou ruins demais, mas nunca podem existir livros demais.

---

[4] Para efeitos de políticas públicas, o conceito de "pequena editora" poderia fazer algum sentido, embora o caminho de uma editora que se mantenha publicando, ainda mais se puder contar com incentivos, seja crescer — não necessariamente em estrutura, mas certamente em catálogo e possivelmente em faturamento.

UMA EDITORA NA PERIFERIA

César Mendes da Costa

> *Que nunca me falte a vontade de ler.*
> Gaston Bachelard,
> *Chama da vela*, editora Ática

Encontrei uma agenda antiga com algumas anotações, entre elas, no dia 17 de junho de 2002, estava escrito: "Elaborar o espaço físico da biblioteca Otávio Mendes, que servirá aos alunos e estudantes em geral." Esta é uma ideia que me acompanha há muito tempo: disponibilizar o acervo bibliográfico para a comunidade.

A procura por uma forma de viabilizar essa ideia me acompanhou de 2002 a 2011, anos dedicados a diversos projetos. Quando, em dezembro de 2011, formalizei a microempresa individual, houve a possibilidade de concretizar esse projeto — uma editora e livraria no parque Santo Antônio, Zona Sul de São Paulo. O início foi a construção da loja virtual da Editora FiloCzar. Foram dois anos pesquisando e trabalhando com edição, até surgirem as primeiras publicações. Nesse período, a Editora FiloCzar foi majoritariamente uma livraria na web e em outros espaços, eventos e exposições. Revendíamos, também, livros de outras editoras. Enfim, trabalho de livreiro.

No ano de 2013, publicamos nossos quatro primeiros títulos. A editora nasceu publicando filosofia e poesia, livros de autores brasileiros: alguns da periferia, outros, da academia; alguns jovens trabalhando em seu primeiro livro, outros experientes, com vários livros já publicados. Assim foi nos anos de 2014 e 2015. Então, no último trimestre de 2015, comecei a estudar encadernação porque via a necessidade de poder confeccionar os livros editados por nós. Vídeos no YouTube, material de estudo sobre editoração, análise de livros que o tempo deteriorou para ver como foi feita a costura — foram muitas horas dedicadas ao estudo do processo de impressão e encadernação.

Conhecer as possibilidades de imprimir e encadernar trouxe uma nova dinâmica. Foi bem terapêutico construir um tear para costurar, um berço para perfurar com o agulhão os cadernos do miolo do livro, e utilizar o que tinha em mãos para costurar. Os primeiros livros costurados ficaram tortos e estão guardados para serem apresentados a quem tiver interesse em conhecer essa história. Cada livro encadernado foi um aprendizado; foram meses de estudo.

O processo começa na impressão dos cadernos e prossegue no alceamento destes, que são organizados para compor o miolo, o qual posteriormente é prensado. Depois, segue para perfuração ou serrotagem, e então para a costura. Após esta etapa, ele recebe cola na lombada, e, depois da secagem, passa pela guilhotina onde recebe o seu primeiro corte. Agora é juntar a capa, aguardar a secagem e passar novamente pela guilhotina, onde receberá os dois cortes finais.

O processo da capa começa na impressão e segue para laminação, vinco e dobras. De 2016 até 2020, os títulos publicados por nós foram confeccionados dessa forma. Um trabalho diário envolvendo equipamentos manuais, atenção e criatividade para inventar e produzir alguns equipamentos, tais como prensas feitas com madeiras, parafusos e porcas para apertar o material, padrões para alceamento e base para grampeadores (para os livros grampeados).

Aprender a laminar uma capa sem deixar bolhas foi um passo importante para reduzir o desperdício de materiais. O macete é esticar bem o material BOPP a frio, colocar a capa sobre ele e depois concluir esfregando uma flanela para melhor aderência.

No decorrer desses anos foi posta em marcha a "Escola Livre de Filosofia, Ciência e Arte", assim como organizamos o CineFilosofia, o Cineclubinho, o Cine Navegantes, a mostra de curtas-metragens de terror. Elaboramos saraus, cafés filosóficos e cursos. A biblioteca ganhou seu espaço. O coletivo — Desenrola e Não Me Enrola — desenvolveu, durante alguns anos, atividades no espaço.

Chegamos em março de 2020 e na pandemia da Covid-19. A Editora FiloCzar volta a ser majoritariamente uma loja virtual, seus eventos pela primeira vez passam a acontecer na web e as novas publicações começam a ser estritamente em formato digital. Prosseguimos seguindo os protocolos de segurança, comercializando o material impresso que tínhamos confeccionado e comprado antes da pandemia.

O futuro é incerto, a loja de rua da Livraria e Editora FiloCzar e a biblioteca seguem fechadas para o atendimento ao público. Enquanto não houver vacina para todos, permaneceremos com espaço físico fechado.

Em 2021, percebendo que a pandemia ainda demoraria a passar, fizemos uma parceria com uma empresa que trabalha com impressão por demanda. No primeiro semestre deste ano, estamos trabalhando para publicar os livros editados como e-books em 2020 no formato impresso. Continuamos com nossas atividades on-line e vendas pela internet, aguardando o momento seguro para que possamos repensar como serão nossas atividades daqui para a frente, no contexto pós-pandemia.

Comemoramos dez anos de existência também em 2021. Foram anos marcados pelas palavras: aprendizado, desenvolvimento e descobertas. Aprendemos a fazer muitas coisas necessárias para o funcionamento de uma editora e livraria. Neste período de pandemia ficou nítida a importância de cada pessoa que participou e participa desse sonho, que é concretizado um pouco mais a cada dia.

O CAMINHO DAS BIBLIOTECAS PÚBLICAS

Ricardo Queiroz Pinheiro

Mais do que nunca, é preciso falar das bibliotecas públicas. Algumas perguntas surgem e servirão de guia para este breve texto. A primeira delas é: haverá espaço para a biblioteca pública no mundo contemporâneo? O contexto da pergunta é a contemporaneidade em que grande parte da sociedade se pauta pelos valores e lógica de funcionamento daquilo que Dardot & Laval (2017) chamam de racionalidade neoliberal, que domina a vida social e norteia os principais atores políticos no caminho da competição e do esvaziamento do que é público.

Há uma segunda pergunta que se conecta à primeira: o que nos conta a história das bibliotecas, que em dado momento da história se tornam públicas, e que pode servir para que entendamos os possíveis papéis destas no mundo contemporâneo?

Para iniciar, vamos partir da reflexão sobre dois discursos, em dois momentos, um em 2003, outro, em 2013, que ocorreram no lado norte das Américas e que destacam a importância das bibliotecas públicas e dos acervos públicos nas sociedades contemporâneas. Ambos trazem exposições de ideias dentro de perspectivas distintas, cujo conteúdo nos faz pensar no passado, no presente e no futuro das bibliotecas públicas.

Voltemos então a 2003, quando a jornalista e ativista canadense Naomi Klein realizou uma conferência na cidade de Toronto para os membros e convidados da Associação Canadense de Bibliotecas com o título de "Para ser um bibliotecário radical",[1] onde disse:

> Quando olho para esta sala, vejo pessoas que representam valores que são opostos aos daqueles que atualmente governam o mundo, são eles:
> - o conhecimento em oposição à mera coleta de informações;
> - espaço ***público em oposição ao espaço privado e mercantilizado;***
> - o compartilhamento em oposição da compra e venda.
>
> [...]
>
> Ser bibliotecário hoje significa ser mais do que um arquivista, mais do que um pesquisador, mais do que um educador — significa ser um guardião dos valores que fortalecem o conhecimento, o espaço público e os compartilhamentos que animam sua profissão.

Dez anos depois, em 11 de março de 2013, o Center for an Urban Future organizou uma série de palestras[2] na cidade de Nova York sobre o papel das bibliotecas públicas, reconhecendo-as como uma instituição geradora de oportunidades em face do mundo do trabalho, que está em constante transformação. As falas apresentadas no evento defendem a biblioteca pública como um lugar que acolhe pessoas em busca de emprego, imigrantes, estudantes, egressos do sistema prisional, pessoas em situação de rua. Assim, a biblioteca pública poderia ser também esse lugar em que se integra a lógica estadunidense mercadológica, que auxilia nas adaptações cíclicas do mercado de trabalho dentro de suas necessidades específicas.

---

[1] Disponível em: <http://www.progressivelibrariansguild.org/PL_Jnl/contents23.shtml>. Acesso em: 5 de jul. de 2021

[2] Disponível em: <https://nycfuture.org/events/opportunity-institutions>. Acesso em: 5 de jul. de 2021

É evidente que esta é uma leitura enviesada, que mostra apenas uma faceta das possibilidades de uma biblioteca pública, mas é um bom parâmetro para refletirmos sobre a sua importância e seu lugar no mundo atual.

Os dois eventos citados acima, observados a partir de suas premissas, o primeiro com uma perspectiva crítica ao neoliberalismo, o segundo com uma postura mais integrada, se contradizem e se complementam.

Klein faz uma crítica direta à logica privatista que, ao mesmo tempo que coloca sob ameaça as bibliotecas públicas, nos revela sua potência como um lugar de insurgência, ao passo que a mensagem proferida no Center for an Urban Future apresenta a biblioteca pública como um lugar de adaptação, de integração dos indivíduos ao mercado de trabalho. Ambos reiteram a importância e a centralidade da biblioteca pública como um lugar de múltiplos recursos, um espaço democrático das cidades.

Um exercício necessário para compreender a importância das bibliotecas públicas e a complexidade dos acervos públicos é olhar com atenção para o passado das bibliotecas, suas entranhas, seus símbolos, suas mudanças. Antes de tudo, lembremos o que nos ensina Benjamin (1987, p. 222), quando diz que articularmos historicamente o passado não significa conhecê-lo tal como foi, mas, sim, nos apropriarmos das suas reminiscências. O retrovisor da história deveria portar um adesivo com essa máxima do pensador alemão; é muito importante olhar com atenção e critério para os resquícios das bibliotecas de ontem, para que localizemos as bibliotecas e suas potências nos dias de hoje.

Por mais que as nossas bibliotecas públicas reeditem o seu passado e reproduzam um legado de tradições inventadas e desejos não alcançados, ela vive o presente, por vezes em consonância, por vezes em tensão, num diálogo com as cidades que as conformam e as transformam. É exatamente essa tensão que torna as bibliotecas públicas presentes, necessárias e passíveis de transformações. Ainda que a instituição biblioteca seja constantemente "esquecida" e vista como espaço obsoleto, sempre há quem leve seus desejos e suas necessidades para dentro dela. Não se trata de romantismo nem idealização de demandas, até porque esses encontros das pessoas e das cidades com suas bibliotecas nem sempre são pacíficos e agradáveis.

As bibliotecas públicas estão inscritas no imaginário da população como o lugar dos estudantes, do silêncio, dos esquisitos, dos leitores desvairados, dos solitários, dos obsoletos, dos silentes, das fugas, das ausências. Todos esses rótulos são superados quando olhamos de perto para quem realmente as frequenta e constatamos o uso que essas pessoas fazem das bibliotecas públicas. É um leque plural de perfis de público. Em geral, o leque de perfis é muito maior e diversificado do que os discursos açodados podem imaginar. A biblioteca pública é, como compreende Canevacci (1993, p. 17), um espaço polifônico e muitas vezes inusitado, que comporta os vários olhares da cidade. O seu público real é quem a enxerga na sua diversidade. Quem a usa faz visíveis os seus papéis e suas possibilidades, que se traduzem por meio de encontros, sejam planejados, sejam não intencionais.

Ao mesmo tempo que se apresenta aos olhos de uma fração da sociedade como um lugar do passado, não é muito difícil constatar que a biblioteca pública é o lugar da cidade com menos restrições de acesso: a sua porta aberta é um sinal da sua relação com o tempo presente. Ninguém precisa dar satisfação ou justificar sua entrada numa biblioteca pública. Claro que há as mil barreiras, explícitas ou implícitas, que impedem a pessoa de chegar ao balcão de atendimento e às estantes; no entanto, esse impedimento de acesso a direitos não está restrito unicamente às bibliotecas públicas. Ao andar pela cidade, muito antes de chegar às bibliotecas, as diferenças e as exclusões são sentidas e vividas. Como disse anteriormente, é preciso olhar para o passado. Antes de se tornarem públicas, as bibliotecas, como coleção e espaço, passaram por diversos formatos e ocuparam espaços distintos ao longo da história, nos lugares da cidade. Existe uma linha sinuosa, complexa e polêmica de evolução das bibliotecas através dos tempos.

O sagrado e o profano

Em um artigo escrito para o *New York Times*[3] no ano de 2000, o historiador estadunidense Robert Darnton — que foi diretor da Biblioteca Pública de Nova York — afirma que, vistas de dentro, todas as bibliotecas parecem indestrutíveis, mas que, de fato, a história nos mostra que elas sempre estão sendo destruídas com as civilizações que as criam e as tutelam, como se fossem um espaço de glória com o destino certo de decrepitude, como algo que desaparece com a lógica que a criou:

> A Biblioteca de Alexandria parecia que iria durar tanto quanto as pirâmides e, de fato, sobreviveu quase um século, mas, quando foi destruída, perdemos a maior parte da informação então disponível sobre a Grécia antiga, 700 mil volumes. Perdemos o maior repositório de conhecimento sobre a Europa medieval quando Monte Cassino foi bombardeada na Segunda Guerra Mundial. Mais recentemente, a destruição da Biblioteca Nacional do Camboja pelo Khmer Vermelho deu cabo do maior estoque de informações sobre a civilização cambojana. (DARNTON, 2000)

A pergunta que vem de chofre é: será que as sociedades contemporâneas sonham ainda com bibliotecas indestrutíveis? Bibliotecas como espaços que promovem a preservação de memórias, como espaço de possibilidade, de encontros, dos fazeres, das comunhões e dos encontros, providas de coleções públicas acessíveis, resistentes ao tempo, protegida da má gestão, da pecha de obsoleta, protegida da ilusão e do fetichismo de que alguma tecnologia digital de livros e plataformas de informações sirva para substituí-las, que fechariam suas portas. O que Darnton insinua, e que a história nos demonstra, é que qualquer modelo idealizado de biblioteca está passível de destruição para que venha o próximo, e isso pode ser um conforto ou surgir como um temor.

---

[3] Disponível em: <https://www1.folha.uol.com.br/fsp/mais/fs1504200105.htm.> Acesso em: 2 de set. de 2021.

Lugar de memória nacional, espaço de conservação do patrimônio intelectual, literário e artístico, uma biblioteca é também o teatro de uma alquimia complexa em que, sob o efeito da leitura, da escrita e de sua interação, se liberam as forças, os movimentos do pensamento. É um lugar de diálogo com o passado, de criação e inovação, e a conservação só tem sentido como fermento dos saberes e motor dos conhecimentos, a serviço da coletividade inteira. O recuo da história e o desvio da reflexão nos parecem permitir lembrar estas evidências fundamentais. (JACOB, 2008, p. 9)

A biblioteca se movimentou no imaginário dos povos ao longo do tempo; o fato é que o olhar panorâmico nos apresenta as bibliotecas quase sempre apartadas das pessoas comuns. Na Antiguidade, as bibliotecas não foram projetadas para que o público pudesse consultar os textos livremente ou para utilizá-los ao próprio critério, como funciona hoje a maioria das bibliotecas. Naquele momento, as bibliotecas eram anexadas a locais de templos, espaços de adoração, cultivo e preservação. Na Grécia e nos diversos períodos do Império Romano, esses modelos sacralizados de bibliotecas eram prevalentes, mas as coleções particulares também se tornaram muito mais comuns. Os gregos, em especial, foram os primeiros a projetar o amplo uso público das bibliotecas, tendo como principal exemplo a biblioteca por Pisístrato, que governou a Grécia de 546 a.C a 527 a.C., na fase da tirania que empreitou uma abertura à plebe (Martins, 2002).

Mas, segundo Battles (2003, p. 50), foi o imperador romano Júlio Cesar quem planejou construir, pela primeira vez na história, uma biblioteca pública, pouco antes de morrer assassinado. Júlio Cesar não conseguiu concretizar o seu projeto, mas seu partidário Asínio Pólio juntou-se ao escritor Públio Terêncio Varrão e, em 39 a.C., foi construída, no Fórum Romano, a primeira Biblioteca Pública de Roma. Ela era composta, como desejou o imperador, por dois salões distintos, um para as obras em latim e outro para as obras em grego. A disposição física da Biblioteca Pública de Roma serviu como padrão para todas as outras bibliotecas públicas romanas. O desejo de ser público não dizia propriamente que as bibliotecas romanas fossem para todos; evidentemente, elas eram restritas aos letrados.

Ainda na Antiguidade, mas em outro território, os assírios e os babilônios que viviam no chamado Oriente Próximo possuíam três tipificações de bibliotecas: aquelas que existiam dentro dos palácios reais; as instaladas em locais de templo, que eram as mais comuns, pois nelas se concentravam os acadêmicos que sabiam ler e escrever; e aquelas que existiam nas residências particulares. Todas as bibliotecas desse período estavam alojadas bem próximas aos espaços sagrados e aos espaços de poder, o que evidenciava a retenção do conhecimento pela autoridade. Um lugar de afirmação, de ascensão e superioridade e, por que não, de culto.

> A chave está na tumba de Ramsés. Nem ali os escavadores modernos encontraram a biblioteca. Mas Hecateu não mentiu: foi apenas entendido mal. Embora o leiamos no compêndio de Diodoro, uma indicação era reveladora: "depois da biblioteca estão as imagens de todos os deuses egípcios". Como poderia uma sala estar "depois" de um relevo? "Biblioteca" (bibliothéke), porém, significa antes de mais nada "estante": estante em cujas prateleiras se colocam os rolos, e, portanto, evidentemente, o conjunto dos rolos, e apenas por extensão a sala (quando começaram a ser construídas) em que eram colocadas "as bibliotecas". Assim, a "biblioteca sagrada" do mausoléu não é uma sala, mas uma estante, ou mais de uma estante, escavada ao longo de um dos lados do perípato. Ela se encontra precisamente entre o baixo-relevo pintado que representa o rei oferecendo aos deuses o fruto das minas e as figurações dos deuses egípcios. Assim como no rodapé do relevo com a oferenda minerária está marcada a cifra que indica o montante da oferenda, da mesma forma sobre a "biblioteca" há uma inscrição: "Local de cura da alma." (CANFORA, 1989, p. 70)

Arrisco-me a dizer que a herança do lugar sagrado está implícita nas bibliotecas (públicas) até os dias atuais. Não é algo evidente, reside nas tessituras das estantes, nos detalhes das tentativas de preservação do acervo, na fortuna das mediações diárias, na aura de lugar de preservação de memórias e construção do conhecimento.

Filósofo e estudioso das religiões, o romeno Mircea Eliade (1992) afirma que sagrado é todo aquele espaço, objeto, símbolo, que tem um significado especial para uma pessoa ou grupo. Genericamente é um conceito que se encaixa nas bibliotecas através dos tempos, sobretudo, se atentarmos para a herança que remonta à Antiguidade e à irmandade de ambas com os templos. Mas é tentador especular sobre uma biblioteca como espaço sagrado e restrito, que necessita de profanação para ser aberto às pessoas comuns. Seriam as bibliotecas profanas mais democráticas?

Na Alta Idade Média, as bibliotecas seguiram escondidas das pessoas comuns, em mosteiros. Os clérigos, os eruditos da Igreja, monopolizavam as grandes coleções, seus manejos e usos. Uma excelente imagem que nos permite entender o universo das bibliotecas medievais está presente no romance *O nome da rosa*, escrito pelo erudito italiano Umberto Eco, que também foi adaptado para cinema. O modelo das bibliotecas medievais é o primeiro a apresentar um cuidado técnico com as coleções, que destaca finalmente a figura de algo próximo ao bibliotecário (como, por exemplo, o personagem William de Baskerville de *O nome da rosa*), mas, ainda assim, era uma biblioteca para si, para conservar e armazenar, para dentro das instituições, que tinham um caráter privado muito mais evidente do que as bibliotecas da Antiguidade, reservadas aos eruditos e letrados num mundo de ideias restritas, cuja memória e o armazenamento eram cultivados pelos copistas solitários, pelos tradutores, pelos escribas e pelos próprios bibliotecários, como guardiões do conhecimento:

> A biblioteca nasceu segundo um desígnio que permaneceu obscuro para todos através dos séculos e que nenhum dos monges é chamado a conhecer. Só o bibliotecário recebeu o seu segredo do bibliotecário que o precedeu, e comunica-o, ainda em vida, ao bibliotecário ajudante, de modo que a morte não o surpreenda privando a comunidade daquele saber.

E os lábios de ambos estão selados pelo segredo. Só o bibliotecário, além de saber, tem o direito de se mover no labirinto dos livros, só ele sabe onde encontrá-los e onde repô-los, só ele é responsável pela sua conservação. Os outros monges trabalham no *scriptorium* e podem conhecer o elenco dos volumes que a biblioteca encerra. Mas um elenco de títulos frequentemente diz muito pouco, só o bibliotecário sabe, pela colocação do volume, pelo grau da sua inacessibilidade, que tipo de segredos, de verdades ou de mentiras o volume encerra. (ECO, 1983, p. 22)

Aqui, peço um instante para um breve relato pessoal: quando me formei em biblioteconomia e documentação, em 1994, fiz o meu trabalho de conclusão na biblioteca de uma escola particular, na região da avenida Paulista (Zona Sul de São Paulo); aquele foi o único lugar que me deu acesso a computador e impressora naquele momento. As limitações materiais e tecnológicas me forçaram a passar uma madrugada dentro de uma biblioteca que funcionava à feição das bibliotecas antigas e medievais; tinha o acesso restrito, com um grande balcão a separar o público do acervo. Lembro muito bem o quanto os livros se perdiam na escuridão de estantes isoladas. Decidi naquele episódio que combateria com todas as minhas forças as bibliotecas fechadas em si; terminei o curso de biblioteconomia meses depois e procurei fugir sempre do papel de guardião como bloqueador da informação. É uma prova incontestável de que as bibliotecas não obedecem a um caráter linear de evolução, há avanços e retrocessos que se alternam na história.

Voltando ao panorama histórico, foi o profissional gráfico, inventor e homem de ciência alemão Johannes Gutenberg, um personagem central do Renascimento, o primeiro a imprimir uma cópia da Bíblia sagrada em meados do século XV. Sim, foi por volta de 1450 que Gutenberg inventou a prensa de tipos móveis, invento que tornou viável a impressão em série de cópias idênticas de documentos. O nascimento da imprensa (de Gutenberg) foi um divisor de águas na circulação dos documentos e da informação e, consequentemente, das bibliotecas. A possibilidade de reprodução dos documentos determinou uma nova configuração das bibliotecas e o protagonismo dentro de um novo papel dos bibliotecários como organizadores e disseminadores. A partir de então, se iniciou a ampliação, ainda de forma precária, do caráter público da informação.

Nesse longo período um invento, a imprensa móvel de Gutenberg, criou, no século XV, um marco divisório na civilização humana: a imprensa. Ela permitiu o revolucionário barateamento dos livros, que substituíram os códices, caríssimos, pois elaborados um a um, que em bibliotecas podiam permanecer acorrentados. O aumento da produção editorial propiciou a formação e multiplicação das bibliotecas. (MILANESI, 2002, p. 61)

A biblioteca pública com as características que conhecemos hoje teve a sua origem no século XIX, tendo forte influência das mudanças econômicas, políticas e sociais patrocinadas pelas rupturas engendradas por três revoluções: a Liberal, a Francesa e a Industrial. O crescimento dos centros urbanos, a necessidade de expansão da educação pública e os desafios do mundo do trabalho colocaram a biblioteca pública como uma instituição necessária em vários contextos. O século XIX é o momento no qual a necessidade de escolarização, que até então era monopolizada pelas igrejas, e o mercado de massa começam a ocupar espaço. Uma das consequências dessa transformação foi a necessidade de expansão da leitura pública (quanto mais cidadãos alfabetizados, mais leitores), daí a necessidade de bibliotecas abertas, com acervos que dialoguem com esse público.

As bibliotecas paroquiais, bibliotecas de clubes sociais que foram formadas na Grã-Bretanha, no início do século XIX, são as grandes referências históricas para as bibliotecas públicas até os dias de hoje. Esses modelos migram e servem como base para os estadunidenses. O movimento das bibliotecas nos Estados Unidos é forjado no modelo de bibliotecas subsidiadas dentro de um sistema de ensino democrático, gratuito e integrado ao poderoso movimento da escola pública e universal, com escolas e bibliotecas abertas para jovens e adultos para alfabetizar e educar a classe trabalhadora. A Biblioteca Pública de Boston, fundada em 1854, foi a primeira mantida totalmente pelo poder público por meio da arrecadação de impostos, as anteriores funcionavam num método híbrido, em parte bancada por mecenas e em parte pelos usuários (SORCE, 2017).

Ainda segundo Sorce (2017, p. 3), no ano de 1876 já se contabilizavam 257 unidades na rede de bibliotecas públicas estadunidense, espalhadas pelas diversas regiões do país, com um acervo público de aproximadamente 1,5 milhão de volumes disponíveis. No entanto, o enunciado de bibliotecas democráticas não contemplava as minorias. Um exemplo disso é que, nas cidades sulistas, os afro-americanos não tiveram direito de frequentar as bibliotecas públicas até o ano de 1920, momento em que ocorreu alguma inflexão, porém os reflexos da segregacionista Lei Jim Crow influenciaram fortemente nas bibliotecas públicas até início da década de 1960. Em 1876, foi criada a American Library Association (ALA), histórica associação profissional de bibliotecários, que deu organicidade e ajudou a organizar o sistema de bibliotecas estadunidenses.

No início do século XIX, as bibliotecas da França foram organizadas em duas redes distintas: as bibliotecas municipais e as bibliotecas populares. As bibliotecas municipais se espalhavam pelo território desde o ano de 1803, elas eram financiadas e organizadas pelos municípios, mas o Estado era o proprietário das coleções, essa relação governo central/município funcionava como uma espécie de comodato. Apesar de funcionar dentro de um formato de bibliotecas públicas gerais, o público-alvo das bibliotecas municipais francesas era limitado, sobretudo, aos letrados das regiões que dispunham de acervos, que em geral eram uma sobra das extintas bibliotecas de conventos, basicamente composta por antigas obras literárias. Com o passar do tempo, as bibliotecas municipais foram recebendo cada vez menos recursos, o que dificultou a sua manutenção e as possibilidades de uso.

As bibliotecas populares também tiveram a sua origem no século XIX e podem ser comparadas às bibliotecas anglo-saxãs. A gestão das bibliotecas populares era de caráter associativo e os recursos para a sua manutenção tinham origem filantrópica. Uma das características principais das bibliotecas populares era a composição do acervo, que respeitava as demandas e o gosto dos seus frequentadores. Elas estavam atreladas ao movimento de expansão da educação pública e, no ano de 1870, eram 817 bibliotecas espalhadas pelo norte e leste da França. Em 1862, foi criada a Société Franklin para fomentar e ajudar na organização das bibliotecas populares. Infelizmente, no início do século XX, as bibliotecas populares entraram em decadência, por dois fatores predominantes: a falta de recursos, que resultou no envelhecimento dos acervos e na precarização dos espaços físicos; e a desmobilização do movimento pela educação pública (SORCE, 2017).

O desenvolvimento cheio de nuances das bibliotecas na Inglaterra, na França e nos Estados Unidos no século XIX, dentro dos seus modelos e experiências, influenciaram a biblioteca pública do século XX. É evidente que as experiências locais, a articulação da sociedade civil, o desenvolvimento das políticas públicas e a relação Estado/sociedade deram a forma a cada biblioteca em cada país, mas as bases vieram dessa experiência dos países do centro do capitalismo. A periferia recebe os modelos e lhes dá outros significados e conformações. Foi dessa maneira que as bibliotecas da Antiguidade, da Idade Média, do Renascimento, do pós-iluminismo, da era das revoluções e do pós-guerra ainda influenciam e se fazem presente nas bibliotecas contemporâneas.

O Brasil

Chegamos ao Brasil e é preciso demarcar que os primeiros livros que aqui chegaram vieram pelas mãos das missões religiosas, tais como a Companhia de Jesus, a Ordem dos Frades Menores, os Beneditinos, os Franciscanos e a Ordem das Carmelitas. Aqui percebe-se a sacralização se impondo novamente. Devido ao escasso registro documental das demais ordens religiosas, o pioneirismo livresco em nossas terras ficou diretamente ligado à chegada dos padres jesuítas e associado à sua missão civilizatória e catequista. O ano de 1549 marcaria o início da vida administrativa na colônia. O momento configura-se como se fosse a pré-história das nossas instituições. Exatamente nesse ano, surgiria em Salvador, sede do governo-geral do Brasil, dentro dos colégios das ordens religiosas, a Livraria do Colégio dos Jesuítas (Moraes, 2006).

As bibliotecas do período colonial no Brasil eram espaços fechados nos colégios dos jesuítas e beneditinos, ambos umbilicalmente associados a um projeto de aculturação e dominação dos povos originários. Aliás, as bibliotecas à época eram denominadas *livrarias* e serviam como suporte para o projeto educacional das missões religiosas. Segundo Paiva (2010), a ideia dos jesuítas, desde que chegaram ao Brasil, era estabelecer escolas e ensinar a ler, a escrever, a contar e a cantar. O padre Manuel Nóbrega, em sua primeira carta do Brasil, o atesta: "O Irmão Vicente Rijo ensina a doutrina aos meninos cada dia e, também, tem escola de ler e escrever." Apesar de, inicialmente, o colégio ter sido pensado para os índios — "Os que hão de estar no Colégio hão de ser filhos de todo este gentio" —, os colonos também eram educados nessas instituições.

A chegada da Corte Portuguesa ao Brasil, em 1808, no início da era imperial brasileira, trouxe novidades fundamentais para o universo do livro e leitura em nossas terras, dentro do pacote de deslocamento da metrópole para a colônia. Uma delas foi a chegada das tipografias por meio da Imprensa Real e a outra foi a Real Biblioteca de Lisboa.

> Ao longo de 1809, a urgência no envio do acervo da Real Biblioteca Pública de Lisboa arrefeceu-se devido ao fracasso no avanço militar dos franceses. Por outro lado, em princípios de 1810, a coleção de obras pertencentes à Real Biblioteca d'Ajuda começava a ser transferida em segredo para a nova Corte. A primeira leva de caixotes foi acompanhada por José Joaquim de Oliveira, servente da Real Biblioteca. (SCHWARCZ, 2002, p. 266)

O fato é que a Real Biblioteca do Rio de Janeiro foi aberta ao público apenas em 1814, mas um senhor de engenho da cidade de Salvador se antecipou aos fatos e foi pioneiro ao patrocinar a abertura da primeira biblioteca pública brasileira. De acordo com Leitão (2011),

Pedro Romão Castelo Branco foi o mecenas da Biblioteca Pública de Salvador, inaugurada em 1811 com propósitos educativos e franqueada ao povo soteropolitano. Ironicamente, a primeira biblioteca pública brasileira teve origem privada.

> As bibliotecas fundadas anteriormente, como as dos conventos, não eram públicas, e a Biblioteca Real do Rio de Janeiro já existia em Lisboa, havendo, portanto, no caso, apenas a transferência de sede. É importante salientar que a fundação da Biblioteca Pública da Bahia não se efetivou através de uma iniciativa governamental. Ela foi criada por iniciativa dos cidadãos. (SUAIDEN, 1995, p. 24)

Em 1837, 43 refugiados políticos portugueses criam o Real Gabinete Português no Rio de Janeiro, mais tarde viriam os do Recife (1850) e o da Bahia (1863). O objetivo principal era promover a cultura portuguesa na comunidade da capital. Um dos aspectos mais interessantes do Real Gabinete, além de um grande acervo com obras da literatura portuguesa, era a promoção de debates literários, filosóficos e científicos o que os diferenciava das bibliotecas públicas da época.

> O objetivo desta instituição era estimular o engrandecimento da "cultura do espírito", além de estimular o orgulho da nacionalidade portuguesa, buscando ser esta uma associação entre a cultura e o lazer. Apesar de ter sido uma das primeiras associações portuguesas criada no Brasil, não havia em sua organização um caráter recreativo ou beneficente, diferentemente do que ocorre em outras associações de imigrantes em meados do século XIX. (BASTOS, 2005, p. 1)

Segundo Rubim (2007), o início do período republicano reproduz parcialmente, com mudanças muito tênues, o que já acontecia no Império: o Estado brasileiro avança para uma acentuada burocratização e o aprofundamento do autoritarismo; a censura permanece presente e se intensifica diante do aumento da produção editorial, o que refletiria na circulação de livros e ideias. A burocratização e a censura marcariam os períodos posteriores de história de nossas políticas culturais.

A ausência dos direitos e do poder público e a concentração de renda ficam mais evidentes com o aumento dos conflitos de interesses, que tomam grandes proporções desde o fim da escravidão e são reforçados com a vinda dos imigrantes europeus e com a concentração de pessoas nos centros urbanos em busca de oportunidades de trabalho. As cidades brasileiras cresciam e, com elas, as necessidades dos novos habitantes em busca de trabalho e de inserção social.

> De 1880 até os anos 1930, a sociedade brasileira dinamizou-se muito. A nova configuração social representava o resultado imediato do crescimento geral da população combinado com a política agressiva de incentivo à imigração estrangeira. Para completar, já na década de 1910 se observou um acelerado processo de substituições das importações — implementado durante a primeira e no final desta — o qual, unido à crise de agricultura, levou a que cidades e indústrias ganhassem importância renovada no cenário nacional. (SCHWARCZ, 2015, p. 325)

Apesar do aumento crescente das demandas por serviços públicos nas cidades, a criação de serviços voltados ao livro e à leitura obedeceu ao ritmo de crescimento dos demais serviços públicos de cultura e educação e não acompanhou o ritmo de crescimento dos centros urbanos. Oliveira (1994) afirma que foram criadas 27 bibliotecas públicas entre 1890 e 1930 em estados e municípios, ou seja, enquanto o país experimentava um crescimento das cidades, com o comércio e os bancos se expandindo; as novas tecnologias, como o telégrafo e as ferrovias, sendo implementadas; o número de bibliotecas não acompanhava as novas necessidades da sociedade.

> Na segunda metade do século XIX, o Brasil experimentou um crescimento das cidades, o comércio e os bancos se expandiram, novas tecnologias como o telégrafo e as ferrovias foram implementadas. O crescimento da

sociedade urbana não foi acompanhado do crescimento de bibliotecas públicas, que totalizaram apenas 27 entre 1890 e 1930, concentrando-se, sobretudo, na região sudeste. (PAIVA, 2008, p. 27)

A situação das bibliotecas públicas não avançou no período da República Velha; além de seu número insuficiente nos estados e municípios, elas ainda sofriam com a crônica falta de verbas, com acervos pequenos, pobres e desatualizados, desenvolvidos aleatoriamente, por meio de doações, além de inadequados aos interesses cada vez mais diversos dos usuários. Podemos apontar a ausência de legislação e de programas educativos e culturais específicos e direcionados que envolvessem as bibliotecas como os principais motivos do atraso.

O discurso oficial e a luta dos educadores pela universalização do ensino, pouco afetaram a situação das bibliotecas públicas e escolares no Brasil. Mudou o regime político, mas as bibliotecas públicas não mudaram, ainda eram depósitos de livros velhos, sobras de coleções particulares e espaços sem envolvimento das populações originadas nos fins do período imperial.

Para as bibliotecas públicas brasileiras o advento do Departamento de Cultura de São Paulo, dirigido pelo escritor Mário de Andrade, em 1935, e do Instituto Nacional do Livro (INL), que foi instituído pelo Decreto-Lei nº 93, de 21 de dezembro de 1937, pelo Ministério da Educação e Saúde, capitaneado pelo advogado mineiro Gustavo Capanema na esfera federal, foram dois momentos de grande importância.

O Departamento de Cultura foi criado oficialmente pelo Ato nº 861, de 30 de maio de 1935, e consolidado e modificado pelo prefeito Fábio Prado, por meio do Ato nº 1.146, de 4 de julho de 1936. A gestão de Mário de Andrade no Departamento de Cultura de São Paulo foi curta (1935-1938). De acordo com Assis (2014, p. 4), em todos os programas desenvolvidos pelo Departamento de Cultura de São Paulo, no escopo das ações, foram considerados as necessidade de modernização e expansão do Estado, desafios republicanos, os ideais do grupo modernista e as intersecções entre a cultura e a educação, que geraram projetos e instituições como os parques infantis, a Divisão de Documentos Históricos, a Biblioteca Brasiliana, a Discoteca Municipal, o Museu da Palavra, o Museu Municipal, o Cinema Educativo e as Missões de Pesquisas Folclóricas.

Três personagens se destacaram na composição do Departamento de Cultura de São Paulo no que se refere às bibliotecas públicas: o bibliófilo Rubens Borba de Moraes, primeiro chefe de Divisão de Bibliotecas, organizador e principal articulador da Biblioteca Pública Municipal (que nos anos 1960 passaria a se chamar Biblioteca Mário de Andrade, no Centro da capital paulista) e figura central na criação e modernização do Sistema Municipal de Bibliotecas Públicas; a professora e bibliotecária Lenyra Fracarolli, formuladora de projetos de expansão da leitura infantojuvenil e criadora da primeira biblioteca infantojuvenil brasileira, que hoje leva o nome de Biblioteca Monteiro Lobato (situada no bairro da República, também na Zona Central da cidade de São Paulo); e, por fim, Mário de Andrade, o diretor do Departamento de Cultura, que formulou as políticas de cultura em diálogo com a educação, e, a partir delas, a área do livro e leitura ocuparam um espaço relevante, com destaque para uma ação ensejada por Mário, que se transformou em políticas públicas, foi a Ônibus Biblioteca (o Fordão com uma biblioteca adaptada), que circulava nos bairros longe do Centro de São Paulo, inspirado nas bibliotecas itinerantes estadunidenses.

A principal contribuição do INL para as bibliotecas públicas brasileiras foi a criação da Seção de Bibliotecas, que, de acordo com Bragança (2009, p. 227), em 1938, marcou o início do cadastramento das bibliotecas públicas por meio de formulários, com objetivo de criar um diagnóstico e elencar as principais necessidades de bibliotecas abertas ao público no território nacional. Esta foi a primeira iniciativa com o objetivo de registrar as bibliotecas públicas em território nacional.

Em 1961, o Ministério da Educação criou o Serviço Nacional de Bibliotecas, desvinculado do INL com objetivo de incentivar a criação de bibliotecas públicas. Finalmente, em 1992, o INL criou o Sistema Nacional de Bibliotecas Públicas (SNBP), que funcionou inclusive na

Fundação Biblioteca Nacional até 2014, quando passou a integrar a Diretoria do Livro, Leitura, Literatura e Biblioteca (DLLLB) no Ministério da Cultura em Brasília. O SNBP enfrentou problemas de falta de estrutura e recursos desde a sua criação. Além disso, a interrupção das políticas públicas e as dificuldades de diálogo com os sistemas estaduais de biblioteca (que são 27 ao todo) também são fatores que interferem na formulação e implementação de uma política nacional para as bibliotecas públicas (SIQUEIRA, 2018, p. 4-5).

O Plano Nacional de Leitura e Escrita, que foi instituído a partir da sanção da Lei nº 13.696, de 13 de julho de 2018, resultado de diversas articulações da sociedade civil desde 2004, e que tem como base a integração de uma agenda de reivindicações que une educação e cultura, forjada em embates, tensões e diálogos entre Estado e sociedade, leva em conta em seus eixos diversos itens que contemplam as bibliotecas públicas, mas as políticas públicas para a área dependem centralmente da constituição dos planos estaduais e municipais.

Conclusão

Como vimos, as bibliotecas públicas percorreram uma longa trajetória de avanços e retrocessos ao longo da história; movimentos ora virtuosos, ora contraditórios, que nos fazem pensar sobre o verdadeiro sentido do caráter público das bibliotecas na contemporaneidade. Voltemos às questões formuladas no início deste texto.

Haverá espaço para a biblioteca pública num mundo pautado pela competição, pelas regras de mercado e pelas soluções individuais?

A resposta para essa pergunta está na análise do tipo de crise em que nos metemos. E o Brasil de hoje é um bom exemplo para entendermos a importância da biblioteca pública, aberta, democrática e irrestrita para combater o avanço do autoritarismo e do retrocesso.

É importante recorrer a duas iniciativas que afetam o mundo do livro e leitura que surgem como propostas do governo Jair Bolsonaro (eleito no pleito de 2018). A primeira delas é a Proposta de Emenda à

Constituição (PEC) nº 186/2019, que incorre na redução de benefícios tributários ao extinguir a isenção do pagamento do PIS/Pasep e da Contribuição para o Financiamento da Seguridade Social (Cofins) para o setor livreiro. Segundo o ministro da Economia, Paulo Guedes, quem compra livros são os ricos e basta!

A medida, além de estar incluída num pacote que prejudica os mais pobres em outros níveis e aprofunda a desigualdade, desconsidera o livro e a leitura como um direito de todos e reitera que livro seria um produto de consumo de privilegiados. O resumo é que os livros se tornariam mais caros e as bibliotecas públicas, que já não possuem verbas adequadas para compor e recompor seus acervos, ficariam mais vazias e excludentes. Não é um acidente de percurso fiscal, mas um projeto de exclusão nítido. Como diz o presidente Jair Bolsonaro: "Os livros são muito cheios de palavras."

Outro episódio é o desbastamento (jargão usado por bibliotecários para se referir ao descarte de acervo) da Biblioteca da Fundação Palmares, proposta por seu presidente, Sérgio Camargo, com o intuito de fazer uma espécie de limpeza ideológica nas estantes da biblioteca. A tal limpeza implica em retirar do acervo os livros marxistas e de qualquer teoria crítica dos ditames do governo de extrema-direita, que o gestor em questão representa. Dentro dessa limpeza cabe qualquer elemento de paranoia livresca e desonestidade intelectual que convier.

É fundamental comparar essas duas medidas com a trajetória contada nas outras seções desse texto. A biblioteca (pública) ao longo da história flertou com a sacralidade na Antiguidade, com as transições da Idade Média, com os novos papéis que lhe trouxe o Renascimento, com o impacto do Iluminismo e das revoluções. Tudo isso lhe emprestou o designo de ferramenta central na universalização da educação e do espaço de decisões comunitárias nos fins do século XIX. Arrisco-me a dizer que a biblioteca públicas, na sua essência, é a negação da privatização da vida.

Nesse ponto chegamos à segunda pergunta formulada no início do texto: o que nos conta a história das bibliotecas, que em dado momento da história se tornam públicas, e que pode servir para que entendamos os possíveis papéis destas no mundo contemporâneo?

O principal ensinamento que podemos retirar da história das bibliotecas é que elas sempre encontraram algum caminho para manter a sua relevância ao longo do tempo. E, neste momento de aliança entre o ultraliberalismo, que pode usar uma caricatura como o ministro Paulo Guedes (que tem como premissa esvaziar o que é público), e o autoritarismo, que pode utilizar um outro tipo de caricatura expresso na figura do presidente da Fundação Palmares, Sérgio Camargo (que tem como premissa destruir tudo aquilo que é diverso e plural), é que a biblioteca pública democrática, aberta, diversa e plural pode encontrar um novo caminho.

Vamos ocupar as bibliotecas públicas, pressionar para que os municípios constituam conselhos paritários com participação da sociedade, para que elas sejam geridas de forma aberta e participativa; vamos conhecer melhor e cobrar por acervos públicos condizentes com as necessidades das comunidades; vamos criar clubes de leitura; vamos levar os debates das ruas, dos bairros, dos coletivos artísticos, dos grupos ligados à educação popular para dentro das nossas bibliotecas. São alguns caminhos que podem transformar as bibliotecas públicas em um espaço de possibilidades na construção de uma sociedade mais democrática.

REFERÊNCIAS BIBLIOGRÁFICAS

ARAÚJO, Carlos Alberto Ávila. *Correntes teóricas da Biblioteconomia*. Revista Brasileira de Biblioteconomia e Documentação, v. 9, n. 1, p. 41-58, 2013.

ASSIS, Leonardo da Silva de. *Bibliotecas públicas e políticas culturais: a Divisão de Bibliotecas do Departamento de Cultura e Recreação da Prefeitura de São Paulo* (1935). Tese de Doutorado. Universidade de São Paulo, 2013.

BATTLES, Mathew. *A conturbada história das bibliotecas*. São Paulo: Planeta, 2003.

BENJAMIN, Walter. *Teses sobre o conceito da história*, 1940. Obras escolhidas, v. 1, p. 222-232, 1987.

BRAGANÇA, Aníbal. *As políticas públicas para o livro e a leitura no Brasil: o Instituto Nacional do Livro* (1937-1967). MATRIZ, v. 2, n. 2, 2010.

CANEVACCI, M. *A cidade polifônica*. São Paulo: Nobel, 1993.

CANFORA, Luciano. *A biblioteca desaparecida: histórias da biblioteca de Alexandria.* São Paulo: Companhia das Letras, 1989.

DARDOT, Pierre; LAVAL, Christian. *A nova razão do mundo.* São Paulo: Boitempo Editorial, 2017.

ELIADE, Mircea. *O sagrado e o profano.* São Paulo: Martins Fontes, 1992.

HÉBRARD, Jean. *As bibliotecas escolares: entre leitura pública e leitura escolar na França do II Império e III República.* Campinas: Mercado de Letras, 2009.

JACOB, Christian. Prefácio. *In*: JACOB, Christian; BARATIN, Marc. *O poder das bibliotecas: a memória dos livros no ocidente.* Trad. Marcela Mortara. 3. ed. Rio de Janeiro: Ed. UFRJ, 2008.

LEITÃO, B. J. *Bibliotecas Públicas, bibliotecários, e censura na era Vargas e Regime Militar.* Rio de Janeiro: Interciência, 2011.

MARTINS, Wilson. *A palavra escrita: história do livro, da imprensa e da biblioteca.* São Paulo: Ática, 2002.

MCGARRY, Kevin. *O contexto dinâmico da informação: uma análise introdutória.* Tradução de Helena Vilar de Lemos. Brasília, DF: Briquet de Lemos, 1999.

MILANESI, Luís. *Biblioteca pública: do século XIX para o XXI.* Revista USP, n. 97, p. 59-70, 2013.

MORAES, Rubens Borba de. *Livros e bibliotecas no Brasil colonial.* 2. ed. Brasília: Briquet de Lemos, 2006.

PAIVA, Marília de Abreu Martins de. *Bibliotecas públicas: Políticas do Estado brasileiro de 1990 a 2006.* Perspectivas em Ciência da Informação, v. 13, n. 3, p. 251-251, 2008.

PINHEIRO, Ricardo Queiroz. *Política pública de leitura e participação social: o processo de construção do PMLLLB de São Paulo.* Tese de Doutorado. Universidade de São Paulo, 2016.

RODRIGUES, Luís Fernando Medeiros. *Assim, "libertaram" dois jesuítas no Brasil colonial, atrás dos documentos do "Archivum Romano Societatis Iesu".* Cauriensia, 2011.

RUBIM, Antônio Albino Canelas. Políticas culturais no Brasil: tristes tradições, enormes desafios. *In*. RUBIM, Antônio Albino Canelas (Org.); BARBALHO, Alexandre (Org.). *Políticas culturais no Brasil.* Salvador: EDUFBA, 2007.

SCHWARCZ, L. M.; AZEVEDO, P. C., & COSTA, A. M. *A longa viagem da biblioteca dos reis: do terremoto de Lisboa à Independência do Brasil.* São Paulo: Companhia das Letras, 2002.

SCHWARCZ, L., & STARLING, H. M. *Brasil: uma biografia.* São Paulo: Companhia das Letras, 2015.

SIQUEIRA, Bianca Lopes; MACHADO, Elisa Campos; LUCK, Ester Hermes. *O papel do Sistema Nacional de Bibliotecas Públicas na construção de políticas públicas*. Revista Brasileira de Biblioteconomia e Documentação, v. 15, n. 2, p. 358-387, 2019.

SORCE, Christian. *Réflexions sur l'histoire des bibliothèques publiques en France et aux États-Unis*. JLIS. it, v. 8, n. 1, p. 127, 2017.

SUAIDEN, Emir José. *Biblioteca Pública e informação à comunidade*. São Paulo: Global, 1995.

TACHEAU, Olivier. *Bibliothèques municipales et genèse des politiques culturelles au XIXe siècle*. Bulletin des bibliothèques de France, 4: 44-51, 1995.

BIBLIOTECAS COMUNITÁRIAS: LEITURA E ESCRITA COMO PACTO DE VIDA

Bel Santos Mayer

Convidada a escrever sobre o lugar da leitura na vida de jovens moradores(as) de periferias, decidi compartilhar um pouco do que tenho vivido e pesquisado nas bibliotecas comunitárias. Há mais de vinte anos envolvida em ações comunitárias de promoção da leitura e da escrita e na defesa do Direito Humano à literatura, neste breve artigo, apresentarei as motivações para criação de bibliotecas comunitárias no Brasil. Em contraposição a mortes físicas e simbólicas, anunciadas e efetivadas, mediadores(as) de leitura de diferentes idades fazem do acesso aos livros e à literatura seus pactos de vida: um movimento educativo, poético e político.

Como nasce uma Biblioteca Comunitária

Por trás de uma Biblioteca Comunitária (BC), há indivíduos e coletivos que acreditam no poder transformador da leitura. Geralmente testemunham essa transformação em primeira pessoa, servindo-se de verbos no pretérito: "salvou-me", "transformou-me", "libertou-me", "abriu novos caminhos", "despertou esperanças", "mudou meu destino" etc.; e justificando suas lutas para fazer da conquista individual um bem comum.

Uma face do gesto altruísta está na consciência político-social de que a leitura e a escrita, especialmente quando vivenciadas de forma coletiva, são formas de romper com as muitas sentenças de morte físicas e simbólicas decretadas pelo Estado e pelo Mercado às populações periféricas: a segregação espacial, a violência física, a exclusão intelectual, a invisibilidade, o aculturamento, a negligência, o abandono, para citar algumas.

As desigualdades (econômicas, socias, raciais, étnicas, de gênero, geográficas, geracionais) que estruturam a sociedade brasileira transversalizam todas as políticas públicas do país. Na área da cultura é explícita a distribuição desigual dos equipamentos e dos recursos para acesso e produção cultural descentralizados, afetando a cadeia criativa, produtiva, distributiva e mediadora do livro: poucos escrevem, alguns publicam, uma parcela pequena vende e menos pessoas ainda leem.

"Ler é poder", repete-se nas *lives*, nos muros, nas postagens nas redes sociais, nas camisetas. É sabido que o acesso à leitura e à comunicação escrita confere certa autoridade em qualquer contexto. Seja para a menina escriba das cartas da avó, seja para a professora do vilarejo ou da universidade mais importante da grande cidade, seja para o(a) legislador(a): escrever é poder. Na contramão, quem está distante da escrita e do decifrar dos códigos fica vulnerável aos(às) que se incumbem do direito de decidir sobre a vida e a morte dos(as) não letrados(as).[1]

---

[1] No momento da escrita deste artigo, mais de 570 mil pessoas morreram de Covid-19 no Brasil. Uma Comissão Parlamentar de Inquérito (CPI da vacina) investiga a negligência do governo federal (Jair Bolsonaro) ao não comprar vacinas contra a Covid-19 — única possibilidade de reduzir a contaminação em massa e evitar mortes.

Para a escritora argentina Graciela Montes (2020, p. 108-109), "o poder" se manifesta a partir de três regras:[2] na primeira, "intimidatória", distancia aqueles(as) que são considerados estrangeiros, difíceis de entender porque têm uma cultura estranha à norma. Para que eles não atrapalhem o jogo, são colocados(as) em áreas periféricas com linhas (concretas e imaginárias) delimitando seus lugares. Criam-se mecanismos que reduzem suas mobilidades (como o horário reduzido de circulação de ônibus) e utiliza-se a força para inibir tentativas de ultrapassagem dos limites.

A segunda regra é a "domesticação" e "tutela" em que são desencadeados processos de ensino-aprendizagem civilizatórios, nos quais as assimetrias são naturalizadas como se fossem necessárias à manutenção da ordem. Nota-se essa regra nos currículos explícitos e ocultos das escolas e na mídia tradicional ocupados em desqualificar a diversidade, tratando qualquer sotaque diferente das pronúncias do Sudeste, qualquer dose extra de melanina, qualquer curva ou onda a mais, qualquer desvio da intelectualidade como afrontas às linhas retas e aceitáveis da "normalidade".

A última regra é a da "indiferença", que garante em discurso e práticas o direito de que "estrangeiros" periféricos vivam e sejam como quiserem, desde que estejam em seus lugares e apareçam de vez em quando para "ilustrar"; para abrir ou fechar eventos, por exemplo. Nessa relação disfarçada de respeito à diferença, na qual serão "os desconhecidos de sempre", as desigualdades se perpetuam.

É nas frestas da intimidação, da domesticação e da indiferença dos poderes do Estado e do Mercado, que surgem as bibliotecas comunitárias no Brasil. Segregados em contextos assimétricos de distribuição das políticas públicas entre áreas centrais, periféricas e rurais, indivíduos

---

[2] Parte dessa reflexão encontra-se registrada em minha dissertação de mestrado: MAYER (2021), "Parelheiros idas e vi(n)das: ler, viajar e mover-se com uma biblioteca comunitária", defendida no Programa de Pós-graduação em Turismo da Escola Artes, Ciências e Humanidades, da Universidade de São Paulo (PPGTUR/EACH/USP), sob orientação do prof. dr. Thiago Allis, em 27/03/2021.

e coletivos em parceria ou não com instituições, promovem o acesso à leitura como estratégia para redução de desigualdades, como forma de enfrentar as mortes anunciadas. Tomam para si a defesa do "Direito Humano à literatura" (CANDIDO, 2011).

Se o acesso à leitura literária por séculos esteve garantido como privilégio daqueles(as) que produziam e consumiam as narrativas sobre seus dilemas ou, no máximo, sobre o exotismo dos "distantes", nas BCs os "mais chegados(as)" são os primeiros(as) a serem lidos. Leitura e escrita andam de mãos dadas, sobem aos palcos dos saraus, ocupam becos, vielas, cemitérios, rodas de samba, bares, circos e atravessam pontes. A literatura escolarizada e voltada exclusivamente ao ensino das regras da língua, que há tempos vinha fracassando na formação de leitores(as) autônomos(as), como se constata nas pesquisas sobre o perfil comportamental do leitor e os indicadores de leitura no Brasil (Retratos da Leitura no Brasil, 2020), ganha novo fôlego nas canetas e bocas de mediadores(as) de leitura.

Do que uma BC é capaz!

Nas BCs são realizados compartilhamentos literários, eventos culturais, articulações comunitárias, mobilizações para os Planos Municipais do Livro, Leitura, Literatura e Biblioteca (PMLLB). Nelas, como aprendido com Paulo Freire (1989), lê-se o mundo e as palavras; vontades são convocadas para transformar o que é preciso ser transformado. Nas metáforas, a "vida vivida" e a "vida sonhada" se encontram. Nos bons enredos, nos personagens complexos, profundos e elaborados, cada um(a) se vê e é visto com a mesma profundidade.

As leituras permitiram que nos embrenhássemos pelas veredas dos sertões com Riobaldo e Diadorim (ROSA, 2019), revelássemos nossas cidades invisíveis para quem não queria vê-las (CALVINO, 2000), coroássemos nossas heroínas negras (ARRAES, 2020), escapássemos para o quilombo El Colibri (CÁRDENAS, 2010), pendurássemos nossas poesias no varal (VILANI, 2012), nos reerguêssemos depois de esmagados(as) no asfalto com Macabéa (LISPECTOR, 1977), repetindo com Bica: "A gente combinamos de não morrer" (EVARISTO, 2017).

A apropriação da linguagem literária e a vivência coletiva das palavras novas e antigas fazem parte do nosso combinado de vida. E é assim que, da literatura e das BCs, temos feito três tipos de abrigo: colo, casa e quilombo. Nesses espaços, mediadores(as) de leitura e interagentes[3] encontram intimidade/aconchego, acolhimento/cuidado, enraizamento/força. Nos livros, nos deparamos com formas para escapar das ciladas da exclusão e do "destino dado".

No colo literário somos recolhidos por textos que aconchegam. O colo vem em forma de poesia, crônica, conto, romance, com gênero indefinido, oral ou escrito, acomodando felicidades e medos passageiros, dúvidas e inseguranças, palavras que faltavam para um "sim" ou "não" derradeiro ou provisório. A literatura-colo nos proporciona o direito à leitura e à quietude. Permite-nos de forma reservada, numa íntima relação entre nós e os livros, viver outras histórias.

Na literatura-casa está nossa família literária, as pessoas com quem contamos. Com elas, vamos descobrindo nossos gostos e interesses, sendo sujeitos da nossa formação leitora. Agregando obras e autores(as), ampliamos a casa para os(as) que virão, e nelas abrimos espaços internos, íntimos, privados e públicos. É na casa que interagentes de diferentes idades encontram informação, distração, questionamentos, intimidade e profundidade. Conversando sobre o lido, deparamo-nos com o conhecido e familiar e com o que nos é estranho. Ouvindo outros pontos de vista sobre um mesmo livro, e argumentando sobre nossas percepções, construímos repertório para debates e análises convergentes e divergentes.

Da experiência com a literatura-colo e a literatura-casa, criamos a literatura-quilombo. Para Petit (2009), quanto mais repertório uma

---

[3] Em substituição aos recorrentes termos "leitores, usuários e público-alvo" para designar os frequentadores das BCs, a Rede Nacional de Bibliotecas Comunitárias (RNBC, disponível em: <rnbc.org.br>, acesso em: 2 de set. de 2021) adota o termo "interagentes", conforme explicitado na publicação "O Brasil que lê: bibliotecas comunitárias e resistência cultural na formação de leitores", de Fernandez, Machado, Rosa (2018).

pessoa tem para nomear o mundo, mais condições terá para viver nele e transformá-lo. Assim, a disseminação da literatura como um Direito Humano e a criação de espaços para a fabulação, para a fantasia, para o uso de metáforas, para a manifestação de novas estéticas e para a apreciação das artes fundamentam a literatura-quilombo nas BCs. São textos que nos levam ao sonho, ao devir. Em contextos de exclusão, sonhar é um jeito de gritar, de afirmar nossa existência. Reconhecer nossa família literária, encontrando nossa ancestralidade em palavras, é mais um jeito de gritar, de lutar contra o epistemicídio da população negra (CARNEIRO, 2005), contra o apagamento e o isolamento de povos e culturas colocados à margem.

A periferia lê e escreve

Na última década, temos acompanhado de forma crescente a presença das BCs em eventos literários, pesquisas acadêmicas, reportagens e nos principais momentos de reivindicação de políticas públicas para livro, leitura e bibliotecas. Eu teria muitas histórias para contar a esse respeito. Escolho uma das últimas em que tive a oportunidade de criar, na coordenação do Instituto Brasileiro de Estudos e Apoio Comunitário (Ibeac)[4] e na rede de BCs LiteraSampa,[5] a ação "Literatura e Direitos Humanos: para ler, ver e contar".

Era outubro de 2018, ano em que a Declaração Universal dos Direitos Humanos (DUDH) comemorava 70 anos e a primeira Constituição Democrática do Brasil fazia trinta anos. Poderia ser um momento de celebração e fortalecimento de ideais, imaginários e planos de nação em que coubessem mais pessoas. No entanto, fomos atolados(as) em um contexto de disseminação de *fake news*. O acirramento de pensamentos e práticas racistas, homofóbicas, separatistas, fascistas e violentas, presentes

---

[4] Disponível em: <ibeac.org.br>. Acesso em: 2 de set. de 2021.
[5] Disponível em: <rnbc.org.br/redes/literasampa-sp>. Acesso em: 2 de set. de 2021.

há séculos na sociedade brasileira, apoiou-se no monopólio narrativo sobre escravidão e ditadura no Brasil.

Aquilo que para alguns (me excluo) parecia se tratar de alternância de poder, não demoraria a se revelar como uma catástrofe nacional de níveis inimagináveis.[6] Dentre as muitas ameaças à cultura, como a exclusão e a fusão de ministérios, os partidários do presidente eleito estimulavam (e ainda o fazem) o controle e a denúncia de professores(as) que expressassem pensamentos contrários ao do governo, contrariando o Artigo 206 da Constituição Brasileira de 1998 que garante a "liberdade de aprender, ensinar, pesquisar e divulgar o pensamento, a arte e o saber; o pluralismo de ideias e de concepções pedagógicas".

Tudo deixava evidente a urgência de fortalecermos espaços de formação e diálogo sobre os Direitos Humanos. E não tivemos dúvidas de que as bibliotecas e a literatura poderiam ser grandes aliadas. A literatura, bem como as artes de modo geral, devido a seu poder de inspiração e suspensão, fomenta a criatividade, desperta sentimentos, favorece a expressão de valores a partir das próprias vivências culturais, coloca-nos em lugar de escuta e apreciação, potencializa diálogos e contribui ao desenvolvimento pessoal e coletivo. Com essas certezas-esperanças, cinco escritores(as) e mediadores(as) de leitura — Luiz Silva (Cuti), Ana Maria Gonçalves, Rogério Pereira, Letícia Liesenfeld, Camila Dias e eu (Bel Santos Mayer) — indicamos dez livros que nos ajudariam a atravessar o mau tempo. Cada lista foi acompanhada de uma carta aos jovens leitores(as) e o acervo foi adquirido para as BCs da Rede LiteraSampa. Juntamos vinte adolescentes e jovens de 16 a 25 anos que receberam uma bolsa de apoio para "ler, ver e contar". Além de seus diários de leitura, eles deveriam produzir materiais para as redes sociais, em diferentes formatos (podcast, vídeos, resenhas, fotografias etc.). De forma coletiva,

---

[6] No dia 28 de outubro de 2018, em segundo turno, Jair Bolsonaro (Partido Social Liberal – PSL) foi eleito presidente com 55,13% dos votos válidos, derrotando Fernando Haddad (Partido dos Trabalhadores – PT). A eleição contabilizou o maior percentual de abstenções e de votos nulos e brancos (30%) da história do país: 42 milhões de brasileiros(as) se ausentaram da escolha dos rumos do país.

produziram um número especial da *Revista Viração: Literatura e Direitos Humanos*,[7] relatando todo o processo.

Dos ingressantes em 2019, seis jovens passaram a integrar o quadro de mediadores(as) de leitura da LiteraSampa. A cada ano outros(as) jovens chegam: atualmente são 26. O grupo leu e dialogou sobre mais de trinta obras, superando em muito a média de leitura nacional, de três livros incompletos ao ano (IPL, Retratos da Leitura no Brasil, 2020), e a ideia preconceituosa de que pobres não leem. De clássicos a contemporâneos, temos amado, domado, lançado para fora de janelas, tirado do aquário, descido da estante, livros[8] que certamente ficarão marcados em nossas vidas. Cito apenas alguns:

- ✓ *As cidades invisíveis* (Ítalo Calvino)
- ✓ *Orlando* (Virginia Woolf)
- ✓ *As mulheres devem chorar… ou se unir contra a guerra* (Virginia Woolf)
- ✓ *Heroínas negras brasileiras* (Jarid Arraes)
- ✓ *O peso do pássaro morto* (Aline Bei)
- ✓ *Meu crespo é de rainha* (bell hooks)
- ✓ *A revolução dos bichos* (George Orwell)
- ✓ *Americanah* (Chimamanda Ngozi Adichie)
- ✓ *Sejamos todos feministas* (Chimamanda Ngozi Adichie)
- ✓ *Vidas secas* (Graciliano Ramos)
- ✓ *Catálogo de perdas* (João Anzello Carrascoza)

---

[7] O que era um projeto virou um programa com várias ações voltadas à democratização da comunicação. No primeiro ano contamos com apoio financeiro do Consulado Geral da República Federal da Alemanha em São Paulo. O segundo ano foi custeado pela organização InternetLab (internetlab.org.br) que incluiu a formação em pesquisa social sobre discurso de ódio nas redes sociais. Em 2021, dez bolsas passaram a ser custeadas por voluntários e outras fontes do Ibeac e da LiteraSampa. Mais informações sobre o programa e a *Revista Viração: Literatura e Direitos Humanos* contendo a lista de livros estão disponíveis em <http://www.ibeac.org.br/revista-viracao-ed-116-literatura-e-direitos-humanos>. Acesso em: 14 de set. de 2021.

[8] Faço referência à música "Livros", de Caetano Veloso (1998).

- *Cidade de Deus* (Paulo Lins)
- *A hora da estrela* (Clarice Lispector)
- *Sentimento do mundo* (Carlos Drummond de Andrade)
- *Assassinato no Expresso do Oriente* (Agatha Christie)
- *Bagagem* (Adélia Prado)
- *A cidade dorme* (Luiz Ruffato)
- *Um defeito de cor* (Ana Maria Gonçalves)
- *O diário de Bitita* (Carolina Maria de Jesus)
- *Kindred: laços de sangue* (Octavia Buttler)
- *Ensaio sobre a cegueira* (José Saramago)
- *Grande sertão: veredas* (João Guimarães Rosa)
- *Um Exu em Nova York* (Cidinha da Silva)

Somam-se às leituras, as oportunidades de encontro dos jovens com alguns dos(as) autores(as) das obras lidas: Conceição Evaristo, Ana Maria Gonçalves, Luiz Silva (Cuti), Aline Bei, João Anzanello Carrascozza, Juliana Monteiro Carrascozzza. Quanto mais leem, mais se familiarizam com os territórios literários. Relacionam autores(as), enredos e estilos de escrita. Descobrem seus gostos e interesses; passam a traçar suas rotas de leitura; acessam suas memórias e as de suas famílias; encontram palavras para dizer o que veem e sentem; encorajam-se à escrita e ao compartilhamento de seus textos. Foi assim, e ainda é assim que estamos construindo uma história de BCs do Brasil.

Há uma professora de literatura que acompanha o grupo antes mesmo do projeto ter início — Maria Celeste de Souza. No início de 2020, ela nos presenteou com uma carta, contendo suas percepções sobre o processo. Apresento aqui um trecho dessa correspondência que avalia e abre caminhos. Um jeito de não fechar este texto.

Queria então dar uma contribuição, essa contribuição de professora, esse lugar também que eu ocupo, e que é um lugar difícil às vezes, pois está associado a uma série de coisas que fazem parte do desgosto de vocês. E vem da escola, de um jeito de tratá-los não como sujeitos pensantes, interessantes e interessados, mas uma escola que costuma tratar todo mundo como um sujeito incapaz e que precisa se tornar capaz porque alguém vai torná-lo assim. Mas a escola não é só isso, na escola existe muita gente boa também. E aprender é sempre algo muito bom. Então, eu queria dizer para vocês que foi um prazer muito grande encontrá-los, gosto muito de todos vocês, tenho minhas imagens gravadas.

Pensar na literatura e nos direitos humanos era resgatar uma série de convicções e isso é importante, ainda mais para mim que já não sou jovem. Também ouvir vocês dizerem, pensarem e organizarem as propostas de vida que vocês têm foi muito importante. Tem um longo trajeto para se tornar leitor e vocês precisam ir descobrindo de algum modo como uma forma possível de inserir a leitura no cotidiano de vocês, porque a leitura não é algo que a gente faz de vez em quando, a leitura é uma forma de inserção no mundo.

Então, eu vou me inserindo no mundo porque leio. E ser leitor é isso, ajudar outras pessoas a encontrarem um espaço na vida cotidiana para ler, mostrando para elas que, por menos que a gente tenha, por mais difícil que seja a nossa vida, a gente tem essa possibilidade de dialogar com outras pessoas, de outras épocas, de outros momentos, de outros lugares, com outras visões diferentes da gente.

Que dentro da literatura, as diferenças de classe, as diferenças de idade, todas essas diferenças, elas, na verdade, podem dialogar, e com isso a gente vai aprendendo jeito de dialogar também no mundo concreto, no mundo da realidade cotidiana. Então, eu queria dizer que eu espero que vocês permaneçam lendo e que o projeto continue firme. A Bel sabe claramente que pode contar comigo sempre e eu espero que vocês também.

Eu gostei muito de ler as resenhas que vocês fizeram, esse esforço de encontrar um jeito de falar dos livros, acho isso muito bonito e também diria para vocês o mesmo que a Bel: eu, na idade de vocês, não tive chance alguma de encontrar as pessoas incríveis que vocês encontraram, de ter contato com escritores tão maravilhosos quanto vocês tiveram. Então, eu acho que vocês deveriam aproveitar tudo isso e pensar que vocês são pessoas bem especiais, porque para ganhar um presente desses da vida a gente não pode ser qualquer um. (SOUZA, 2020).

As BCs têm tratado cada interagente como pessoas muito especiais, que precisam e merecem ter garantido o Direito Humano à literatura mesmo quando, ou especialmente quando, suas rendas são insuficientes para colocar comida no prato. Em 2021, o Brasil voltou para o mapa mundial da fome. Sem acesso à cultura, é possível que outras misérias nos assolem. Seguimos nos movendo para que isso não aconteça.

REFERÊNCIAS BIBLIOGRÁFICAS

ARRAES, J. *Heroínas negras brasileiras*. São Paulo: Ed. Companhia das Letras, 2020.
CALVINO, I. *As cidades invisíveis*. São Paulo: Ed. Companhia das Letras, 2000.
CANDIDO, A. *Vários escritos*. Rio de Janeiro: Ouro sobre azul, 2011.
CÁRDENAS, T. *Cachorro velho*. Rio de Janeiro: Ed. Pallas, 2010.
CARNEIRO, S. *A construção do outro como não-ser como fundamento do ser*. Tese de Doutorado. Orientadora Roseli Fischmann. Faculdade de Educação da Universidade de São Paulo (FEUSP), 2005.
CASTRILLÓN, S. *O direito de ler e de escrever*. São Paulo: Pulo do Gato, 2011.
EVARISTO, C. *Olhos d'água*. Rio de Janeiro: Pallas/Fundação Biblioteca Nacional, 2016.
FAILLA, Z. (org). *Retratos da leitura no Brasil 4*. Rio de Janeiro: Sextante.
FERNANDEZ, C.; MACHADO, E. C.; ROSA, E. *O Brasil que lê*: bibliotecas comunitárias e resistência cultural na formação de leitores. Centro de Cultura Luiz Freire (CCLF)/Rede Nacional de Bibliotecas Comunitárias (RNBC), 2018.
FREIRE, P. *A importância do ato de ler*: em três artigos que se completam. Coleção polêmicas do nosso tempo, 4. São Paulo: Ed. Cortez, 1989.
LISPECTOR, C. *A hora da estrela*. Rio de Janeiro: Ed. Rocco, 1977.
MACHADO, E. C. *Bibliotecas comunitárias como prática social no Brasil*. Tese de Doutorado em Ciência da Informação, Escola de Comunicações e Artes da Universidade de São Paulo (ECA-USP), 184f, 2008.

MAYER, I. A. S. *Parelheiros idas e vi(n)das*: ler, viajar e mover-se com uma biblioteca comunitária. Orientador: Thiago Allis, 269 f. Dissertação de Mestrado em Ciências — Programa de Pós-Graduação em Turismo, Escola de Artes, Ciências e Humanidades, Universidade de São Paulo, São Paulo, 2021.

MONTES, G. *Buscar indícios, construir sentidos*. Tradução de Cícero Oliveira. Salvador: Selo Emília e Solisluna Editora, 2020.

PETIT, M. *Os jovens e a leitura: uma nova perspectiva*. Tradução: Celina Olga de Souza. São Paulo: Editora 34, 2009.

PETIT, M. *Leituras*: do espaço íntimo ao espaço público. Tradução: Celina Olga de Souza. São Paulo: Editora 34, 2013.

ROSA, J. G. *Grande sertão: veredas*. São Paulo: Ed. Companhia das Letras, 2019.

SOUZA, M. C. *Projeto Literatura e Direitos Humanos: para ler, ver e contar*. Destinatário: Instituto Brasileiro de Estudos e Apoio Comunitário – Ibeac. Março de 2009. 1 mensagem eletrônica.

VELOSO, C. Livros. *In:* VELOSO, Caetano. *Millennium. 20 músicas do século XX* [S. l.]: Mercury/Universal Music/PolyGram, 1998. CD. Faixa 16.

VILANI, M. *Varal*. São Paulo: Ed. da Gente, 2012.

AFRICANIDADES E POLÍTICAS PÚBLICAS PARA O LIVRO, LEITURA, LITERATURA E BIBLIOTECAS NUMA CONSULTA PÚBLICA DA FUNDAÇÃO CULTURAL PALMARES (2014)

Cidinha da Silva

Em 2014, a Fundação Cultural Palmares (FCP) do extinto Ministério da Cultura realizou uma consulta pública[1] sobre a perspectiva racial e de africanidades no circuito do livro, leitura, literatura e bibliotecas no Brasil (LLLB). A conceituação de Eduardo Oliveira, filósofo, educador e poeta, sobre africanidades me ancora:

> Na escala do tempo e espaço as *africanidades* dizem respeito à cultura material e simbólica da Diáspora Africana, recriada e ressemantizada

---

[1] Consultas públicas são iniciativas democráticas que objetivam a construção coletiva de políticas públicas pelo governo e pela sociedade, contando com a colaboração de cidadãos, empresas, movimentos e organizações sociais. Disponível em: <www.brasil.gov.br/consultas-públicas>. Acesso em: 28 de fev. de 2019. Os conselhos da sociedade civil, comitês temáticos, agendas setoriais e fóruns de políticas públicas, junto com as consultas públicas, constituem redes de interlocução com a sociedade civil.

em território africano e não africano. É *política* e *estética*, concomitantemente. Não reduz o cultural a expressões artísticas, nem o artístico a abstrações metafóricas. É uma língua comum entre culturas diferentes. É mais metonímia que metáfora. É sentimento de *pertença*. Compreende-se como *forma cultural*, isto é, as condições epistemológicas donde as ações humanas (e não humanas) se dão e produzem sentido. Cultura como produção de *sentido* é africanidade como discurso epistêmico. O tempo ampliado (dos viventes e ancestrais) e o espaço difuso (de africanos e seus descendentes semeados pelo mundo) perfazem a trama e a urdidura desse discurso. Discurso que, por sua vez, tem o vetor do tempo voltado para o passado, para a *experiência*. Experiência que tem como eixo de validação a pragmática e o encantamento. *Encantamento* que tem na ética de processos liberadores o seu ápice e na ancestralidade o seu corolário. *Ancestralidade* é o princípio régio das africanidades. É lastro de tempo e espaço em processos de subjetivação, síntese, crítica e criação. (SILVA, 2014, quarta capa, grifos do autor.)

As pessoas que responderam à consulta o fizeram espontaneamente, movidas pelo desejo de participar. Cada voz representou a si mesma, mas algumas integravam coletivos do campo LLLB. A amostra é pequena, e a análise que faço busca dialogar com a subjetividade das/dos participantes expressa em respostas discursivas. Os pontos levantados têm a intenção de reiterar aspectos presentes nas respostas, aos quais acrescentei outras informações do mercado editorial visando corroborá-los. Vou também contrapô-los, quando possível, e tenho a expectativa, acima de tudo, de que os excertos selecionados dialoguem com a subjetividade da leitora e do leitor que me acompanham neste percurso.

A consulta pública foi respondia por 63 pessoas — quarenta mulheres e 21 homens. Uma identificação foi perdida por falha de impressão do documento e uma pessoa optou por uma identificação institucional.

Os 33% de respostas representados pelos homens chamam atenção, uma vez que a discrepância entre mulheres e homens nas atividades ligadas ao campo LLLB costumam ser bem maiores e são visivelmente

Número Geral de Participantes: 63

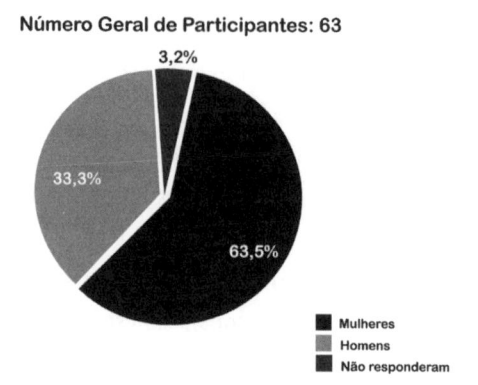

- 63,5% Mulheres
- 33,3% Homens
- 3,2% Não responderam

verificáveis em clubes de leitura e atividades de mediação de leitura e seus agentes, por exemplo. A participação dos homens costuma ser diminuta, oscilando entre 10% e 20% do público participante de atividades literárias (exceto saraus, geralmente organizados, frequentados e dirigidos por eles e para eles).[2] Especulo que essa participação maior possa estar relacionada à aparência decisória da participação, haja vista que os homens tendem a se interessar por instâncias de decisão, o que os aproxima do poder.

Quanto à classificação racial, a consulta utilizou as categorias do IBGE, preta, parda, indígena, amarela e branca, conjugadas à opção outra/especifique.

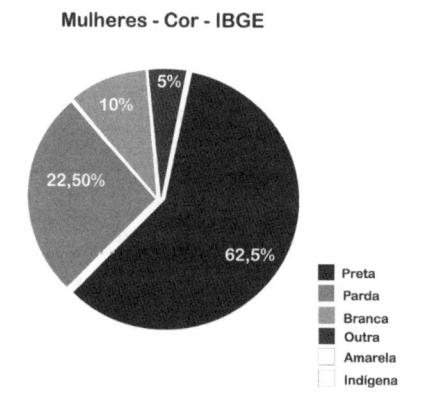

Mulheres - Cor - IBGE

- 62,5% Preta
- 22,50% Parda
- 10% Branca
- 5% Outra
- Amarela
- Indígena

---

[2] Essas aferições não têm base de pesquisa sistematizada, são fruto de minha observação em atividades diversas do campo literário de 2006 para cá.

Dentre as mulheres, 25 se declararam pretas; nove, pardas e quatro, brancas. Na categoria "outra", uma pessoa se identificou como negra e outra como afrodescendente. Uma das respondentes assinalou a categoria branca (foi computada entre as quatro), mas também marcou na categoria "outra": "raça humana, não gosto de colocar cor."

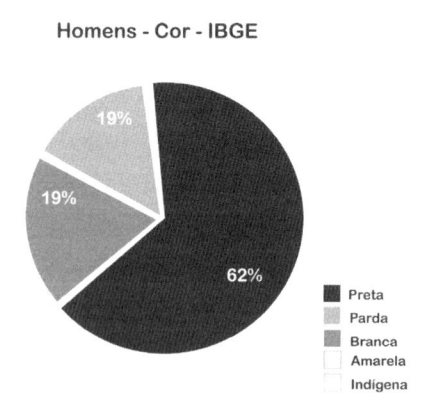

Homens - Cor - IBGE

- 62% Preta
- 19% Parda
- 19% Branca
- Amarela
- Indígena

Entre os homens, 13 se identificaram como pretos, quatro como pardos e quatro como brancos. O IBGE, desde o ano 2000, nos permite somar pretos e pardos para obter a fração negra. Desse modo, 51 das 61 respostas válidas foram de pessoas negras (incluídas as mulheres que se identificaram como negras e afrodescendentes), sendo 84% dos questionários, portanto, respondidos por pessoas negras.

O número de respostas de mulheres brancas e homens brancos foi igual, quatro em cada grupo. Entretanto, os percentuais representados são distintos e significativamente diferentes, vejamos: no caso das mulheres, as quatro respostas representam 10% do total, enquanto, no caso dos homens, equivalem a 19%. Isso reforça minha percepção de que os homens se manifestam mais onde o poder parece estar, onde as possibilidades de interferir no rumo das coisas parecem repousar.

Em relação à faixa etária: 11 mulheres estavam entre 21 e trinta anos; nove tinham de 31 a quarenta; 14 entre 41 a cinquenta anos; e seis mulheres tinham idade superior a cinquenta anos. Notem que 50% das mulheres participantes tinham mais de quarenta anos. Quanto à

Mulheres - Idades

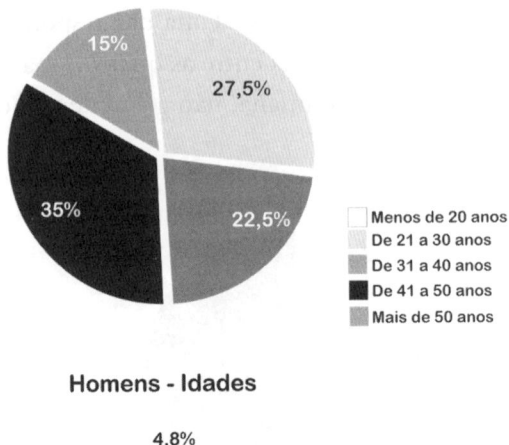

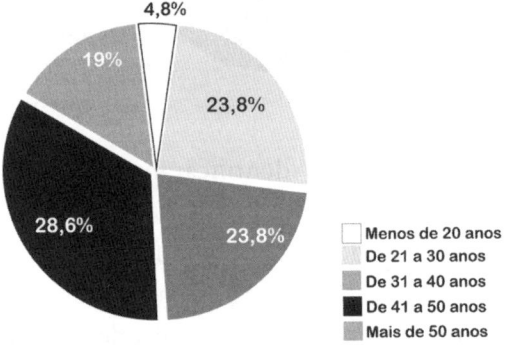

- 15%
- 27,5%
- 22,5%
- 35%

☐ Menos de 20 anos
☐ De 21 a 30 anos
☐ De 31 a 40 anos
■ De 41 a 50 anos
☐ Mais de 50 anos

Homens - Idades

- 4,8%
- 19%
- 23,8%
- 23,8%
- 28,6%

☐ Menos de 20 anos
☐ De 21 a 30 anos
☐ De 31 a 40 anos
■ De 41 a 50 anos
☐ Mais de 50 anos

idade dos homens: cinco tinham de 21 a trinta anos; cinco estavam na faixa dos 31 a quarenta anos; seis homens com idades de 41 a cinquenta anos e quatro com mais de cinquenta anos. Aqui o maior percentual (43%) também se concentra na faixa etária acima de quarenta anos, o que me leva a pensar que as pessoas mais velhas tendem a acreditar mais em seu poder de interferência em processos democráticos. Vocês que estão acompanhando os cálculos devem ter notado que faltou relacionar um homem. É verdade, contabilizei apenas vinte. Não que eu tenha esquecido dele, foi intencional: queria destacar que esse homem derradeiro tem menos de vinte anos e foi a única pessoa dessa faixa etária a se manifestar.[3]

---

[3] Citá-los é uma deferência às pessoas que tiveram a gentileza de responder à consulta.

Em relação à localização geográfica, a consulta foi respondida por mulheres de 12 estados brasileiros, sendo seis capitais e 11 outros municípios. Os estados a partir dos quais os maiores números de mulheres responderam foram: São Paulo (13 respostas); Bahia (nove respostas) e Rio de Janeiro (cinco respostas). Estes são os nomes das localidades:

- SP (Guarulhos, Osasco, São Paulo, Tremembé)
- BA (Conceição do Jacuípe, Itabuna, Salvador)
- RJ (Rio de Janeiro, São Gonçalo, Volta Redonda)
- PR (Curitiba, Matinhos, Ponta Grossa)
- MA (São Luís)
- GO (Valparaíso de Goiás)
- ES (Vitória)
- RS (Porto Alegre)
- RO (Porto Velho)
- TO (Nova Araguatins)
- PE (Olinda)
- CE (Fortaleza)

Homens de 11 estados brasileiros se manifestaram, oriundos de sete capitais e dez outros municípios. Os estados a partir dos quais os maiores números de homens responderam foram: São Paulo (seis respostas); Bahia (cinco respostas) e Minas (duas) respostas.

Estes são os nomes das localidades:

- SP (Barueri, Itapira, São José do Rio Preto, São Paulo)
- BA (Juazeiro, Itaberada, Salvador)
- MG (Belo Horizonte, Janaúba)
- PB (Soledade)
- PE (Recife)
- RR (Boa Vista)
- RS (Santa Maria)
- TO (Araguaína)
- RJ (Mesquita)

- ES (Vitória)
- CE (Fortaleza)

A consulta pública foi composta por sete questões. Apresento a seguir as perguntas de um a quatro, sobre as quais falarei em conjunto:

1. *Qual a situação atual do livro em relação à comunidade negra e/ou periférica de sua cidade? Por favor, descreva a situação concreta, considerando os produtores de livros, seus temas e matrizes, bem como o público leitor, aquele que dialoga com o livro de diferentes formas.*
2. *Qual é a situação atual da literatura negra e/ou periférica em sua cidade?*
3. *Qual é a situação atual das bibliotecas públicas, comunitárias e/ou periféricas, seu acervo e política para as comunidades negra e periférica em sua cidade? Quais são as suas críticas e sugestões para enfrentar o tema? Conhece experiências relevantes que possa socializar conosco?*
4. *Quais bibliotecas você conhece e que apresentam frequência significativa de pessoas negras e/ou moradores de periferias? Que fatores levam os frequentadores a essas bibliotecas?*

Atribuí um nome fictício a cada um dos respondentes, com menção à primeira área de atuação ou formação profissional e o pertencimento racial autodeclarado. Sistematizei três blocos de respostas. O primeiro deles é um forte conjunto de vozes que pedem socorro a um órgão público e, por isso, descrevem em detalhes a situação de precariedade em que vivem. Palavras como "inexistente", "péssimo", "ruim", "restrito", "falta de acesso", "irrisória", "caótica" são fartamente empregadas. Há também respostas lacônicas e denunciativas das situações de aviltamento e descaso.

"O mercado editorial chega a essas populações de forma muito 'periférica' e bastante diferente daquela como chega na classe média e alta. As produções editoriais que chegam a essa população são, geralmente, apenas produções de menor qualidade editorial e com pouca diversidade de conteúdos. Muitas ve-

zes, a oferta de produtos editoriais na periferia se restringe a revistas populares com assuntos triviais e/ou edições de textos literários antigos, desatualizados, de má qualidade ou de apelo muito popular, sem possibilidade de escolha entre estas e outras produções (não apenas aquelas consumidas pela elite, mas também produções que retratem as próprias culturas negras e periféricas). Porém, a crítica que faço não é às publicações de apelo popular que têm suas funções (mais ou menos questionáveis) e uma larga história em nosso país. O que critico é a falta de escolha. Na maioria dos bairros periféricos, o único ponto de acesso a um produto editorial é uma banca de jornais ou o display de um supermercado, que geralmente têm uma oferta bastante limitada de produtos. Mas considero escassa, principalmente, a produção editorial por parte dos órgãos públicos voltada para a população negra e periférica. Acredito que, embora alguns órgãos do poder público tenham procurado se aproximar dessas populações, inclusive por meio de iniciativas no campo da cultura, a produção editorial ainda figura como um dos últimos setores da cultura a serem contemplados por essa tendência" (Umburuçu, editor freelancer, branco).

"Assim como as demais ações relacionadas ao livro e à leitura, há um descompasso entre a produção, bastante significativa, e a publicação e circulação dessa produção. Esse paradoxo fica evidente quando se considera, por exemplo, as ações de formação de educadores que revelam enorme desconhecimento sobre essas produções, os autores, editoras que investem nessa produção" (Vitória--Régia, socióloga, preta).

O segundo bloco de vozes aproveitou a oportunidade para divulgar o próprio trabalho, ora em primeira, ora em terceira pessoa. Percebi também uma grande vontade de demarcar o nome da cidade, região, território de origem, como uma forma mesmo de inscrevê-las num certo mapa cultural. Isso foi bastante frequente na postura de membros de comunidades quilombolas participantes da pesquisa.

O terceiro bloco é de posições militantes, no sentido de afirmarem (de maneira clichê muitas vezes) discursos de escritoras e escritores negros ligados ao movimento negro pregando a identidade negra forte como panaceia para os mais diversos problemas.

Com intensidade menor, detectei vozes que insistem em negar as desigualdades produzidas pelo racismo e que, aparentemente, responderam à consulta para firmar essa posição.

Há também vozes críticas à estruturação e ao funcionamento das bibliotecas, constatadas em falas como: "Quando vou à biblioteca, não encontro literatura, somente revistas velhas"; "o alcance das bibliotecas é restrito às áreas acadêmicas"; "as bibliotecas existentes na minha cidade priorizam a pesquisa e o cuidado com o acervo, dificilmente aproximam os leitores, com exceção das bibliotecas comunitárias"; "alguns livros chegam às escolas, mas são esquecidos na biblioteca".

Passo, agora, a comentar as questões cinco, seis e sete de maneira mais detida.

QUESTÃO 5

A resposta mais frequente à questão cinco — *Que cenário literário você imagina para 2020?*[4] *Qual seria nosso mundo ideal quanto à literatura negra? Quanto à literatura periférica? Quanto às bibliotecas comunitárias?* — foi um desejo multifacetado de que houvesse um cenário de igualdade, liberdade e prosperidade para as autorias negras e periféricas. Delinearam-se expectativas expressas de:

- Escritores negros influindo mais efetivamente nos processos de transformação social por meio de seus textos.
- Distribuição mais ampla de livros a partir de pontos de distribuição em bairros periféricos, livrarias e programas governamentais.
- Fortalecimento da literatura africana no ensino médio.

---

[4] O ano de 2020 foi uma data-padrão proposta pelo Plano Nacional de Cultura (Lei nº 12.343/2010), que estabeleceu objetivos, diretrizes, ações e metas para dez anos (2010 a 2020) e foi construído com base nas conferências municipais, estaduais e nacionais de cultura.

- Que os trabalhos sejam publicados e os autores não caiam no esquecimento (o sociólogo Clóvis Moura foi mencionado como um autor que caiu no esquecimento).
- Que exista uma biblioteca comunitária em cada bairro.
- Que a literatura negra esteja presente na mídia e nas bibliotecas tanto quanto a europeia.

Como a prospecção pedida foi para 2020, e já estamos em 2021, tecerei comentários acerca de alguns excertos à luz do mundo do livro, leitura, literatura e bibliotecas que se desenha hoje.

O primeiro excerto selecionado é catastrófico e me pareceu determinado a realizar uma interpretação sofisticada de um tipo de pânico que assolou o mercado editorial, no fim da década de 2000 e início da de 2010, movido pelo temor da substituição do livro físico pelos suportes digitais. Lembro-me de uma entrevista de Pedro Herz, dono da falida Livraria Cultura, publicada na *Folha de S.Paulo*,[5] que começava assim: "Numa viagem recente a Nova York, o dono da Livraria Cultura, Pedro Herz, fez um teste: ao andar de metrô pela cidade, observou quantos passageiros portavam *e-readers* (ledores eletrônicos). Em dez dias, encontrou um único leitor com o novo equipamento." O mercado, que está sempre vários passos perceptivos à nossa frente, ensinava: "A ameaça ao livro não é o *e-reader*, mas a falta de novos leitores."

É justo dizer que essa percepção era compartilhada também por pessoas que estudavam o livro, seu acesso e circulação, mediadoras de leitura, editoras e pessoas que escrevem profissionalmente. O maior problema da leitura na sociedade hodierna é a falta de tempo para ler. As pessoas têm muitos apelos sensoriais, laborais e de conexão com o mundo digital, então parar para ler um livro tem se tornado algo obsoleto.

Em uma conversa de trabalho com Clayton Heringer, responsável pela Tocalivros, empresa dedicada à produção de audiolivros, fui desafiada a pensar junto com ele alternativas para levar minha literatura para um

---

[5] Disponível em: <https://livroacessivel.org/pedro-herz.php>. Acesso em: 2 de mar. de 2021.

público que é composto por 80% de homens, provavelmente brancos, acima dos 27 anos, interessados em autoajuda e mensagens religiosas e que ouvem os livros enquanto se deslocam de um lugar para outro, de bicicleta, carro ou transporte público. Os mercados incipientes também nos oferecem informações frescas sobre usuários, existem coisas novas no mundo antes dominado pelas mulheres como maiores leitoras do mercado.

> **EXCERTO 5.1**
>
> *"Para 2020 é necessário muito investimento, para não deixar a periferia cada vez mais distante do livro. Com o advento do e-Pub, do PDF e de todos os formatos de livros eletrônicos, a tendência é excluir de vez a periferia, porque se uma biblioteca física já é rara nessas partes da cidade, imaginar uma biblioteca eletrônica beira a utopia. Para não separar de vez esta parte da cidade da produção, fruição e acesso geral à literatura africana, o bom seria investimento pesado e logo, com urgência"* (Mururé, jornalista, pardo).

A grande surpresa é o mercado de consumo formado em torno do PDF, lido pelas pessoas mais pobres nos aparelhos celulares que, ao contrário do que Mururé vaticinou, aproxima esse grupo da leitura. Recentemente, num trabalho de oficinas de escrita criativa que desenvolvi com jovens quilombolas do município de Campos dos Goitacazes (RJ), próximo à divisa com o Espírito Santo, foram feitas várias citações de autoras e autores brasileiros, acessados a partir de livros ou textos em PDF baixados no celular. É possível que esse procedimento seja adotado por muitas outras pessoas pertencentes a grupos em desvantagem econômica. Isso me impactou e me fez até relativizar o horror ao PDF de livros, espécie de substituição da indústria do xerox nas universidades.

Para atender ao mercado das universidades, existem pessoas e grupos "bem-intencionados" que os distribuem via WhatsApp. Alguns ainda constroem a justificativa insustentável de que estão contribuindo para aumentar a circulação do livro, mas, o que fazem, por certo, é sucatear a produção intelectual de autoras e autores e violar o direito patrimonial das editoras. São comuns os depoimentos de colegas professores universitários de que são instados pelas coordenações de cursos a utilizar referências bibliográficas disponíveis em PDF para "facilitar o acesso dos estudantes às obras".

EXCERTO 5.2

"Fico pensando nos saraus da Cooperifa (São Paulo–SP) e nos do Sankofa (Salvador–BA), ou em Antônio da Conceição Ferreira, cobrador que montou uma biblioteca dentro do ônibus (Brasília–DF), e em Ferréz (São Paulo–SP) e seus sonhos. Ou no Quilombhoje e na Coletânea Ogum's Toques Negros. Além do fortalecimento da resistência e da iniciativa popular, desejo uma periferia negra instrumentalizada pelo acesso à literatura negra e/ou periférica. Esse deveria ser o eixo das políticas públicas de acesso à leitura desenvolvidas por meio da escola pública e de universidades, especialmente nos cursos de licenciatura" (Catileia, professora, parda).

EXCERTO 5.3

"Imagino uma cena em que os coletivos dialoguem mais entre si e proponham ações conjuntas. Que haja mais agentes no negócio literário. Distribuidoras especializadas em circular produções das editoras voltadas para negras e negros. Imagino uma cena menos de literatura negra e mais voltada para o público negro, mais diversificada, mais amadurecida, mais organizada politicamente" (Toé, professor, preto).

Esse tipo de articulação sonhada por Toé até tem acontecido de maneira esporádica, mas não tenho conhecimento de articulações autônomas similares às *Posses* do movimento hip hop nos anos 1990, quando grupos de rap, break e grafite se juntavam em organizações solidárias e autônomas e se potencializavam. No campo LLLB, as iniciativas de coalizão continuam sendo propostas por grupos mais estruturados, como universidades e ONGs. Dois exemplos bastante elucidativos vêm de São Paulo: a Câmara Periférica do Livro, proposta pela ONG Ação Educativa, que reúne 18 editoras periféricas, e a Periferia Livr@, proposta de extensão universitária da Faculdade de Economia e Administração (FEA) da USP, que reúne 16 editoras periféricas.

As editoras integrantes das duas iniciativas foram convocadas pelas grandes instituições, que entendem ter a vocação para organizar e potencializar o setor. Nesse processo, a ONG capta recursos em nome do projeto de organização dos confederados, redistribui parte deles e acumula capital simbólico no campo da organização e impulsionamento de sujeitos sociais importantes e não organizados. O setor da universidade que lidera a Periferia Livr@ também acumula capital simbólico, firmando o nome extensionista dentro de uma instituição elitista que muito pouco se interessa por públicos que não são os seus próprios. Em paralelo, torna-se conhecida e respeitada no campo das editoras periféricas. Talvez todo mundo se beneficie de ganhos circunscritos à perspectiva de cada sujeito ao concordar com esse tipo de parceria. É o que temos, por ora.

De um modo geral, nas 63 respostas ao questionário da consulta pública, praticamente não apareceram menções às editoras negras e periféricas, mas, revendo as questões, constato que esse tema não foi abordado de maneira específica e talvez por isso tenha sido mais difícil surgir espontaneamente.

EXCERTO 5.4

"Gostaria de até 2020 perceber mais ênfase aos escritores negros bem-sucedidos e ainda adaptações para a TV e para o cinema de textos de escritores negros e sobre temática negra, e que esta transpusesse o nicho da favela, do crime e da escravidão. Claro que tais coisas precisam ser debatidas, mas sinto falta de debates sobre o jovem negro contemporâneo urbano" (Pingo-de-ouro, designer, parda).

A expectativa de Pingo-de-ouro confronta o entendimento que autoras e autores negros ligados à literatura negra, especialmente as mulheres, e da periferia têm demonstrado sobre seu próprio fazer literário. Identifico uma compreensão convergente e redutora por parte de muitos desses agentes, somada à mesma perspectiva do mercado, ou seja, todos, de um lado e de outro, se sentem mais confortáveis se orbitamos em torno daquilo que tatiana nascimento chama de "paradigma da dor":

com essas textualidades outras, que são simultaneamente, com relação a trinta anos de tradição literária negra-brasileira centrada em dor e denúncia, herdeiras e disruptivas/transmutadoras, nos desconectamos de um projeto de mundo que não só quer que a gente morra — quer também que a gente não sonhe. penso que reagir à dor também passa por curar a dor; sinto que a recusa ao projeto colonial htcissexualizante refunda nossas próprias práticas/experiências/subjetividades negras cuíer. mais que reagir, mais que denunciar, podemos nos recusar a fazer de nossa literatura unicamente um projeto de denúncia desses grilhões/estereótipos/modelos/paradigmas branco-coloniais que tentam apagar nossa queeráspora, tentam nos definir a partir apenas de sua própria mirada. imprescindível lembrar que essa é uma mirada sádica, que a-do-ra nos ver sofrer. mascara seu paladar sádico com retóricas do tipo "como é importante/transformador/comovente ver sua dor". me parece que quanto mais nossa produção poética/estética/literária sangra, nos faz sangrar, mais alimenta esse sadismo das papilas gustativas que a mirada branca htcisnormativa diz "de compaixão", "de gratidão", "de aprendizado". após trezentos anos de escravização sádica, que popularizou açoitamentos em praça pública como diversão popular, que chamou de justiça o linchamento, me pergunto: quanto há de aprendizado/comoção, & quanto há de um prazer sádico histórico, social-visualmente construído, nesse ver e rever corpos negros sofrendo? não esqueço que há um treino jornalístico dessa mirada, o qual associa a sensação de "segurança e bem-estar do cidadão de bem" à exposição de corpos negros, jovens, de homens assassinados pela polícia nos programas que são servidos pela televisão como prato principal à mesa do almoço. eles realmente devoram nosso sofrimento. se alimentam disso. da exposição midiática de nossos mortos. (NASCIMENTO, 2019, pp. 28-29.)

EXCERTO 5.5

"Imagino que em 2020 seremos massificados com literatura americana. O ideal seria que houvesse incentivo às editoras para publicar esse material e também para traduções. Não há disponíveis no mercado livros que possibilitem uma discussão sobre o direito árabe, indiano e outros. Se houvesse um

intercâmbio de informações e incentivo à tradução poderia mudar o cenário" (Caliandra, bibliotecária, preta).

Talvez não estejamos massificadas pela literatura norte-americana e temos uma diversidade de publicações traduzidas do continente africano como nunca tivemos. A grande novidade é a consolidação das fusões entre editoras brasileiras e estadunidenses ou europeias, lideradas pelo capital internacional. A formação de conglomerados editoriais que passam a seguir uma orientação global é ditada pela matriz e essa, diferentemente do Brasil refestelado em seu confortável atraso colonial, sabe que a diversidade produz riqueza, gera dividendos, multiplica e consolida o capital. Dessa forma, a expressão nacional dos conglomerados editoriais passou a se interessar por autoras e autores negros, de agora e do passado, ainda vivos, e também pela produção daqueles que já não estão mais entre nós.

EXCERTO 5.6

"Acho que o cenário literário brasileiro está mudando radicalmente, como resultado de uma mudança cultural muito mais ampla. As taxas de leitores estão crescendo a grande escala, incluindo grupos que tradicionalmente não eram alfabetizados ou estavam atrasados nas práticas de leitura e escrita. Esses novos leitores e escritores (negros e periféricos) estão dando uma cara nova à literatura brasileira, onde o oral e o performático são muito fortes, incorporando traços de outras formas culturais. Tomara que as bibliotecas comunitárias passem a ser reconhecidas e recebam apoio do poder público, ou mesmo que terminem se tornando 'inecessárias'; que as bibliotecas públicas terminem sendo realmente espaços amplos de encontro multicultural, presentes em todos os bairros e bem-dotadas com acervos diversos considerando as diferentes matrizes culturais do país" (Flamboyant, branco, mestrando em Sociologia).

EXCERTO 5.7

"Há um bom tempo as bibliotecas comunitárias vêm desempenhando uma função que é do Estado, fomentar a leitura, dar acesso a bons livros, livros de boa qualidade, mas os espaços dessas bibliotecas não são adequados, muitos são

alugados e com problemas estruturais, mas estão fazendo a diferença. Imagino uma sociedade mais consciente e crítica" (Bromélia, agente cultural, pardo).

EXCERTO 5.8

"Ideal: que em cada esquina de um bairro tivéssemos uma biblioteca, uma estante, um leve e leia, enriquecidos com a obra de vários autores negros brasileiros e de demais nacionalidades" (Lótus, psicóloga, preta).

EXCERTO 5.9

"Tenho esperança de fazer parte do rol de escritoras negras e produzir narrativas de qualidade que abordem a essência humana da mulher negra sem ranços do racismo e do sexismo. Reconhecimento acadêmico e sucesso editorial para a literatura negra brasileira são meus sonhos" (Orquídea, professora, preta).

EXCERTO 5.10

"Para 2020 imagino/desejo que os PMLLBs estejam efetivamente implantados, com orçamento garantido, de forma que as ações hoje realizadas mais como militância estejam previstas, amparadas por meio de ações de formação, remuneradas decentemente e que o poder público estabeleça um diálogo efetivo e contundente junto a editoras, livrarias, de forma que o direito aos livros, à leitura, não seja apenas discurso nos documentos oficiais, e sim conduções que regulem as relações econômicas e sociais. Além disso, imagino/desejo um cenário em que as ações dos movimentos sociais sejam ponto de partida, efetivamente reconhecidos, legitimados. Hoje não faz nenhum sentido delegar a empresas, a teóricos desvinculados dos movimentos sociais, a responsabilidade de formar leitores e mediadores. Os movimentos têm profissionais formados, competentes, aportes teóricos, metodológicos e projetos consistentes que precisam ser apoiados, divulgados e implementados em parceria com as diversas instâncias do poder público" (Vitória-Régia, socióloga, preta).

EXCERTO 5.11

"Sonho para 2020, e busco a realização de que em nossas cidades os nossos governantes aprovem o PMLLB (Plano Municipal do Livro e Leitura e Bi-

bliotecas), facilitando a um público maior (sobretudo os negros e de baixa renda) o acesso ao livro gratuito e de qualidade"* (Sempre-Viva, gestora de biblioteca comunitária, preta).

QUESTÃO 6

Em sua opinião, qual será o perfil da escritora e do escritor negro no futuro próximo, em 2020? Quais serão seus temas? Como será sua dicção? O que você espera? O que sugere?

EXCERTO 6.1

"No passado era subúrbio. Agora é periferia. Quais são as diferenças e as semelhanças entre ambos? A literatura de Lima Barreto, Abdias Nascimento, Solano Trindade, Carolina de Jesus, Paulo Colina, Márcio Barbosa dentre outros, traçou e apontou caminhos. As vivências e experiências dos negros em associações culturais e busca por melhores condições de vida e seus embates estão presentes nos livros e ensaios de Oswaldo de Camargo, Cuti e Márcio Barbosa (...) Atente-se aos escritos de Conceição Evaristo, Lia Vieira, Esmeralda Ribeiro, Geni Guimarães e Miriam Alves; Elizandra Souza, Akins Kintê, Sacolinha, Alan da Rosa, Cristiane Sobral, Sérgio Ballouk e Sidney de Paula Oliveira. Os seis últimos citados são da nova geração, enquanto as cinco primeiras são as pioneiras, a exemplo de Carolina de Jesus, em trazer e focar a mulher negra no território literário, enquanto gênero, etnia, classe social, colocando em xeque o movimento feminista. Que parece que se parece, mas não é igual ao movimento feminista negro" (Alamanda, pesquisador audiovisual, preto).

EXCERTO 6.2

"A primeira escritora negra contemporânea que conheci foi Cidinha da Silva. Sei que é complicado estabelecer comparações, mas penso que estamos e queremos ser assim, cada vez mais profícuas, trazendo os nossos temas e a nossa pertença pros embates políticos e afirmando nossas singularidades e generalidades literárias. Trazendo à baila a discussão, por que (também) fazemos literatura?" (Catileia, professora, parda).

EXCERTO 6.3

"Pessoa que saiba fazer sínteses, paródias, contos e blogues, seja diferenciada e participativa. Tenha uma função social, didática, em sua bagagem teórica. Saiba fazer um bom trabalho de marketing virtual" (Tulipa, poetisa, preta).

EXCERTO 6.4

"Um escritor rendido à pressão editorial, escrevendo coisas sem identidade para poder continuar a ser escritor" (Caliandra, bibliotecária, preta).

Do meu lugar de escritora negra, vejo o contrário disso; a pressão é para que escrevamos sempre as mesmas coisas que nos enredem exclusivamente nas questões de identidade e militância contra o racismo.

EXCERTO 6.5

"Que sejam pessoas normais, que não tenham que passar por tantas dificuldades para terem seus talentos reconhecidos. Que eles sejam vistos como os outros, que não despertem espanto nem surpresa por serem negros" (Cega-Machado, mediadora de leitura, preta).

EXCERTO 6.6

"O perfil do escritor negro e da escritora negra em 2020 tende a mudar, pois já existe acesso mesmo que precário à educação superior, graças às políticas de inclusão implementadas nos últimos anos. Em relação à renda, é provável que esse contingente de intelectuais consiga migrar para classes sociais mais favorecidas. A maioria absoluta deve continuar morando na periferia, pelo que conheço, pois é o berço, o lugar de pertencimento, onde eles têm relação de afeto com o lugar e com as pessoas. Os temas que serão tratados devem continuar sendo a inclusão social, respeito aos direitos humanos, reconhecimento da cultura africana, cidadania, educação pública plena e inclusiva etc." (Mururé, jornalista, pardo).

EXCERTO 6.7

"Quem sabe nesse curto espaço de tempo algum autor ou autora que já esteja publicando atualmente, como Cuti, Conceição Evaristo, não atinja

uma porção maior do leitorado? Quem sabe não tenham a projeção de um Richard Wright, de uma Toni Morrison? (...) Acho que os temas não mudarão muito: resgate positivo do corpo negro, da identidade, questionamento do racismo. Provavelmente a questão da afetividade ganhará mais espaço, assim como surgirão mais livros infantis e infanto-juvenis"* (Aningá, pesquisador, preto).

Aningá acerta quanto a Conceição Evaristo que, desde 2016, consolidou-se como uma das autoras mais importantes da contemporaneidade, conquistando uma série de prêmios, com sua obra lida e apreciada por milhares de pessoas.

EXCERTO 6.8

"Imagino o escritor e a escritora negra escrevendo com liberdade, sem abrir mão de sua consciência étnico-política. Apontando o racismo que, infelizmente, não creio que terá sido nem de longe superado em 2020, mas circulando em espaços muito distintos, não só falando para negras e negros, mas para um público mais abrangente e mais interessado nas questões negras" (Toé, professor, preto).

QUESTÃO 7

A frase "O livro como território do conhecimento" a/o faz divagar por onde? Leva-a/o por quais caminhos?

Houve um conjunto de respostas a essa questão que se revelou bastante crítico e mostrou, em alguns casos subliminarmente e em outros de maneira direta, que sua formulação foi ruim. Existe ali um quê infantil, romântico e até mesmo infantilizante da audiência e variadas respostas se insurgiram contra essa infantilização.

EXCERTO 7.1

"O livro é um território de conhecimento com características próprias. O que o livro dá não pode dar a palavra falada, a memória, a música nem

outra forma de comunicação. Acho que o livro ainda deve ser reivindicado nos espaços em que ele está ausente. Mas, ao mesmo tempo, não se pode idolatrar o livro como panaceia, como conhecimento para todas as necessidades. Acho que o livro tem uma posição simbólica dominante na sociedade, que normalmente o apresenta como a única fonte válida de conhecimento. Os amantes do livro costumam ser muito arrogantes a respeito de todos os outros territórios de conhecimento. Acho que isso também deve ser combatido. Faltam pontes e caminhos entre o território livro e todos os outros territórios de conhecimento" (Flamboyant, branco, mestrando em Sociologia).

EXCERTO 7.2

"O livro não é o único território de conhecimento, mas vejo de perto seu poder transformador, seu poder de movimentar as pessoas. Vejo as minhas aulas, na minha casa, nas ruas onde ouço conversas. Há sempre possibilidades a partir do livro" (Caliandra, bibliotecária, preta).

EXCERTO 7.3

"Não vejo com bons olhos essa propaganda do livro, ao invés de termos o livro como obrigação, deveríamos tê-lo como um prazer. Tudo ensina, o que precisamos é de uma postura de aprendizado, interesse pelo conhecimento, letramento. O livro tem que ser acessível, assim como a televisão é acessível" (Mucuna, preto, músico).

EXCERTO 7.4

"Sou suspeita, o livro foi para mim, desde sempre, território não apenas do conhecimento, mas da possibilidade de ser sujeito. Minha filha foi criada a partir desse princípio e hoje dedico minha vida profissional à promoção da leitura. Então, a frase me faz não divagar, mas me provoca a pensar de forma mais ampliada o próprio conceito de livro, uma vez que falamos de uma população em que muitos não têm domínio elementar da leitura e da escrita, mas são leitores se considerarmos que, em alguma medida, é impossível excluir dos processos de leitura-letramento mesmo os sujeitos não alfabetizados. Me provoca também a rever o conceito de conhecimento, que ainda hoje é,

muitas vezes, calcado num projeto acadêmico, que desconsidera outras experiências, orientadas por outras formas de pensar e interpretar o mundo" (Vitória-Régia, socióloga, preta).

EXCERTO 7.5

"Me faz pensar que o livro deve ser pensado em todos os seus desdobramentos; se estamos nos ocupando de planejar políticas públicas do livro e da leitura para os próximo dez anos. Que a biblioteca deve ser um lugar de inclusão digital, de formação continuada, para leitores e para mediadores de leitura, que os suportes sejam os mais variados possíveis, que o livro seja um suporte entre outros para o autoconhecimento e de outras realidades; da sociedade onde se vive e de outras sociedades, que o livro seja sempre algo que está fora dele e que nos leve sempre para além" (Toé, professor, preto).

EXCERTO 7.6

"Divago sobre muitas coisas, sobre como alguém que lê pode se sentir sozinho em nosso país, pois poucos o fazem, é difícil encontrar pessoas que consigam interpretar textos relativamente elaborados; divago também sobre tudo o que lemos pouco se aplica ao dia a dia do trabalho que é tão mecânico e requer pouco ou quase nada da imaginação e da capacidade de reflexão do trabalhador, entre outras coisas" (Pingo-de-ouro, designer).

EXCERTO 7.7

"Partindo do conceito de que 'quem lê enxerga melhor', o livro não só nos leva ao conhecimento como também subsidia elementos e ferramentas para uma melhor compreensão da realidade. O resultado pode ser o choque, a compreensão, o questionamento e o conflito dialético. O livro pode nos apresentar novos símbolos ou a releitura dos símbolos já compreendidos. Acredito que, a partir daí, o leitor vê-se obrigado a fazer escolhas, manter-se onde está ou partir em exploração de novo território. Claro que a interpretação individual estará dependente da cosmovisão, da intencionalidade ou mesmo da conveniência. No entanto, é certo que ninguém sai imune durante e após a leitura de um livro" (Antúrio, escritor, pardo).

EXCERTO 7.8

"Me leva ao diálogo com nossa ancestralidade, à previsão de um futuro onde o conhecimento seja nosso maior patrimônio. O caminho que trilho é a construção de um espaço para que este futuro se desenhe através da administração da Biblioteca Zumbi dos Palmares, que há de ser o espaço de transformação de nossa comunidade" (Alamanda, agente cultural, preta).

EXCERTO 7.9

"É o mote da cidadania. Tenho experiência em livro, leitura e literatura na periferia de Salvador, aí incluídos os saraus poéticos e musicais, e sei, com 100% de certeza, que o livro faz uma revolução nas mentes daqueles que eu conheço. Tenho muito orgulho de circular por bairros como o Bairro da Paz, Cajazeiras, Águas Claras, Escada, Plataforma, São Bartolomeu, Pirará, Paripe, Coutos, Dom Avelar, Castelo Branco, Santo Antônio Além do Carmo, Ribeiro, Lobato, Pau da Lima, Calabar, Sussuarana, Boca do Rio, etc., onde conheço pessoas que atuam com livro, leitura, mediação de leitura e contação de história, e cada vez mais vejo que o livro tem levado pessoas dessas localidades e horizontes de cidadania" (Mururé, jornalista, pardo).

REFERÊNCIAS BIBLIOGRÁFICAS

NASCIMENTO, Tatiana. *Cuírlombismo literário: poesia negra LGBTQI desorbitando o paradigma da dor*. São Paulo: n-1, 2019.

SILVA, Cidinha da (Org). *Africanidades e relações raciais: insumos para políticas públicas na área do livro, leitura, literatura e bibliotecas no Brasil*. Brasília: Fundação Cultural Palmares, 2014.

LITERATURA E INTERNET — OU COMO OCUPAR TODOS OS ESPAÇOS POSSÍVEIS COM LITERATURA

Tamy Ghannam

> *Utopia à parte, é certo que quanto mais igualitária for a sociedade, e quanto mais lazer proporcionar, maior deverá ser a difusão humanizadora das obras literárias, e, portanto, a possibilidade de contribuírem para o amadurecimento de cada um.*
>
> Antonio Candido

O ano era 2014. Eu cursava o segundo semestre da faculdade de letras quando me encantei por Proust, devido a uma rápida menção da professora de Estudos Literários ao mágico mecanismo da memória involuntária. Saí da aula e corri à biblioteca para iniciar meu percurso em busca do tempo perdido. Alguns dias depois, navegando pelas redes sociais, chamou minha atenção, quase sem querer, uma conta no Instagram dedicada à literatura. Sua administradora, graduanda em Ciências Sociais naquela época, estava lendo justamente o autor francês que tanto me fascinara. E foi assim, por meio de um clássico, que descobri o hodierno recanto da internet em que os livros representam o marco central, o ponto de convergência em torno do qual os internautas orbitam. Não demorou muito até que eu, tanto tímida e insegura demais para tomar a palavra nas classes da universidade quanto ávida por compartilhar as experiências e descobertas transformadoras que a leitura me proporcionava, inaugurasse meus próprios perfis literários no ambiente virtual e me tornasse, então, alguém que fala sobre livros na internet.

Assim como eu, milhares de outras pessoas também se dedicam a essa atividade pelo mundo afora. De 2015, quando comecei, até agora os números de perfis literários nas redes sociais vêm crescendo exponencialmente. Por trás deles há gente de todas as idades, oriunda das mais diferentes localidades, com distintas formações e intenções. Na maioria dos casos de que tenho conhecimento, o início costuma ser um passatempo, cujos principais motivadores são a paixão pelas letras e o desejo de infundir suas impressões sobre elas. Para muitos, com o passar do tempo a prática de comentar livros se converte em ofício, coisa profissional — o que, no entanto, longe de ser uma regra é, na verdade, uma exceção. Como trabalho ou como lazer, interessante mesmo é que essa ocupação tem por efeito a promoção de um senso de comunidade gerado pelos livros, inegável fortificador da literatura no cenário contemporâneo. Na contramão da ideia de leitura como ato solitário, o compartilhamento cibernético parece recuperar aquilo que era hábito na Grécia de Homero, considerada o berço da tradição narrativa ocidental: experimentar coletivamente as práticas literárias.

A informalidade como motor da diversidade discursiva

Um dos maiores atrativos da comunicação digital é a legitimação da informalidade. Distante da etiqueta acadêmica, das formatações requeridas por veículos regulamentados e sem as exigências de um currículo que comprove as competências dos emissores ou de uma banca avaliadora, a internet abre suas portas de modo que todos os usuários, quaisquer que sejam suas instruções, sintam-se à vontade para adotar como tema de suas postagens o que lhes interessar. E porque se configuram como uma imensa cadeia de interligações, as redes sociais têm por fundamento as interações responsivas, facilitadas por configurações gráficas formuladas a fim de estimular o contato entre sujeitos. A ampla variedade de plataformas on-line facilmente acessáveis contribui para a construção de um panorama de numerosos tratamentos de um mesmo tópico. Ao passo que cada uma delas opera de maneiras específicas, o comportamento dos usuários naturalmente se adequa às suas propostas. Assim, tantas podem ser as vias utilizadas para abordar um assunto no ambiente internético quanto as possibilidades que oferecem — e estas são praticamente intermináveis. Se não nasce todos os dias um novo microuniverso de convivência virtual, as novidades dentro daqueles que já existem continuam surgindo.

Quando o assunto em questão é a literatura, tal liberdade formal e a fluida multiplicação de espaços de publicação são pontos positivos ao desenvolvimento de diálogos plurais sobre os livros e seus referentes. É comum se deparar com mulheres e homens de outras áreas do conhecimento que não das letras, e até mesmo adolescentes e crianças, produzindo conteúdo literário nas redes sociais. Pessoas que, respaldadas e induzidas pelo relaxamento que o ciberespaço oferece, consideram-se minimamente confortáveis para contribuir com suas opiniões ao enriquecimento de perspectivas a respeito das obras que se dispõem a comentar. Em troca, recebem as reações de outros membros dessa comunidade que se gesta por retroalimentação, uma extensa trama costurada pelos livros. Por meio dessas ferramentas, gradativamente o discurso literário e as vivências que decorrem da leitura vão deixando de ser restritas a grupos seletos e passam a estar ao alcance de todos aqueles conectados à internet, indivíduos que, diante de tamanha riqueza de opções, podem escolher as fontes de informação que melhor se encaixam às suas preferências, ancorando-se nos critérios que considerarem mais animadores. As combinações são inumeráveis e viabilizam o largo alcance da literatura.

Uma das principais plataformas de circulação do conteúdo literário virtual é o YouTube, de onde surgiu o termo *booktuber* para nomear os criadores de vídeos sobre livros. Segundo Jeffman, no artigo intitulado "Literatura compartilhada: uma análise da cultura participativa, consumo e conexões nos *booktubers*",

> Lemus (2014, on-line) elucida o significado da palavra *booktuber*, ou seja, *book* (de livros) + *tube* (YouTube), demonstrando que a prática de vlogar sobre livros começou nos Estados Unidos. Já para Navarro (2014, on-line), o fenômeno tem origem na Europa. Os *booktubers* norte-americanos, por sua vez, teriam se originado a partir dos vídeos de mulheres que falam sobre suas compras, lugares que conhecem, as maquiagens que fazem, entre outras práticas ligadas ao universo feminino. Uma prática que, segundo Lemus (2014, on-line), se massificou a partir de 2007, possivelmente configurando os primeiros comentários em vídeo. O objetivo dos *booktubers*, de acordo com o autor, é fomentar a leitura, já que um vídeo pode funcionar melhor que um texto escrito.[1]

No Brasil, o maior canal literário da plataforma é o da comunicadora social Bel Rodrigues, que começou em 2013 e hoje conta com mais de 900 mil inscritos. Muitos de seus vídeos iniciais discutem livros voltados aos públicos infanto-juvenil e jovem-adulto. Já entre os mais acessados, destacam-se outros, recentes, que tomam como tema obras adultas (especialmente as relativas a crimes, uma vez que Bel Rodrigues é pós-graduanda em criminologia). A publicitária e escritora Pam Gonçalves, a letróloga Ju Cirqueira e a jornalista Duda Menezes, há anos no chamado *booktube*, seguem um padrão semelhante, indicativo de que seus perfis acompanharam, e seguem acompanhando, a formação literária de milhares de leitores. Passeando pelos comentários de seus vídeos, é comum encontrar espectadores agradecidos pelo incentivo à leitura que suas presenças virtuais alimentam, o que também se vê no *Literature-se*, de Mell Ferraz, gradua-

---

[1] JEFFMAN, Tauana Mariana Weinberg. *Literatura compartilhada: uma análise da cultura participativa, consumo e conexões nos booktubers*. Revista Brasileira de História da Mídia. v.4, nº 2, jul./2015 — dez./2015.

da em estudos literários, para quem os livros clássicos são o grande foco; no *All about that book*, da roteirista formada em cinema Mayra Sigwalt, que ressalta a literatura indígena e os livros de fantasia; no *Um bookaholic*, de Alec Costa, direcionado à literatura e à negritude; e no *Vá ler um livro*, da professora Tatiany Leite, que tem como missão estreitar os laços com a educação por meio de abordagens didáticas e divertidas das obras literárias, sobretudo as escolhidas pelos vestibulares mais concorridos do país.

E não só para leitores jovens se dirigem os *booktubers*. Apresentadores como Darwin Oliveira, economista responsável pelo *Seleção literária*, primeiro canal sobre livros com tradução simultânea em Libras; Bárbara Krauss, jornalista criadora do *B de bárbarie*, dedicado a debater narrativas políticas; e Jéssica Mattos, professora de literatura e espanhol que investe em obras latino-americanas, oferecem alternativas notáveis à audiência madura empenhada em entrar em contato com pontos de vista descomplicados e perspicazes sobre a literatura e seus desdobramentos.

Outros criam vídeos mais longos e rebuscados, dirigindo-se ao público já definitivamente envolvido com a literatura, tal qual fazem os incomparáveis professores Nicolas Neves e Carmem Lúcia. Há ainda iniciativas como o *Livrada!*, do cronista e jornalista Yuri Al'Hanati, que em várias oportunidades soma às tradicionais resenhas entrevistas com escritores, tradutores e outros profissionais da cadeia do livro, e produz vídeos em eventos literários como a Flip; e o *LiteraTamy*, desta que aqui escreve, que, além de entrevistas com autores do Brasil e do mundo, mantém os quadros: "Papo de Editora", série de minidocumentários sobre editoras independentes, e "Itinerários", resultante de visitas a bibliotecas, livrarias e tantos outros espaços destinados aos livros, fugindo à norma das gravações individuais em espaços fechados como o quarto ou o escritório frente às estantes, cenários que, de acordo com Aguiar, são "utilizados tanto por questões práticas, pois toda a cultura YouTube funciona por não precisar, na produção do seu conteúdo, do suporte de estúdios, produtores, entre outras mediações da mídia tradicional, quanto para reforçar a busca por uma linguagem cotidiana, intimista, informal".[2]

No Instagram, as pessoas que se aplicam à literatura recebem da linguagem cibernética a alcunha de *bookstagrammers*. Assim como nas redes sociais vizinhas, é comum que elas se organizem e sobressaiam no aplicativo por certos pontos de interesse que norteiam suas escolhas literárias, como se vê, por exemplo, nos *feeds* de *Camilla e seus livros*, da assistente social, docente em literatura e humanidades, mediadora de leitura e militante literária Camilla Dias; *Impressões de Maria*, da revisora Maria Ferreira; e *Quilombo literário*, da socióloga e pesquisadora de literatura infantil Luciana Bento, que indicam, sobretudo, livros com protagonismo negro.

Poesia, não ficção, literatura latina, fantasia, ficção científica, autoria LGBTQI+: tudo o que nasce dos livros e gira em torno deles pode ser ponto de partida para a criação e o desenvolvimento de uma conta no Instagram — até mesmo os objetos que aparecem nos enredos, como prova o trabalho de Rodrigo Valente, assessor de imprensa responsável pelo *ObjetoLivro!*, que promove conexões entre um livro e um objeto da história lida, com fotos utilizando papéis coloridos de fundo, um aproveitamento total das ferramentas visuais que estruturam a rede social. O editor Igor Miranda, criador do *A estante em mim*, e Vedson Santos, do *Li e falei*, também exploram os recursos fotográficos da plataforma para transmitir em suas postagens mensagens singulares acerca da literatura, dispondo-se, respectivamente, de ladrilhos e de colagens manuais em combinação com os livros que se propõem a divulgar, acompanhados por uma legenda em texto sobre cada leitura.

No Twitter, nos podcasts e até mesmo no novíssimo TikTok; em todas as redes sociais mais frequentadas, há quem fale sobre livros. Seu caráter descontraidamente interativo serve de fertilizante à criação e à partilha de opiniões sobre a leitura em formatos heterogêneos. Ainda que

---

[2] AGUIAR, Cristhiano. A crítica literária na internet: literatura contemporânea brasileira e valores literários nas críticas de booktubers. Anais XV Congresso Internacional da Abralic, 2017.

seja comum ouvir por aí o chavão de que o nosso país não se interessa por literatura, dar conta de elencar todos os leitores brasileiros ativos na internet, com trabalhos de considerável audiência, seria impossível (ainda bem!). A grande maioria deles é formada por produtores independentes, cujos projetos, em geral acessíveis gratuitamente, têm por intuito difundir o fazer literário por todas as brechas que se apresentem, fazendo da esfera digital — cujo desembaraço soa tão distante da tradicional aura de sacralização ao redor da quinta arte, que por tanto tempo a reservou a poucos bem-aventurados — um canal de reformulação das relações entre sujeito e literatura, expondo os livros não como excepcionalidade, a leitura e suas discussões não como um dever, mas sim como parte natural, e desejada, do cotidiano de qualquer pessoa.

No tocante à crítica literária institucionalizada, tanto a universitária quanto a que se lê em mídias tradicionais como periódicos, suplementos e revistas sobre literatura, esses conteúdos atuam como complementares, e não como substitutos — o que, é importante dizer, jamais pretenderam ser. Além das diferenças de suportes e de linguajar, que por si só acarretam significativas mudanças no tratamento da literatura como objeto de análise, os remetentes e os destinatários de cada veículo, em alguma medida, diferem. Enquanto as publicações acadêmicas e jornalísticas costumam dirigir-se a um público, se não especializado, ao menos específico, as publicações nas redes sociais, por outro lado, têm vantagens que as levam com mais facilidade a usuários que não necessariamente estão frequentando aquele espaço em busca da literatura, mas que podem chegar até ela dirigidos pelos algoritmos, pelas abordagens espontâneas, por estímulos audiovisuais, por compartilhamentos de amigos ou por tantos outros caminhos inusitados e decidir ficar.

O que não significa que a crítica literária em seus moldes convencionais não caiba na internet; pelo contrário, são muitos os exemplos de sua presença nas redes. O blog *Letras in.verso e re.verso*, no ar desde 2007 sob moderação do professor universitário Pedro Fernandes, é um acervo livre riquíssimo com publicações diárias de textos críticos sobre literatura, operando no Twitter, no Facebook e no Instagram, plataforma na qual atua também o mestre em Estudos Literários e doutorando em Literatura Brasileira Berttoni Licarião, que em suas considerações de leitura conjuga a perícia acadêmica à descontração das redes com maestria, e isso dentro do número exíguo de caracteres disponíveis. Até mesmo no Skoob, rede social brasileira totalmente voltada aos livros, não raro surgem resenhas que correspondem aos parâmetros da crítica literária tradicional. Sem contar os sites e perfis dos já citados jornais, suplementos e revistas sobre literatura, em que muitos artigos estão disponíveis gratuitamente. Trata-se, portanto, de uma relação de coexistência entre o tradicional e o alternativo a partir da qual a literatura só tem a ganhar.

Emparelhadas à nova cara da crítica, as editoras e livrarias (cabe aqui um realce às independentes) também têm sido vistas engatando movimentos de união pela bibliodiversidade nas redes. Do mesmo modo, os clubes de leitura proliferam no ambiente digital, especialmente nos tempos de pandemia, quando a reunião presencial é impossibilitada. Alguns, como o fantástico *Leia Mulheres*, tiveram de se adaptar à nova realidade e têm se saído muito bem na promoção dos encontros on-line. Outros, que já nasceram virtuais, como o *Clube de Literatura Brasileira Contemporânea*, fortalecem nas redes sociais as relações propiciadas e mantidas por elas. Somando os autores cada vez mais ativos na internet, e consequentemente mais próximos de seus leitores e de leitores potenciais, a cadeia brasileira do livro está quase toda reunida na viela do ciberespaço onde mora a literatura.

Um ecossistema de democratização da literatura

Em entrevista ao *Suplemento Pernambuco*, a escritora e editora mexicana Vivian Abenshushan diz que seus laboratórios de experimento de escrita, que exploram a arte literária como processo colaborativo, ensaiam "a criação de dispositivos em que a escritura se desdobra como experiência cooperativa, extrapolando a autoria individual. Quando falo de outras formas de escritura, também quero dizer: outras formas de fazer o mundo".³ Segundo Abenshushan, essas experimentações de abertura à mutação e às combinações do fazer literário com novas tecnologias são o que mantêm viva a linguagem da literatura. De alguma maneira, as redes condicionam o funcionamento dessa linguagem, inventando outros modos de existência para o mundo das letras, estremecendo as hierarquias que enrijecem o universo literário. Na contramão da lógica de escassez que rege o sistema capitalista e que muitas vezes impede os livros de chegarem longe, a internet é o terreno da abundância, um campo de multiplicação das possibilidades que atualiza a história da literatura, expandindo suas veredas. Enlaçados dentro dela, os braços da cadeia do livro aqui elencados formam um ecossistema de coletivização e popularização da literatura.

Há de se levar em conta que o cenário não é ideal. O acesso público à literatura não contempla toda a população brasileira: muitos de nossos municípios sequer possuem acervos de livros. São 6.057 bibliotecas públicas cadastradas no Sistema Nacional de Bibliotecas Públicas (SNBP),⁴ aproximadamente uma para cada 34 mil brasileiros. Também a internet não é garantia para todos. A Pesquisa Nacional por Amostra de Domicílios Contínua (Pnad C), divulgada em abril de 2021, aponta que mais de 39 milhões de pessoas no Brasil não têm conexão à internet, número correspondente a 21,7% dos cidadãos com mais de 10 anos de idade.⁵ Apesar disso, a 5ª edição da pesquisa Retratos da Leitura no Brasil demonstra que há 100 milhões de leitores no país, cerca de 52% da população. Dentre os leitores entrevistados, 72% afirmam usar a internet em seu tempo livre, assim como 56% dos não leitores.⁶ É, portanto,

---

³ Disponível em: <http://www.suplementopernambuco.com.br/entrevistas/2657-entrevista-vivian-abenshushan.html>. Acesso em: 25 de ago. de 2021.
⁴ Disponível em: <http://snbp.cultura.gov.br/bibliotecaspublicas/>. Acesso em: 25 de ago. de 2021.
⁵ Disponível em: <https://www.ibge.gov.br/estatisticas/sociais/trabalho/9171-pesquisa-nacional-por-amostra-de-domicilios-continua-mensal.html?=&t=o-que-e>. Acesso em: 25 de ago. de 2021.
⁶ Disponível em: <https://www.prolivro.org.br/wp-content/uploads/2020/12/5a_edicao_Retratos_da_Leitura-_IPL_dez2020-compactado.pdf>. Acesso em: 25 de ago. de 2021.

inegável que a internet hoje, mesmo com todas as limitações de transmissão, assume papel central na vida de todos os brasileiros, inclusive daqueles que leem. Nada mais producente, então, do que tomá-la como ferramenta útil ao alastramento da literatura e suas práticas.

Prova fresca de que a internet favorece a socialização da leitura e do debate literário pela interação em massa das plataformas digitais é a campanha virtual #DefendaoLivro, que nasceu como protesto contra a proposta do ministro da Economia Paulo Guedes de taxar o mercado editorial com uma alíquota de 12%, contrariando a Constituição Federal que lhe assegura a isenção desses tributos e "proíbe a taxação de livros, jornais, periódicos e papel destinado à impressão, considerando o livro um bem de caráter social e que deve ser democratizado".[7] A medida, que no fim das contas resultaria no aumento do preço dos livros, distanciando-os ainda mais daqueles que já não podem comprá-los, foi intensamente rechaçada nas redes sociais. A *hashtag* reúne milhares de manifestações de leitores, escritores, editoras, livrarias, clubes de leitura, figuras públicas e comunicadores de diversas áreas, e culminou num abaixo-assinado on-line[8] com mais de 1,4 milhões de assinaturas opondo-se a tal projeto de elitização da literatura, o suficiente para fazer o ministro recuar por um tempo — e para nos fazer pensar na literatura enquanto corpo social, mantendo-nos atentos às ameaças que o governo federal direciona ao campo da cultura no país.

Em seu incontornável "O direito à literatura", Antonio Candido formula uma defesa irrefutável da literatura como bem incompressível e direito inalienável dentro de qualquer sociedade justa. Penso que apresentar as experiências humanizadoras das obras literárias na internet, lugar por onde transitam sujeitos de todas as camadas sociais, é uma maneira de apropriar-se dos meios materiais de que dispomos agora, enquanto nação permeada de desigualdades gritantes, para ultrapassar

---

[7] Disponível em: <https://www.cenpec.org.br/noticias/defendaolivro-a-leitura-como-direito-e-a-democratizacao-do-acesso-ao-livro>. Acesso em: 25 de ago. de 2021.
[8] Disponível em: <https://www.change.org/p/defenda-o-livro-diga-não-à-tributação-de--livros>. Acesso em: 25 de ago. de 2021.

a muralha da estratificação social que dificulta a fruição da literatura, um passo fundamental em direção à formação de um país que lê e à realização do direito defendido pelo sociólogo.

Transformar livros em assunto nas redes sociais, mostrar por meio delas que qualquer pessoa pode lê-los e discursar sobre eles, é retirá-los do pedestal imaginário em que foram colocados e trazê-los à realidade da esfera popular que anda tão precisada de seu toque humanizador. Romper com a sacralização que tanto afasta possíveis leitores dos livros passa por desmistificá-los, por revelá-los como elementos que nos pertencem enquanto seres humanos conectados uns aos outros, e o ambiente virtual talvez seja, hoje, o mais propício para essa redefinição. Se quisermos que as experiências literárias sejam para todas as pessoas, precisaremos ocupar todos os espaços possíveis com literatura — inclusive o virtual.

ILUMINAÇÕES

AMAZON E A BIBLIOTECA DE BABEL

Jorge Carrión

Já se tornou algo proverbial dizer que Jorge Luís Borges imaginou a Internet. Assim mesmo, com letra maiúscula, como "A Biblioteca de Babel". Esse não é o único texto em que escreveu sobre a cultura exponencial, sobre os arquivos sem limites, sobre uma grande memória externa, artificial. Em *O livro de areia*, concebeu um volume de páginas infinitas; em "Tlön, Uqbar, Orbis Tertius", a enciclopédia de um universo paralelo; em *O Aleph*, alguém que é capaz de ver a realidade como um conjunto, fragmentada em imagens, numa esfera do tamanho da tela de um celular; e em *A memória de Shakespeare*, por sobre todas as lembranças, a identidade completa do escritor inglês que poderia ser baixada numa consciência concreta de uma espécie de nuvem anterior à Nuvem. Tal processo — como se vê no último conto escrito por Borges — é inútil: não podemos fazer nada útil ou interessante com a memória completa de William Shakespeare. Assim como de nada serve a Funes o fato de ser "memorioso". Nem a Carlos Argentino Daneri o acesso exclusivo ao Aleph (seu tesouro), encerrado no sótão.

"A Biblioteca de Babel" é uma versão muito livre — muito genial — de *A Biblioteca universal*, de Kurd Lasswitz, outro dos escritores que imaginaram a rede de redes que chamamos de Internet. Assim, pois, Borges não apenas projetou a topografia em expansão da Internet e seu potencial gigantesco — e quase sempre inútil —, mas também praticou sua essência de bricolagem, de cortar e colar, de uma reciclagem incessante, assumindo, perante a grande biblioteca dos gêneros e subgêneros, uma atitude que muito se assemelha à dos atuais artistas da pós-produção.

Essa visão negativa do excesso de arquivo cultural que constatamos em alguns dos melhores contos do autor de ficções pode nos parecer hoje até mesmo positiva porque, em sua obra, o livro continua sendo o ponto central. Como diz Roberto Calasso, em *Cómo ordenar una biblioteca* (Anagrama, 2021): "Hoje o livro é algo que vive nas margens — quase como um reflexo — em relação a um magma em perpétua transformação que se manifesta nas telas." A realidade se dividiu em duas dimensões: a física e a virtual. A dos corpos, dos móveis, dos prédios ou dos livros que, às vezes, pode parecer quieta; e a da circulação cada vez mais acelerada de jpgs, informações, bitcoins, algoritmos e dados. Embora livros estejam constantemente sendo impressos, ou seja, arquivos estejam sendo baixados em suporte de papel, esse ritmo é apenas um gotejar comparado à frenética tormenta que acontece na Internet.

As distopias em miniatura, sábias e irônicas, que Borges converteu em relatos canônicos, são utopias do conhecimento em comparação com o universo distópico da Amazon. Um universo em que os livros foram essencialmente equiparados aos demais objetos, em lojas e páginas web que nada têm em comum com as bibliotecas. A empresa de Jeff Bezos gere as mercadorias de acordo com lógicas criadas por ela mesma e que sacrificam o fator humano no altar da ultrarrapidez e da eficiência. Diferente dos outros colossos digitais, como Facebook ou Google, a Amazon trabalha principalmente na zona de confluência, na ampla fronteira que une e separa as duas dimensões do real. Um âmbito em que o papel se confunde com o pixel, as aplicações e os robôs atuam como interfaces ou pontes. Um mercado lucrativo baseado na ideia de que os intermediários não são necessários. Autopublicação, compra direta, entrega em domicílio: o objetivo é, portanto, substituir milhares de intermediários por um único Grande Intermediário. Amazon.

"A tirania do algoritmo, que estabelece o que o consumidor, o leitor, o cidadão quer, pensa, deseja, e que governa a lógica da edição sem editores, do marketing no mercado do livro ou das manipulações das opiniões", como diz Roger Chartier em uma das conversas da obra *Lectura y pandemia* (Katz, 2021). A utopia projetada pela Amazon é a de uma cultura sem prescritores, sem livreiros, sem editores, sem críticos. Não se trata de uma cultura livre ou democrática, mas sim de um monopólio cultural em que os algoritmos assumem o papel de novos sacerdotes do conhecimento. Uma nova verticalidade.

Tal movimento é realmente histórico. Não se trata do clássico conflito entre os antigos e os modernos, que teve inúmeras reencarnações (no humanismo e na ilustração, entre os realistas e os impressionistas ou os surrealistas; entre os pintores e os fotógrafos; entre os sistemas de reprodução ou de comunicação analógicos ou digitais; entre o papel e o pixel). Não: essa transição tem um alcance muito maior. Em nossa relação com os textos, o saber, os objetos artísticos e culturais, passamos das letras à matemática, das histórias ao *big data*, do antropocentrismo ao codigocentrismo.

Trata-se de uma revolução com poucos precedentes na história humana. Para encontrar uma reviravolta copernicana tão radical na cultura, é preciso retroceder à passagem da pré-história à história, ou seja, à escrita, no contexto do surgimento da agricultura e das cidades no período Neolítico; ou à explosão da Galáxia Gutenberg, mais de cinco séculos atrás. No entanto, entre essas duas revoluções, houve certa continuidade linguística, literária, de critérios de classificação textual. Por outro lado, agora a linguagem mais importante do mundo não é alfabética, mas informática. E pesquisadores e plataformas não catalogam dados segundo normas alfabéticas, cronológicas, temáticas ou vinculadas à autoria, mas segundo o que é mais procurado, mais consumido, e de acordo com fórmulas matemáticas, probabilidades.

É uma mutação fascinante. Não é o apocalipse, mas é o lento fim de um modo de estar no mundo. Um fim tão lento que poderia não culminar em minha geração, nem na dos meus filhos. Mas ninguém saberia dizê-lo. Eu, por via das dúvidas, continuo lendo livros de papel, continuo comprando nas livrarias da minha cidade, continuo visitando bibliotecas, continuo dando aulas presenciais nesses tempos de Zoom e de autoformação, e continuo confiando em meus editores. Ao mesmo tempo, também vivo e penso digitalmente. Sou ambidestro e anfíbio. Internauta, se é que alguém ainda usa essa palavra. Mas internauta como sinônimo de leitor.

Tradução de Maria Helena Rouanet

A ARTE DE INVENTAR LEITORES EM UM MUNDO DE VIDAS SECAS

Xico Sá

Raríssimas criaturas sabiam ler naquele povoado de uma centena de almas. Entre os poucos que decifravam as letras e escreviam o próprio nome, só havia um leitor, o mestre Geraldo Bilé, na faixa dos trinta anos de idade. Um homem da roça que correra o mundo, inclusive São Paulo, e tinha o ginasial quase completo. Estamos no Sítio das Cobras, zona rural do município de Santana do Cariri, no sul do Ceará, comecinho dos anos 1970.

Bilé, naquele meio de mundo da nação semiárida, era o mesmo que "adoidado", "amalucado", alguém que de tanto estudar ficou ruim da cuca, um Quixote que vivia entre os livros e o olhar perdido no horizonte na tentativa de adivinhar chuvas impossíveis. Daí o apelido do professor Geraldo Rodrigues da Silva, o homem que espalhava aos quatro ventos os clássicos do cordel — *O romance do pavão misterioso*, de José Camelo de Melo Rezende —, as aventuras d'*Os três mosqueteiros* (Alexandre Dumas) e toda a obra de Graciliano Ramos, em especial *Vidas secas*, romance que ele explicava comparando os personagens literários a criaturas de carne e osso do sertão onde habitávamos.

Por onde andava, Bilé conseguia despertar em algum vivente o gosto pela leitura. Do Sítio das Cobras à vila de Aratama, do Silêncio ao povoado do Escondido, de Potengi a Nova Olinda, dos Anjinhos ao São Gonçalo, de Gravatá ao açude de Tatajuba. No início de 2021, por intermédio de parentes, soube o destino professor: é funcionário público aposentado em São Pedro do Cipa (MT) e segue teimosamente, até mesmo nas andanças pela cidade, no incentivo da leitura. Aproveitei o reencontro virtual para agradecer, mais uma vez, por ter me tornado um improvável leitor naquele Cariri da minha infância.

Os Bilés estão por toda parte, com ou sem projetos oficiais de incentivo à leitura. Andamos 17 quilômetros do Sítio das Cobras e, psiu!, meninos e meninas escolhem seus próximos livros e histórias em quadrinhos. As HQs são campeãs na formação de novíssimos leitores e a gibiteca da Fundação Casa Grande, uma ONG criada por Alemberg Quindins e Rosiane Limaverde, é uma das melhores do país. Fartura mesmo. Lá estão os faroestes do Tex e as aventuras de Corto Maltese (do italiano Hugo Pratt), Capitão América, Mulher-Maravilha e as extraordinárias descobertas de Kariuzinho, criação coletiva dos pequenos frequentadores do local. O sagaz Kariuzinho sabe contar lendas do Cariri (era uma vez uma a princesa Maara encantada em corpo de serpente...) e protagoniza revistas editadas ali mesmo no quintal daquele casarão azul.

Pé na estrada. Vamos na rota Patativa do Assaré, o *beatnik* da poesia popular brasileira, com destino ao Crato. Para encontrar na cidade outro importante incentivador de leitura no país, basta seguir a kombi de Seu Higino, uma mercearia ambulante que vende bolachas, doces, bombons etc., e ainda compra garrafas e produtos recicláveis. O serviço mais importante da kombi, porém, é dispor de um acervo de mil folhetos de cordel liberados para empréstimo de qualquer cratense.

Antônio Higino de Oliveira perdeu a conta dos leitores que formou e manteve nos últimos dez anos de andança. Vale o escrito na lataria da kombi: "Onde o lascado tem vez." O slogan comercial, que remete à facilidade dos mais pobres comprarem a preços justos, vale também para a chance que oferece a uma legião de sem-livros.

A cordelteca itinerante, sortida dos anti-heróis da viração como Pedro Malasartes, João Grilo e Cancão de Fogo, motivou o coletivo

Camaradas — da Comunidade do Gesso — a espalhar edições de autores brasileiros nos balcões das mercearias e bares dos bairros São Miguel e Pinto Madeira, área discriminada por abrigar a zona de prostituição da cidade. O freguês vai comprar os produtos da cesta básica ou uma "mistura" para o almoço e, pronto, leva grátis para casa a sustança literária. O nome do projeto de incentivo à leitura, liderado pelo artista Alexandre Lucas, não poderia ser outro: Higinoteca.

Crônica para tocar no rádio

Em Juazeiro do Norte, meio-dia, a Rádio Progresso, operando em 1.310 quilohertz, ondas médias, apresenta: a crônica de Menezes Barbosa. Sob aquele solzão de deserto, a cidade parava para ouvir o escritor e dentista. Por meio século, até agosto de 2020, quando ele morreu aos 96 anos, seu texto ecoou em todo o vale do Cariri. Um sucesso de audiência nunca dantes alcançado por um cronista brasileiro — epa, desculpe a hipérbole bairrista, talvez o mineiro Otto Lara Resende na sua fase televisa na TV Globo tenha superado; há controvérsias.

Em número de crônicas, porém, a produção do cearense, com 25 mil textos, bate até o pernambucano Antônio Maria e o capixaba Rubem Braga. Menezes Barbosa, mesmo quando tratava do tema mais banal do cotidiano, fazia questão de indicar livros sobre o assunto, o que influenciou várias gerações da terra do Padim Ciço. E haja sugestões. Lembro a primeira vez que ouvi sobre os estoicos, a obra de Sêneca — ele citava *Sobre a brevidade da vida*. Machado de Assis, Raquel de Queiroz e o José Américo de Almeida de *A bagaceira* eram autores recorrentes.

Na mesma arte de inventar leitores sertão afora, nunca vi igual a alagoana Madalena Rodrigues — "Madalena como a professora do livro São Bernardo", assim puxava a prosa. Crediarista residente no bairro do Pirajá, em Juazeiro do Norte, ela vendia tecidos e confecções no interior do Ceará, Pernambuco e Piauí, na rota da Chapada do Araripe. Na mesma lábia usada na venda de um corte de pano para um vestido, emendava um poema de Augusto dos Anjos, Cecília Meireles ou Manuel

Bandeira. Conheci Madalena no Mercado Público, onde minha mãe tocava um box de cereais, no finalzinho dos anos 1970. Na ocasião, além dos poemas, recitava também "Os preceitos ecológicos do padre Cícero" e frases de filosofia popular do *Almanaque de Manoel Caboclo*, para uma plateia de romeiros. Ao final, distribuía folhas impressas com os textos e advertia, repetidamente: "Quem não lê, mal ouve, mal fala e mal vê."

SOBRE LIVROS E TAMBORES

Luiz Antonio Simas

Meu contato com os livros foi tardio. Não vim de uma família em que o hábito da leitura fosse disseminado e não me recordo de ter tido qualquer contato, por exemplo, com a literatura infantil na minha meninice. Fui um garoto criado pelos avós nordestinos (ela, de Alagoas; ele, de Pernambuco) com pouco estudo formal, que fizeram absoluta questão de dar aos netos, bem como aos filhos, a escolaridade que não tiveram. Mas cresci em uma casa sem biblioteca.

Durante certo tempo ficava meio constrangido quando me perguntavam sobre os livros que marcaram a minha infância e criaram em mim o hábito de gostar de histórias. Chegava mesmo a inventar as obras fundamentais para a minha formação. Precisei de tempo e coragem para admitir — eu, que vivo de escrever — que, na minha primeira formação, os livros, infelizmente, não foram fundamentais; meu amor por eles é tardio e imenso. Hoje, certamente, a minha vida sem os livros não teria a mesma graça. Não me imagino sem eles.

Eu aprendi, todavia, a gostar de histórias, e isso fez toda a diferença na minha vida. E aprendi com uma senhora que não tinha nem o primário completo: a minha avó. E não foi em uma biblioteca; foi em um terreiro de macumba na rua Castor, no Jardim Nova Era, nos confins de Nova Iguaçu, Baixada Fluminense. Minha avó era mãe de santo e eu cresci no terreiro.

O maravilhoso das grandes aventuras se manifestou para mim no rufar dos tambores misteriosos, na dança desafiadora das iabás, nas flechas invisíveis lançadas pelos caboclos, nos brados dos boiadeiros encantados. Nas encantarias, eu vi o curupira dançar pelo corpo preto de Maria dos Anjos; vi Tóia Jarina, Rondina e Mariana, princesas turcas que viraram caboclas no Maranhão; me lambuzei nos suspiros, mariolas e carurus das festas dos erês; reverenciei o brado de Japetequara, caboclo do Brasil, nas floradas da sucupira.

E aí, por tudo isso, me peguei assim. Fui de banzar nos salões, mergulhar nos tratados e dissimular nas festas suntuosas. Um dia, na crise braba, desencanei e achei o rumo. Sou o menino assombrado de Nova Era. É dele, do menino um dia repreendido pelo caboclo Peri porque fez besteira, o olhar com que miro o mundo. Como disse Cacaso, eu vivo exilado na minha infância.

Gosto de rua, mercado, gente miúda como eu. Sou do porre, da bola, da troça, do beijo, do sol, da cachaça, do dendê, da perna torta, do português torto, do flozô e da viração do mundo. Sou de observar o saber das miudezas e reverenciar o sentido da vida onde aparentemente ele não está. Não acredito em iluminados; acredito em encantados; homens, mulheres e crianças que não morreram. Viraram vento, pedra, flor e areia de rio.

Como já amava escutar histórias, quando encontrei os livros descobri que eles também podiam ser encantados, como o tambor e o terreiro. Graças às amizades dos tempos de colégio, lá pelos 14 anos, fiquei muito curioso para ler um livro que andava deixando a turma em polvorosa: *O gênio do crime*, de J.C. Marinho da Silva. Pedi de presente em casa, ganhei e fui arrebatado pela história.

Lembro que, no fim da edição, havia diversas dicas de coleções de livros que podiam ser pedidos pelo reembolso postal. Foi isso que comecei a fazer. De cara, li os diversos volumes da série da Inspetora, uma menina que desvendava crimes com maestria. Pedir livros pelos Correios virou um hábito; ir à agência mais próxima pegar a encomenda deixava o dia feliz, abrir o embrulho e cheirar o livro novo virou um hábito que guardo até hoje. Minha tia-avó, percebendo que eu passava boa parte do dia mergulhado em leituras, presenteou-me em um aniversário com *Meu pé de laranja-lima*, de José Mauro de Vasconcelos. Chorei com as aventuras do Zezé e do portuga.

E devo ter devorado muita coisa daquelas coleções para adolescentes, até que dei dois passos que me levaram a outros caminhos como leitor: Jorge Amado e Agatha Christie, que descobri ao mesmo tempo. Pedro Bala, Antônio Balduíno e Hercule Poirot começaram a frequentar meus dias e eu me imaginava, com a mesma expectativa, comendo um acarajé numa ladeira de Salvador e fazendo uma viagem misteriosa pelo Expresso do Oriente.

Não parei mais e me tornei o que hoje ainda acho que sou: um leitor tão voraz quanto desorganizado, caótico mesmo. Passei a respeitar grandes autores e a amar outros nem tão grandes assim. O respeito imenso por Graciliano, aqui confesso, não veio acompanhado pelo amor. O amor por Guimarães Rosa, confesso também, é tão grande que às vezes nem respeito e saio citando por aí, já que o *Grande sertão* soou para mim, dentre tantas coisas, como um grande livro de aventuras.

Gabriel García Márquez, que descobri lá pelos meus 19 anos, sempre será no meu imaginário o homem que descreveu melhor um puteiro: a casa dos amores urgentes. Para um sujeito como eu — com certa preguiça para os livros mais densos, falta de vocação para a política institucional e formação intelectual pouco sistemática, confusa e um tanto destrambelhada —, Gabo e Jorge Amado foram os fabuladores que desataram de vez o nó do gosto pela leitura, o respeito delirante pela arraia miúda e uma atração furiosa e mítica pela vagabundagem romanceada.

Ao ler e amar a literatura de Jorge e Gabo, descobri, paradoxalmente, que gosto mais de gente do que de livros e sou capaz de trocar qualquer estudo por uma tarde entre cervejas e amigos no mais furreco dos botequins. Ao mesmo tempo, eu gosto de livros porque gosto de gente. Por isso, sobretudo por isso, agradeço e bato cabeça, com a crença no encantamento dos homens no mistério, ao baiano e ao colombiano que dessacralizaram os livros que leio e consagraram as esquinas que piso.

Hoje tenho uma dificuldade tremenda em crer nas verdades desencantadas e abraçar as causas e coisas visíveis, aquelas que não cantam e dançam ao sabor dos ventos que me ensinaram, enquanto tambores batiam, o pouco do que sei.

Eu amo profundamente os livros que soam como os tambores e amo os tambores que parecem livros: eles contaram, e ainda contam, grandes histórias para mim. Por isso, eu amo terreiros e livrarias com a mesma intensidade.

PELA VOLTA DA UTOPIA

Rodrigo Casarin

A 13 quilômetros do Pelourinho, o bairro Rio Sena é apontado como um dos mais violentos de Salvador. Em abril de 2019, estive por lá, numa visita à escola Sara Violeta de Mello Kértesz. Acompanhava escritores que faziam parte da edição daquele ano do Festival Arte da Palavra, promovido pelo Sesc. No centro do papo no colégio, estavam a poeta Nina Rizzi, do Ceará, e o ilustrador Alexandre Leoni, do Mato Grosso do Sul. A proposta era falar sobre a aproximação entre traços e letras, mas, como acontece nas boas conversas, logo as ideias tomaram seus próprios rumos.

Quando Nina falou sobre como a poesia a salvou da violência, ganhou ainda mais atenção de uma plateia formada por centenas de jovens. Claro, um ou outro virava a cara para tudo e tentava bancar o esnobe, faz parte. Mas a maioria estava, de verdade, interessada no que os artistas tinham a contar. E também queriam falar.

Uma garota pediu o microfone. Falou que estava escrevendo um livro sobre filhos que vivem sem o afeto dos pais. Na sua ótica de autora, a ausência desse sentimento expõe a pessoa a ideias perigosas e a deixa mais vulnerável às sacanagens do mundo. Depois, outra garota ocupou o espaço. Definiu-se como frasista, mandou suas máximas e recebeu aplausos.

Ao que parecia, muitos ali estavam vendo pela primeira vez artistas que se definem como escritores, têm livros publicados e, assim, pagam suas contas. Isso permite que os outros possam imaginar realidades diferentes daquelas em que estão mergulhados. Além de Nina, nomes como Cristina Sobral e Samir Machado de Machado estavam na van que subiu até a Sara Violeta de Mello Kértesz.

Pelo que lembro, foi Cristina que perguntou se alguém ali conhecia um escritor ou escritora negra como ela. Diante de uma plateia negra em sua enorme maioria (estimo algo superior a 80%), ouviu-se apenas o silêncio. Nem Machado de Assis arriscaram chutar. Tanto os jovens quanto os autores puderam sacar ou confirmar alguns dos problemas do país naquele dia.

★ ★ ★

Daniel Alves é um dos maiores atletas em atividade no mundo. Nasceu em Juazeiro, na Bahia, e começou a carreira no time da cidade. Depois, despontou no Bahia, onde ficou por duas temporadas. Em 2002, Espanha. Foi contratado pelo Sevilha e se projetou internacionalmente. Resumirei a história para que não me acusem de enfiar um perfil do jogador no meio de um texto sobre livros.

Daniel Alves foi parar na seleção brasileira e no Barcelona. Com a camisa amarela, jogou duas Copas do Mundo, um dos raros títulos que não tem no currículo. Já no time catalão, foi peça fundamental numa das maiores equipes da história. Brilhou na era Pep Guardiola e dividiu o protagonismo com o gênio Lionel Messi. E ganhou, ganhou muito. Copa do Rei, Campeonato Espanhol, três vezes a Liga dos Campeões da Uefa, três vezes o Mundial de Clubes.

Quando chegou ao São Paulo, em 2019, já estava consagrado como o jogador com o maior número de títulos na história do futebol. Encontrou um time na pindaíba. Muitos (e eu, como são paulino, me incluo aqui) acharam que Daniel teria o desgosto de amargar anos sem títulos logo no clube do seu coração. Só que veio o troféu do Campeonato Paulista de 2021. Conquista aquém de outras tantas que ostenta no currículo, inegável. Ainda assim, em entrevistas, o jogador deixava claro o quanto estava emocionado — e seus olhos marejados confirmavam a emoção: Esse era o meu sonho. Quando era moleque, o que eu queria era jogar no São Paulo. Tudo o que aconteceu foi meio que acaso. Lá em Juazeiro, eu nem sabia que a Europa existia. O que eu queria era jogar e ser campeão com essa camisa aqui.

Foi mais ou menos isso que Daniel disse em entrevista ao programa *Bem, Amigos!*, do SporTV. Lembrei de Neil deGrasse Tyson na hora. Astrofísico pop, que vive em programas de televisão e virou meme há alguns anos, faz sucesso na internet um vídeo no qual Neil se lembra de sua infância.

Quando pequeno, causava espanto ao contar que gostaria ser cientista. Como um negro que cresceu numa periferia dos Estados Unidos tinha a ousadia de pensar em ser algo que não um subordinado de alguém em um emprego pouco reconhecido, que muitos jamais desejariam para si? No vídeo, ele encerra a história ressaltando a importância de permitir que crianças e jovens possam sonhar com futuros diferentes daqueles para os quais parecem fadados.

Tanto a história de Neil quanto a de Daniel são pontuadas por sonhos que lhes acompanharam ao longo da vida. Seria impossível que sonhassem com aquilo que não conheciam.

★ ★ ★

O Brasil vai surpreender o mundo. Duvidavam da nossa democracia, duvidavam do nosso presidente; nosso presidente é democrata e vai fazer as mudanças. Eu conheço todas as histórias de reconstrução por ser, devido à minha profissão, obrigado a estudar isso. A reconstrução da Alemanha, a reconstrução da economia do Chile. E conheço profundamente, no detalhe, não é de ouvir falar. É de ler oito livros sobre cada uma dessas reconstruções. Eu li Keynes, e três vezes. No original. Antes de chegar a Chicago. Para mim não tem música, não tem dogma, não tem blá-blá-blá. Tem estudo sobre todas essas ocasiões.

Palavras de Paulo Guedes, homem à frente do Ministério da Economia e um dos principais pilares do governo de Jair Bolsonaro, durante reunião ministerial do dia 22 de abril de 2020. Chama a atenção como Guedes brada a leitura de livros (inclusive no idioma original, vejam só!) para garantir que conhece tudo sobre determinado assunto. A posição contrasta com a biblioteca desfalcada de ideias que lhe serviu de base em outras aparições públicas. E, ainda que seja coerente com o que de fato apresenta, também contrasta com as palavras que Paulo Guedes escolhe para explicar sua própria trajetória.

Na década de 1980, após ser convidado para dar aulas na Universidade do Chile, Guedes se mudou para o país então sob o coturno de Augusto Pinochet, que, com seus capangas, ditava os rumos do lugar onde o brasileiro lecionaria. A ideia do regime autoritário era levar para a nação latino-americana economistas formados na famigerada Escola de Chicago, espécie de ágora monocórdica do neoliberalismo. Quando a revista *piauí* questionou Guedes sobre a atuação de Pinochet no Chile, o hoje ministro se saiu com esta: "Eu sabia zero do regime político. Eu sabia que tinha uma ditadura, mas para mim isso era irrelevante do ponto de vista intelectual."

Ainda de acordo com a revista, Guedes deixou o Chile após encontrar gente da polícia secreta bisbilhotando seu apartamento. Aparentemente, a intelectualidade de Paulo Guedes se limita a poucos livros que sempre apresentam uma visão semelhante sobre determinados temas. Além disso, aparentemente, alguém do Estado invadir e vasculhar sua própria casa abalou — com razão — a busca intelectual de Guedes. Porém, trabalhar para um regime que torturou, matou, sumiu com o corpo ou forçou ao exílio centenas de milhares de pessoas, não.

Na reunião ministerial, chama a atenção Guedes dizer que com ele não tem música. O que ele chama de blá-blá-blá parece ser o que considero formas de enxergar e interpretar o mundo por outras perspectivas e modos de conhecimento, algo (mais uma vez: me parece) fundamental para alguém preocupado com o desenvolvimento intelectual.

Sugeriria ao ministro a leitura dos livros de María Jose Ferrada. Em *Kramp*, ela mostra os impactos dos crimes cometidos pelo Estado nas mãos dos militares e a busca por desaparecidos durante a ditadura militar chilena pelo ponto de vista de uma garotinha bem sagaz. Já *Crianças*, feito em parceria com a ilustradora María Elena Valdez, é de delicadeza rara: recria bons momentos protagonizados pelos 34 chilenos com menos de 14 anos que desapareceram ou foram assassinados pelos cupinchas de Pinochet.

★ ★ ★

O papo da Receita Federal para retirar isenções de impostos e deixar os livros ainda mais caros coincide com o discurso que Paulo Guedes começara a ventilar outrora. Só que a ladainha de que "quem lê no Brasil são os ricos" não cola. Não se confrontada por dados, pelo menos. Trago números da 5ª edição da Pesquisa Retratos da Leitura, feita pelo Ibope entre outubro de 2019 e janeiro de 2020.

A maior parte dos leitores brasileiros se concentra na classe C (49%). Na sequência, vem a classe B (26%). Depois, as classes D e E (21%). Enfim, a classe A (4%). Num país pobre, os poucos ricos de verdade sustentam mercados de nicho como os de carros de luxo ou grandes vinhos da Borgonha, não o setor editorial.

A pesquisa também indicou que 44,1 milhões de brasileiros têm o hábito de pagar por livros físicos e digitais. Dessa fatia, três milhões pertencem à classe A; 14,3 milhões à classe B; 21,3 milhões à classe C; e 5,6 milhões às classes D e E. Diferentemente do que empurra a Receita, a elite econômica talvez seja a porção mais dispensável para o setor editorial.

Por conta do pretexto utilizado para meterem impostos sobre os livros, para este momento, esses são os dados mais relevantes apresentados pelo estudo. As informações, no entanto, trazem variações, não novidades. As pesquisas anteriores, publicadas em 2015 e 2011, já indicavam que a maior parte dos leitores brasileiros não se concentrava entre os mais abastados. Guedes não pode dizer que as novas estatísticas trouxeram uma reviravolta sobre o assunto.

E, de acordo com o levantamento por renda familiar, a fatia que mais deixou de ler é a de pessoas que vivem com mais de dez salários mínimos, enquanto quem dá seu jeito com uma remuneração entre dois e cinco salários mínimos se manteve relativamente firme na leitura. Não menos importante: o preço do livro é um fator decisivo para pelo menos 22% dos leitores brasileiros na hora de comprar um exemplar.

★ ★ ★

Não abro mão de certos clichês. Nem foi Eduardo Galeano que cunhou essas palavras, mas coube a ele eternizá-las (ao menos na minha mente): a utopia serve para isto, para caminhar. É seguir em direção à sempre inalcançável condição utópica que nos permite construir uma realidade que seja, de alguma forma, melhor do que a que tínhamos ontem. Não por acaso, o povo que se vende como meramente pragmático vira a cara e busca desprezar quem fala em sonhos e utopias. As planilhas dos tecnocratas que devem servir às vidas; não são as vidas — e os sonhos, e as utopias — das pessoas que devem ser trucidadas para alimentar as planilhas com números satisfatórios para uma meia dúzia que mantém firme os mercados de carros de luxo e vinhos refinadíssimos da Borgonha.

Sonhar é preciso. Ter material para que desde cedo construamos nossos sonhos é necessário. Nesse sentido, a arte, especialmente a literatura, tem um papel primordial. Se a leitura expande horizontes, também permite que os leitores sonhem com rumos que jamais teriam imaginado para si. Num presente em que tanta gente anda comprando o discurso cinza de quem gosta mais de planilhas do que de vida, este é um desafio primordial: propor a reconstrução de um mundo no qual as pessoas acreditem que outras realidades, e diferentes formas de viver, sejam possíveis. Nem que seja, momentaneamente, dentro da própria cabeça. É uma das chaves para sairmos do pessimismo e da descrença que paralisa e destrói.

Daniel Alves sonhava em jogar no São Paulo e, por camaradagem do destino, foi se consagrar na Europa como um dos maiores laterais da história. Nada contra levantar troféu com a camiseta tricolor, pelo contrário, mas ele merecia desde pequeno saber que a Europa e todo um mundo existem a fim de que pudessem habitar seu imaginário. Neil deGrasse Tyson só se tornou um astrofísico conhecido em todo o mundo porque desde cedo se permitiu — provavelmente cercado por pessoas e referências que o incentivaram nesse sentido — negar o futuro supostamente traçado de antemão.

Quando escritores vão até uma escola pública num dos bairros mais carentes de Salvador, carregam consigo não apenas os seus escritos, mas também a chance de que jovens percebam como é possível imaginar futuros diversos. Podem ser escritores também, claro, mas podem ser uma infinidade de outras coisas que conseguiriam — ou conseguirão ou já sabem que conseguiram — encontrar dentro dos livros. A literatura nos lembra a todo momento que o mundo está em permanente mutação (ainda que muitas vezes lenta, é verdade) e eventualmente nos oferece ferramentas para decifrarmos o funcionamento das engrenagens daquilo que parece (e apenas parece) imutável.

Ao falar sobre como a brutal ditadura chilena não interferia nos seus interesses supostamente intelectuais, Guedes mostrou o que acontece quando o caminho de uma pessoa é pautado simplesmente pelas cifras, sem nenhuma preocupação com a humanidade. É algo que pode até ser aceitável em funções privadas (ressalto o "pode", pois sigo achando lamentável mesmo nessas situações), mas jamais num cargo público.

Em um país que desde a sua Constituição busca, com atuação do Estado, construir uma comunidade de leitores, não é aumentando impostos ou desmantelando programas de apoio aos livros e à leitura que chegaremos lá. Pelo contrário. Se por acaso o Estado considera que apenas os ricos leem no país (o que é mentira, como já vimos), que trabalhe duro para reverter esse cenário. É essa a sua função. O papel do governo deve ser diminuir abismos (culturais, educacionais, financeiros) entre a população, não aumentá-los. Qualquer coisa diferente disso é contribuir para que quem não tem nem referências para sonhar siga preso àquilo que supõe estar condenado.

O LIVRO E A PERMANÊNCIA DO VERBO

Tarso Genro

A morte de Deus, a morte do Homem, o fim da História, o fim do comunismo, o retorno do indivíduo, o fim das classes sociais, a eternidade desalmada do capitalismo, a morte do livro; todos já foram anunciados de distintas formas e por diferentes ideologias.

As previsões dogmáticas cansam, os profetas são cada vez mais vulgares e irritantes. Sempre foram. Mas a Humanidade e a vontade sagrada de comunhão, igualdade e liberdade carregaram dentro dos livros e pelos séculos afora aquilo que Faulkner testemunhou no seu discurso de recebimento do Prêmio Nobel: "O Homem não morrerá e seu testemunho, de onde saem todas as suas qualidades, é a compaixão."

A transição da obra escrita em "rolo" para as "folhas" dobradas que formaram o livro primitivo ocorreu há 18 séculos. A iniciativa que transformou os textos corridos sobre longos pergaminhos e papiros em folhas sequenciais, provavelmente foi dos juristas do Império Romano no início da era cristã. As "folhas" em sequência substituíram a longa toalha estendida sobre uma mesa, o que permitiu aos leitores manusearem a obra com mais facilidade.

A simplicidade do acesso às escritas medievais, então, começa pela sua adequação às mãos. Elas apalpam o livro, viram a página, apontam a escrita mais bela ou mais útil, emprestam os livros, os escondem ou os colocam em lugares privilegiados para — lidos ou não — demonstrarem algo de afinidade com o intelecto alheio e com a cultura universal. Estendemos a mão e doamos, vendemos ou emprestamos um livro, como se ele fosse a extensão do nosso corpo e uma representação do mundo já fixada na nossa subjetividade.

Montaigne, nos seus "Ensaios",[1] escrevendo sobre o esquecimento das ofensas recebidas dos seus adversos, contava que ele deveria fazer como Dario que — para não esquecer as infâmias que recebera de Atenas — precisou de um "pajem", cuja missão era repetir nos seus ouvidos: "Sire, lembrai-vos dos atenienses." E acrescentava Montaigne: "Porque os lugares e os livros que revisito sempre me sorriem com inalterada novidade." Os livros, que renovam as funções das mãos — lidos em épocas e contextos diferentes — revelam novos sentidos e redirecionam a força das mãos que os alcançam.

A longa trajetória do conhecimento reprimido durante a inquisição tem nos rituais heréticos, na fala herege e na sua palavra escrita, o seu objeto de repressão mais recorrente. O "Index Prohibitorum", administrado pela "Santa Inquisição" (somente abolido em 1966) era a censura oficializada em 1559, pelo Papa Paulo IV, por meio de uma lista de 550 obras.

Benedetto Croce[2] compreendeu o "progresso histórico geral" não só "como progresso das categorias e das formas espirituais (…)", mas "como movimento do espírito na dialética de **todas as suas formas**" (…) e assim o "perpétuo enriquecimento" do mal e do justo. Durante a Inquisição — como no nazismo — queimavam-se corpos e livros tanto dentro das lutas travadas nos dissensos político-religiosos como pelas promessas do poder de aniquilar ou controlar o pensamento, a fala, a escrita.

---

[1] MONTAIGNE, Michel. *Ensaios: que filosofar é aprender a morrer e outros ensaios*. Trad. Julia da Rosa Simões. Porto Alegre: L&PM, 2016. p. 65.
[2] CROCE, Benedetto. *A poesia — introdução à crítica e história da poesia e da literatura*, Trad. Flávio Loureiro Chaves. Porto Alegre: Editora URFGRS, 1967. p. 157.

O progresso tecnológico sempre move o progresso social e tanto na transição para o mundo moderno, na alta idade média, como nos tempos já influenciados pela ilustração, a **dialética das ideias** e a **dialética da materialidade histórica** continuaram operando. Morte e tortura, compaixão e heroísmo, bondade e maldade se sucedem, seja como promessas de revolução, seja como herança inquisitorial. Esta alinhou autores como Thomas Hobbes, Flaubert, Descartes e Victor Hugo, demonstrando que a Santa Inquisição — como força das trevas contra a iluminação — não estava equivocada ao atacar rituais, falas e escritos dos autores que projetaram a laicidade moderna, pois germinava assim os métodos do fascismo.

A herança de Torquemada, ao indexar os autores da iluminação, guerrear contra a ciência, a poesia, a ficção e a interpretação da história — teorias e temas de todos os quadrantes —, sugeria a permanência do obscuro e da morte. A política necrófila do fascismo também buscaria, no sacrifício dos corpos e dos livros interditados, a destruição dos valores da criatividade humana, para sacrificá-los no altar de Deus, da Pátria e da Família.

Michelangelo Bovero[3] diz que "o renascimento moderno do ideal democrático e o processo gradual de democratização dos sistemas políticos reais apresentam poucos séculos de vida; uma vida, aliás, bem difícil e atormentada". Esse tormento, hoje, nos atravessa fortemente e se reforça na perseguição mercadológica e política das utopias, processo operado por meio do controle e da circulação da opinião. Sua teleologia se destina a identificar a democracia com o consumo e o consumo como modo de vida orientado pelo desejo manipulado.

O livro, com seus 18 séculos de permanência, já é, nos dias de hoje, objeto criado pelos humanos e controlado pelos fluxos logarít-

---

[3] BOVERO, Michelangelo. Isto é democracia. SCHÜLER, Fernando; AXT, Gunter; SILVA, Juremir Madacho da (org). *Fronteiras do pensamento*. Retratos de um complexo. São Leopoldo: Editora UNISINOS, 2008. p. 311.

micos do mercado da opinião, nos quais se dissolve o bom senso comum. As técnicas do mercado e as tecnologias de controle da opinião transacionam, de forma permanente, ciência, misticismo e religião, com a capacidade de colocar no mesmo categorial as trevas e a razão, cloroquina e vacina. A razão e o irracionalismo atravessam as redes em espasmos de imagens, nas quais os dramas humanos — vividos no duro mundo real — aparecem e desaparecem num passe de mágica do cálculo logarítmico.

Se eu fosse escritor de ficção, o que suponho ser um desejo secreto de todos os apaixonados pela literatura, certamente trocaria algumas páginas dos mestres indexados por toda a minha (eventual) obra literária. Se eu fosse um poeta bem-sucedido, trocaria toda a minha (possível) obra poética por alguns versos de alguns poetas geniais. No primeiro caso, lembro-me do início de um capítulo de Steinbeck, no seu livro *As vinhas da ira*, no qual ele diz que "as terras do Oeste se agitavam como cavalos antes do temporal"; e — na segunda hipótese — penso na obra-prima de Orestes Barbosa com o seu "tu pisavas nos astros distraída".

O monumental texto do Gênesis, Capítulo I, na sua majestática descrição da Criação, funde a narrativa religiosa com o que aponta também ser uma descrição do início da História do mundo e da poesia, e permanece imbatível: "No princípio criou Deus o céu e a terra. E a terra era sem forma e vazia; e havia trevas sobre a face do abismo; e o Espírito de Deus se movia sobre a face das águas (…). E comanda: 'Haja luminares na expansão dos céus, para haver separação entre o dia e a noite; e sejam eles para sinais e para tempos determinados e para dias e anos.'"

Na abóbada da Capela Sistina, um Deus humanizado aponta o dedo, move a mão para criar o Livro, impulsiona as energias — não para criar —, mas para se despedir do mundo dependente da sua vontade, entregando-o aos homens para que façam seu próprio destino sempre renascido. Desde lá, "as placas tectônicas do conhecimento se deslocam e deixam o humano sem solo firme para pisar" (e hoje) — continua o grande Muniz Sodré[4] — "efeméride e volatilidade passam a ser as bases do turbocapitalismo financeiro, alimentado por informações instantâneas". Morre o livro? Não! Fica sempre obrigado a recriar-se.

---

[4] SODRÉ, Muniz. Entrevista concedida a Plínio Fraga, caderno Ilustríssima, *Folha de S.Paulo*, 30 de maio de 2021.

AUTORES

Alexandre Martins Fontes é formado em arquitetura pela Universidade de São Paulo. Há mais de trinta anos, atua no mercado livreiro e editorial como diretor executivo da Editora WMF Martins Fontes e da Livraria Martins Fontes Paulista.

Allan Rocha de Souza é professor e pesquisador em direito civil e propriedade intelectual na graduação em direito da UFRRJ/ITR e em direitos autorais e políticas culturais no Programa de Pós-Graduação Stricto Sensu em Políticas Públicas, Estratégias e Desenvolvimento (PPED) na UFRJ. Doutor em direito pela UERJ. Pós-doutorado em direito comparado pela Universidade de Oxford. Advogado e consultor jurídico.

Beatriz Araújo de Jesus, nascida em 6 de fevereiro de 2006, na Zona Leste de São Paulo, estudou a vida toda em escola pública. Atualmente, aos 15, está no primeiro ano do ensino médio, cursando design de interiores na ETEC Getúlio Vargas. Em 2020, fundou, com um grupo de amigas, o projeto Defenda o Livro, que trabalha ativamente em oposição à proposta de taxação dos livros. Medalhista de ouro na quinta edição da Olímpiada Nacional de Ciências e gratificada com uma Menção Honrosa na décima quarta edição da Olimpíada Brasileira de Matemática das Escolas Públicas (OBMEP), Beatriz luta ativamente pelos direitos dos estudantes.

Bel Santos Mayer é educadora social e mestra pelo Programa de Pós-Graduação em Turismo (EACH/USP), pesquisando a contribuição das bibliotecas comunitárias para o estudo das mobilidades. É coordenadora do Instituto Brasileiro de Estudos e Apoio Comunitário (Ibeac), co-gestora da Rede LiteraSampa, formadora de jovens mediadores de leitura, docente da pós-graduação em literatura para crianças e jovens do Instituto Vera Cruz. Licenciada em ciências/matemática e bacharel em turismo, tem especialização em pedagogia social. Prêmios recebidos: Retratos da Leitura no Brasil – 2018; Estado de São Paulo para as Artes – 2019; 67º Prêmio Associação Paulista de Críticos de Artes (APCA) na categoria Difusão de Literatura Brasileira.

Bernardo Gurbanov é presidente da Associação Nacional de Livrarias (ANL), proprietário da Editora e Livraria Letraviva, integrante do Conselho do Plano Municipal do Livro, Leitura, Literatura e Bibliotecas da Cidade de São Paulo (PMLLLB), consultor e palestrante para o mercado editorial nacional e internacional, ex-vice-presidente do Grupo Iberoamericano de Editores – GIE e ex-vice-presidente da Câmara Brasileira do Livro (CBL).

César Mendes da Costa é graduado em filosofia e idealizador da Editora FiloCzar.

Cidinha da Silva é escritora e editora na Kuanza Produções (www.kuanzaproducoes.com.br). Publicou 19 livros que contam com 226,2 mil exemplares em circulação, entre eles: *Um Exu em Nova York* (Prêmio Biblioteca Nacional, 2019) *Os nove pentes d'África* (PNLD Literário 2020) e *#Parem de nos matar!*. Tem publicações em alemão, catalão, espanhol, francês, inglês e italiano. É curadora de Almanaque Exuzilhar (YouTube), conselheira da Casa Sueli Carneiro e doutora em difusão do conhecimento.

AUTORES

Haroldo Ceravolo Sereza é doutor em letras pela Universidade de São Paulo (USP), professor convidado do PPGLIT-Ufscar, editor da *Alameda* e ex-presidente da Libre (2011–2015).

Jorge Carrión é escritor, crítico cultural e diretor do mestrado em criação literária da UPF-BSM, de Barcelona. Seus últimos livros publicados são *Contra Amazon* e *Lo viral*. A maior parte de sua obra está publicada na editorial Galaxia Gutenberg. Foi traduzido para 15 idiomas.

José Castilho Marques Neto é doutor em filosofia/USP, docente aposentado na FCL-UNESP, editor, gestor público e autor. Consultor internacional na www.jcastilhoconsultoria.com.br, é conselheiro em instituições culturais e educacionais. Presidiu a Editora Unesp, foi secretário-executivo do Plano Nacional do Livro e Leitura do Brasil (PNLL) e diretor-geral da Biblioteca Mário de Andrade em São Paulo.

Ketty Valencio é bibliotecária, livreira e proprietária da Livraria Africanidades, empreendimento de pequeno porte nascido em 2013, com formato de loja virtual e física, que possui um acervo especializado em literatura negra e feminista.

Luiz Antonio Simas é professor, historiador, educador e compositor. É autor e coautor de vinte livros e de mais de uma centena de ensaios e artigos publicados sobre carnavais, folguedos populares, macumbas, futebol e culturas de rua. Ganhou o Prêmio Jabuti de Livro de Não Ficção do ano de 2016, pelo *Dicionário da história social do samba*, escrito em parceria com Nei Lopes. Foi finalista do Prêmio Jabuti de 2018 e 2020, na categoria crônica.

Marcos da Veiga Pereira está em sua terceira gestão como presidente do Sindicato Nacional dos Editores de Livros, cargo que assumiu em dezembro de 2014.

Carioca, é neto do editor José Olympio — um dos fundadores do Snel — e filho do também editor Geraldo Jordão Pereira. Engenheiro de formação, iniciou sua carreira em 1981, aos 17 anos, na editora Salamandra, fundada por seu pai. Com a venda da Salamandra para a Editora Moderna, assumiu a direção de marketing do grupo em 1999. Desde 2001, dedica-se exclusivamente à Sextante, editora criada em 1998 com o pai e o irmão Tomás da Veiga Pereira.

Foi vice-presidente da Câmara Brasileira do Livro entre 2003 e 2006 e é membro da diretoria do Snel desde 2003. Presidiu o Instituto Pró-Livro (IPL) entre 2015 e 2017.

Mariana Bueno é formada em economia pela PUC-SP e tem MBA em inteligência estratégica, competitiva e econômica pela Fipe–USP. Trabalha com pesquisa de mercado e análise de negócios há mais de uma década. É economista Nielsen Book, responsável pela pesquisa Produção e Vendas do Setor Editorial Brasileiro, pela Série Histórica da Pesquisa Produção e Vendas do Setor Editorial Brasileiro e pela pesquisa Conteúdo Digital do Setor Editorial Brasileiro. Participou da pesquisa "How Big Is Global Publishing?" em parceria com Rüdiger Wischenbart e publicada pela BookMap. É membro da comissão técnica da 5ª edição da pesquisa Retratos da Leitura no Brasil, realizada pelo Instituto Pró-Livro (IPL). Conduziu a execução do Censo do Livro Digital. É colaboradora do blog da Cerlalc e nos últimos anos vem se dedicando a estudar o desempenho do mercado editorial brasileiro e de outros países.

Martha Ribas é sócia e livreira na Janela. É também empreendedora na área editorial, sócia da mapa.lab e do LERCONECTA e conta com mais de vinte anos de experiência no mercado de livros. Formada em produção editorial, ela foi uma das fundadoras da editora Casa da Palavra e atuou ainda na criação da Primavera dos Livros e da Libre. Martha exerceu também o cargo de diretora do Snel e participou da comissão da Bienal do Livro do Rio de Janeiro.

AUTORES

Rejane Dias dos Santos é fundadora da Autêntica Editora, em 1997, que se transformou a partir de 2012 no Grupo Editorial Autêntica, contendo atualmente seis selos editoriais: Autêntica, Gutenberg, Vestígio, Nemo, Autêntica Business e Yellowfante.

Ricardo Queiroz Pinheiro é mestre em ciência da informação (ECA-USP, 2016). Doutorando em ciências humanas (UFABC), atua em biblioteca pública há 28 anos (gestão, atendimento, mediação de leitura), professor de políticas públicas na pós-graduação do Instituto Vera Cruz, integrou o grupo de trabalho na construção do Plano Municipal do Livro, Leitura, Literatura e Biblioteca de São Paulo (2014–2016).

Rodrigo Casarin é jornalista, especialista em jornalismo literário com pós-graduação pela Academia Brasileira de Jornalismo Literário e colunista de livros do UOL, onde edita a Página Cinco, que lhe rendeu o Prêmio IPL de 2019 na categoria Mídia. Ainda em 2019, a Página Cinco se desdobrou num podcast semanal sobre literatura. Além disso, colabora ou já colaborou escrevendo sobre o universo literário com veículos como *Valor Econômico*, *Aventuras na História*, *Carta Capital*, *Revista da Cultura*, *Revista Continente*, *Suplemento Literário Pernambuco*, *Jornal Rascunho* e *Cândido*. Integrou o júri do Oceanos – Prêmio de Literatura em Língua Portuguesa em 2018, 2019 e 2020 e o júri do Prêmio Jabuti nos anos de 2019 (categoria Biografia, Documentário e Reportagem) e 2020 (categoria Romance Literário). Vive em São Paulo.

Tadeu Breda é fundador e editor da Elefante (www.editoraelefante.com.br), autor de *O Equador é verde: Rafael Correa e os paradigmas do desenvolvimento* (Elefante, 2011) e coautor, com Sérgio Silva, de *Memória ocular: cenas de um Estado que cega* (Elefante, 2018).

Tamy Ghannam é formada em letras (português e francês) pela USP-FFLCH e é pesquisadora de narrativas brasileiras contemporâneas. Desde 2015 é responsável pela LiteraTamy, plataforma multimídia de crítica literária independente que produz resenhas, mediações e entrevistas com autores, editores e outros profissionais da literatura. É curadora do Clube de Literatura Brasileira Contemporânea e administradora do perfil Biblioteca Lygiana, que reúne conteúdos referentes à literatura de Lygia Fagundes Telles. Integrou o júri do Oceanos — Prêmio de Literatura em Língua Portuguesa em 2020 e o júri do prêmio Mix Literário no mesmo ano. Já colaborou com a revista *Carta Capital* e com o portal de jornalismo cultural *A Escotilha*.

Tarso Genro é advogado atuante, nascido em São Borja, RS, foi ministro da Justiça e da Educação, prefeito de Porto Alegre e governador do Rio Grande do Sul. Tem livros e artigos de direito, teoria do direito e teoria política publicados no Brasil e no exterior. É membro da Academia Brasileira de Direito do Trabalho, Doutor Honoris Causa da Universidade Federal de Pelotas, palestrante e conferencista em universidades do Brasil e do exterior.

Vitor Tavares da Silva Filho é profissional do setor editorial e livreiro. Em 2021 foi reeleito presidente da Câmara Brasileira do Livro (CBL) e estará à frente da entidade no biênio 2021–2023.

Xico Sá é escritor e jornalista, nasceu no Crato (CE), é colunista dos jornais *El País/Brasil* e *Diário do Nordeste*. Publicou *Big Jato* (Companhia das Letras), *Os machões dançaram* (Record) e *Sertão Japão* (Casa de Irene), entre outros livros.

Zoara Failla é socióloga pela Unesp, com mestrado em psicologia social na PUC-SP e pós-graduação pela FGV-SP. Foi consultora do PNUD e coordenou o Programa de Melhorias do Ensino Médio/SEE-SP. Consultora nos 5 PALOPS, entre outras atividades na Fundap. Desde 2006, responde pelos projetos do Instituto Pró-Livro, tendo coordenado o Programa Mais Livro e Mais Leitura, em parceria com o MinC; a Plataforma Pró-Livro e as quatro edições do Prêmio IPL – Retratos da Leitura.

Coordenou, também, as quatro últimas edições da Pesquisa Retratos da Leitura no Brasil, e a realização da Pesquisa Retratos da Leitura – Bibliotecas Escolares (2019). Foi organizadora das obras: *Retratos da Leitura no Brasil 3*, *4* e *5* e autora de vários artigos sobre o comportamento leitor do brasileiro.

DIREÇÃO EDITORIAL
Daniele Cajueiro

EDITORA RESPONSÁVEL
Janaína Senna

PRODUÇÃO EDITORIAL
Adriana Torres
Júlia Ribeiro
Juliana Borel

COPIDESQUE
Adriano Barros
Fernanda Lutfi
Letícia Côrtes

REVISÃO
Alessandra Volkert
Gabriel Demasi
Laura Folgueira
Rita Godoy

DIAGRAMAÇÃO
DTPhoenix Editorial

Este livro foi impresso em 2021
para a Nova Fronteira.